노스페이스의
지퍼는
왜
길어졌을까?

The death
of
common
sense

노스페이스의 지퍼는 왜 길어졌을까?

필립 K. 하워드 지음 ㅣ 김영지 옮김

일상을 위협하는
법 만능주의

인물과
사상사

★★★★★
이 책에 쏟아진 찬사

지혜와 풍자적 유머, 차분한 열정이 인상적으로 어우러지는 필립 하워드의 글은 우리에게 신선하게 다가온다. '정부 혁신'을 고려하는 이들이 가장 먼저 읽어보면 좋을 책이다.
　　　　　　　　　　　　　　　　　　　　● 「뉴욕타임스」 북리뷰

정책에 관한 이 유쾌한 산문시는 아주 상세하고 세련된 어조로 규제의 오류를 간명하게 짚고 있다.
　　　　　　　　　　　　　　　　　　　　● 「월스트리트 저널」

명쾌하고 간결한 문체로 된 이 책의 주장은 설득력이 있다. 질식당하고 있는 오늘날 민주주의에 해법을 제공한다.
　　　　　　　　　　　　　　　　　　　　● 「볼티모어 선」

도리에 맞지 않으며 융통성 없는 규제에 대한 훌륭한 예로 가득 차 있다.
　　　　　　　　　　　　　　　　　　　　● 「시애틀타임스」

한 나라의 공개 토론 방향을 바꿀 만큼 아주 중요한 책이다. 드물게도 깜짝 놀랄 만한 내용을 담고 있지만, 명백한 사실만을 말하고 있다. 필립 하워드는 미국인들에게 목소리를 되돌려주었다.
　　　　　　　　　　　　　　　● 앤드루 헤이스컬, 「타임」 전 회장

필립 하워드는 정부라는 어두컴컴한 안개를 헤치며 분별을 찾아가는 길을 보여준다.
　　　　　　　　　　　　　　　　　　　　● 「탬파 트리뷴」

『상식의 죽음』은 어떤 식으로 정부가 우리를 미치게 만드는지 묘사한다. 그것만으로도 이 책은 만족스럽다. 「포트워스 스타 텔레그램」

시기적절하고 훌륭하다. 「채터누가 뉴스 프리프레스」

무의미한 법 규정이 관습법과 상식적 판단을 어떻게 대체했는지 상세하면서도 차분하게 설명한다. 그리고 그의 주장은 옳다. 「휴스턴 포스트」

이 책은 주로 근본적이고 검토되지 않은 가정에 도전하며, 이성을 통해 지혜에 이르는 계몽주의의 약속은 결코 이루어질 수 없다고 지적한다. 「로스앤젤레스 타임스」

아주 강력한 주장이자 참신한 사고다. 「상트페테르부르크 타임스」

훌륭한 책이다. 독자를 생각하게 만들어 한층 깊은 논의를 이끌어낼 것이다. 「디트로이트 뉴스」

유려한 문체로 개인의 책임감과 정부의 주도권을 되찾자는 요구를 하고 있다. 「피플」

이 책은 근대 자유주의의 해악을 세 가지 죄목으로 기소하면서, 아주 실감나는 예를 들어서 설명한다.
● 「휴스턴 크로니클」

집요하고 자극적인 논쟁. 그간 읽은 책 중, 너무 많은 법과 규정이 모든 사람에게 재앙인 이유를 가장 잘 설명하고 있다.
● 「렉싱턴 헤럴드리더」

문체가 신랄하고 종종 재치가 넘친다. 인위적으로 만든 '권리'에 근거를 둔 규제법의 지나친 개입에 대한 충격적인 고발장.
● 「커먼윌」

자극적이고 훌륭하다. 이 책은 분노의 외침일 뿐 아니라, 정부가 상식 있게 행동하기를 바라는 청원이다.
● 「플린트 저널」

아주 유익한 책이다.
● 「뉴욕 옵서버」

『노스페이스의 지퍼는 왜 길어졌을까?』의 인기로, 나는 정부 혁신 정책을 추진하는 앨 고어 부통령과 재능 있는 그의 팀원, 몇몇 주지사들과 함께 일할 기회를 가졌다. 조지아주의 주지사 젤 밀러는 관료주의가 어떻게 대중에게 봉사하는 걸 방해하는지 각 국局의 책임자들에게 보고서를 작성토록 했고, 그 결과는 책 한 권으로 엮을 수 있을 정도였다. 젤 밀러는 부실한 기관 운영이 부분적으로, 개인적 책무를 대신하는 공무원 제도라는 철통같은 보호 장치 때문이라고 보았다. 그는 주 공무원을 새로 고용할 때 종신 재직권을 주지 않도록 법을 개정하는 데 성공했다.

  인간의 판단력은 성공적인 정부의 필수 요소라는 이 책의 핵심 전제가 광범위하게 수용되는 것을 보며, 나는 합당한 사고를 하는 관료들이 정부의 운영 방식을 바꾸려 시도할 것이라고 생각했다..일부는 정말로 그렇게 했다. 플로리다주 주지사 젭 부시와 인디애나폴리스주의 시장 스티븐 골드스미스는 가장 먼저 혁신을 시도했다. 하지만 나는 타성의 힘을 과소평가했다. 관료들이 모든 일에 세세히 관여하지 않으면 행여 제소를 당하지 않을까 겁을 낸다는 사실 또한 문제의 하나임을 나는 이해했다. 그래서 나는 소송의 영향력을 연구하기 시작했고, 신뢰할 수 없는 사법제도의 해악이 하찮은 소송 때문에 생기지 않았다는 사실을 알아냈다. 해악은 사람들이 사법제도를 더는 믿지 않는다는 데서 왔다. 두려움은 사람들의 일상적 상호작용을 하지 못하게 막았다. 의사들은 불필요한 검사를 하는 데 수십억을 낭비했다. 우리 모두는 심각하게 방어적이 되었다.

2002년에 나는 미국의 상식적 판단을 복권하는 데 전념하기 위해 비영리단체인 커먼 굿common good을 설립했다. 빌 브래들리, 톰 킨, 조지 맥거번, 에릭 홀더, 하워드 베이커, 앨런 심슨이 참여했고, 다양한 분야의 전문가들을 포함해 보수와 진보 진영의 지도자들이 자문 위원으로 활동하기로 했다. 첫 번째 프로젝트는 의료 제도상에 신뢰할 수 있는 법 체계를 만드는 것이었다. 우리는 로버트 우드 존슨 재단의 지원을 받았고, 하버드 공중보건대학과 합작을 추진했다. 우리가 제안한 특별 건강 법정은 10번이 넘는 공청회를 통해 면밀히 검토되었고, 사업의 중요한 요소인 의료 제도 점검의 비용 효과가 널리 지지받았다. 가령, 2010년에는 초당적인 적자 감축 위원회 네 곳에서 특별 건강 법정을 촉구했으며, 오바마 대통령은 2011년 예산에서 2억 5,000만 달러를 특별 건강 법정 설립에 사용하자고 제안했다. 법정 변호사들은 특별 건강 법정을 반대하는 로비를 필사적으로 펼쳐서(의료사고로 지출되는 비용의 약 60퍼센트는 변호사 수수료와 행정 비용이다), 2010년에 헬스케어법에 특별 건강 법정을 추가하려는 초당적 수정안을 막는 데 성공했다. 그럼에도 의료 제도에 신뢰할 수 있는 법적 장치를 마련하자는 압력은 점점 커지고 있으며, 비용 억제라는 당위성 때문에 개혁의 가능성은 아직 있다.

또 커먼 굿은 인디애나주 주지사 미치 대니얼스 같은 정치인과 조엘 클라인 같은 교육자들, 주요교사노조leading teachers union, UFT의 적극적인 협조를 통해, 교사들의 교권을 회복하는 데 힘쓰고 있다. 또 우리는 민사재판의 신뢰 회복을 위해서 공청회를 주재했는데, 미국 법률협회의 선두적 위치에 있는 학자들, 미국 연방대법원, 영국 최고법원Law Lords of the United Kingdom의 멤버 등이 참석했다.

2010년 TED 강연에서 했던 나의 연설은 급속히 퍼져나갔다 (www.ted.com/talks/philip-howard). 토크쇼 진행자 존 스튜어트와 칼럼니스트 데이비드 브룩스도 개인적 책임을 복권해 근본으로 돌아가야 한다는 데 동의했다. 기존 사회 규정에 재고를 요구하는 나를 비롯한 사람들의 사설과 비평도 널리 배포되고 출간되었다. 뉴욕시의 시장 마이클 블룸버그는 특별 건강 법정을 포함해, 신뢰할 수 있는 사법제도에 대한 연설을 시작했다. 뉴저지주의 크리스 크리스티, 뉴욕주의 앤드루 쿠오모, 캘리포니아주의 제리 브라운 같이 재정 절벽에 직면한 주의 주지사들도 획기적 대변혁을 요구했다.

2011년 커먼 굿은 관료주의를 개인의 책임감으로 대체한다는 원칙하에 2008년 선거에서 오바마 대통령을 도왔던 인터넷 팀을 고용해서, 정부의 근본적 재정비를 포함한 의제 변경을 위해 2012년 선거에서 온라인 운동을 전개했다. 이 같은 극적인 변화는 국민이 함께 힘을 모아야만 가능하다는 사실을 나는 알게 되었다.

『노스페이스의 지퍼는 왜 길어졌을까?』가 전달하고자 하는 내용은 아직도 유효하다. 정부의 통치 방식이 자유방임의 형태여서는 안 된다. 법은 사회의 골격이어야 하며, 공공의 선택을 자동적으로 집행하는 제도여서는 안 된다. 규정이 아니라 오직 사람만이 현실을 좋게 만들 수 있다는 진실은 아무리 자주 반복해도 부족하다. 이는 정부와 법의 진실일 뿐 아니라, 모든 일상적 활동의 진실이기도 하다.

제1장

상식의
죽음

1988년 겨울, 사리와 샌들 차림을 한 사랑의 선교 수녀회Missionaries
of Charity 수녀들은 눈 속을 걷고 있었다. 사우스 브롱크스의 버려진 건물
을 노숙자 보호시설로 개조하려고 살펴보러 가는 길이었다. 노벨상 수
상자이자 수녀회 지도자인 테레사 수녀는 몇 해 전 에드 코크 뉴욕 시장
을 병원에서 만나 의견 일치를 본 상태였다. 화재로 타고 남은 148번가
의 건물 잔해 두 채에서 성모상을 발견한 수녀들은, 신이 섭리에 따라
자신들의 임무를 정해놓았다고 생각했다. 뉴욕시는 버려진 빌딩 한 채
당 1달러를 제의했고, 선교회는 50만 달러를 개축비로 떼어놓았다. 수
녀들은 노숙자 64명이 공동생활을 하며 일시 보호를 받을 수 있는 공간
을 만들기 위해 계획을 세웠고, 식당과 부엌은 1층, 휴게실은 2층, 공동
침실은 3층과 4층에 만들기로 했다. 이 계획의 특이한 점이라면 수녀회
가 청빈한 삶을 살겠다는 서약에 덧붙여, 일상생활에서 현대적인 편의
시설을 사용하지 않겠다고 한 데 있었다. 식기세척기를 포함해 가전제
품을 설치하지 않고 빨래는 손으로 할 것이다. 뉴욕시 입장에서 수녀들

이 제안한 보호시설은 문자 그대로 하늘이 주신 선물이었다.

뉴욕시에 건물 소유권이 있었지만 건물의 양도 권한을 가진 담당 공무원이 없었기 때문에 소유권 이전은 복잡한 관료적 절차를 거쳐야만 했다. 단지 수도자적 봉사 활동을 하며 살고 싶었던 수녀들은 자신들의 프로젝트를 상세히 설명하기 위해, 샌들 차림을 하고 1년 반 동안 계속되는 공청회에 참석해야 했고 그 후로도 뉴욕시의 상급 공무원 2명과 세부 조항을 다시 논의했다. 1989년 10월, 뉴욕시는 드디어 계획을 승인했고 수녀회는 화재로 입은 피해를 복구하기 시작했다.

하지만 신의 섭리는 법을 이기지 못했다. 승인된 지 거의 2년이 지난 시점에서 수녀회는 새로 짓거나 개조하는 2층 이상의 건물에 승강기를 설치해야 한다는 뉴욕시의 건축 규정을 통보받았다. 사랑의 선교 수녀회는 수도자적 신념에 어긋나기 때문에 승강기를 이용하지 않을뿐더러, 설치하는 데 10만 달러 이상의 추가 비용이 든다고 뉴욕시에 설명했다. 수녀들은 승강기 설치가 그들의 뜻에 어긋난다고 해도 법을 예외 적용할 수는 없다는 연락을 받았다.

테레사 수녀는 노숙자 보호시설을 포기했다. 그녀는 진정 가난한 사람들을 위한 것도 아닌 일에 추가 비용을 들이고 싶지 않았다. 수녀회의 대변인은 이렇게 말했다. "수녀회는 그 비용을 수프나 샌드위치 등을 제공하는 데 훨씬 유용하게 쓸 수 있다고 생각합니다." 수녀회는 뉴욕시에 보내는 정중한 서한에서 유감을 표하면서 일련의 사건은 "자신들에게 법과, 법에 관련된 복잡한 측면을 깊이 일깨워주는 계기가 되었다"고 했다.

사람들은 보통, 법을 페리 메이슨Perry Mason(얼 스탠리 가드너의 추리 소설에 나오는 주인공 변호사, 텔레비전 시리즈로도 제작되었다) 시리즈 같은 감각으로 이해하지만 법정 드라마는 일상을 잘 다루지 않는다. 반면 정부의 법은 공익과 관련한 거의 모든 활동을 관리한다. 집 앞 도로에 파인 구멍 보수, 공립학교 운영, 노인 및 육아 시설 규제, 직무 규정, 환경 정화, 그에 더해서 테레사 수녀에게 건축 허가를 내릴지 말지도 결정한다.

테레사 수녀에게 원한을 품은 사람은 없었다. 법이 결정한 것이다. 법의 요구는 때때로 인간의 상식을 거스른다. 뉴욕에 승강기가 없는 건물이 100만 개는 될 것이다. 노숙자들은 그 어느 곳에 기거하든 신경도 안 쓸 것이다. 그들 인생의 가장 큰 문제가 계단을 오르는 일은 아닐 테니 말이다. 반면 법은 무결점 주택을 제공하겠다는 야심에 가득 차, 새로운 주거 형태는 중산층 기준에 부합해야만 한다는 '훌륭한' 생각을 너무 많이 축적해왔다. 법이 모범적인 거주지를 강제하고 안 하고는 어떤 사람에게는 문제가 되지 않는다. 하지만 가난한 이들에게 머무를 곳을 마련해주고자 애쓰는 사람들에게도 이런 식으로 법을 적용해야 할까?

낡은 법은 평화로운 교외의 풍경마저 훼손시킨다. 도시 주변에 새로 지은 주택들이 휑하거나 텅 빈 느낌을 준 적은 없는가? 그것은 단지 나무숲이 없어서가 아니다. 도로의 폭이 15미터 정도로, 몇십 년 전에 비해 2배나 넓어졌기 때문이다. 왜 그렇게 되었을까? 제2차 세계대전 이후 표준 법안을 만든 교통공학 전문가들이, 2대의 소방차가 서로 반대 방향에서 시간당 약 80킬로미터의 속도로 지나갈 수 있어야 한다고 법을 정했기 때문이다. 신도시 계획 전문가인 마이애미의 건축가 안드레스 듀아니는 교통공학 전문가들이 만든 그런 식의 법 때문에 현대 미국 사회에 유대감과 공동체 의식이 사라졌다고 주장한다. 듀아니는 그들을 '악한'이라고 부른다.

2대의 소방차 규정은 이치에 맞거나 시 위원회의 판단이 우연히 일치해서 미국 전역으로 확산된 게 아니다. 그것은 '최신식'이라며 받아들인 모범적 규정의 일부였고, 도시나 시골 할 것 없이 도미노 패가 연달아 쓰러지듯 따랐을 뿐이다. 말이 일단 법으로 지정되고 나면 법이 왜 존재하는지 더 이상 생각할 필요가 없다. 새로 집을 짓는 사람들 대부분은 특정한 규정이 왜 있는지 모른다. 공무원이라고 더 낫지도 않다. 그저 법이니 따라야 한다고 말한다. 그것이 법이다.

존 마셜은 미국 건국 초기에 연방 대법원장이었다. 그렇기 때문에 롱아일랜드의 존 마셜 초등학교가 아동 미술 작품과 관련된 법적 위험성을 미국에서 처음으로 알아챈 것은 어쩌면 당연한 일인지도 모른다. 모두 알다시피 아동 미술 작품은 대개 종이를 사용한다. 그리고 다른 학교처럼 존 마셜 초등학교에서도 미술 작품을 벽에 붙인다. 표어나 글귀도 아이들이 볼 수 있게 벽에 고정시킨다. 하지만 다소 충격적인 사실은 뉴욕주의 법이 이를 거의 허용하지 않는다는 것이다. 뉴욕의 소방 규정은 실제로 이와 관련한 공공의 위험에 대해 분명히 다루고 있다. "학생들의 미술 작품은 천장에서 적어도 60센티미터, 모든 출구에서 3미터 떨어져 있어야만 하며, 벽면의 20퍼센트 이상을 차지하면 안 된다."

그 사건은 1993년 핼러윈 파티 도중에 일어났다. 파티에는 '안전과 마약에 대한 경각심을 일깨워주는 탐정견'인 맥그러프McGruff 경관으로 분장한 지역의 소방서장이 참석하고 있었다. 법을 수호하는 성실한 소방관인 서장은 핼러윈 파티의 장식물과 학생들의 작품이 모두 벽에 장식되어 있음을 알아챘다. 그 후 서장은 벽에 붙어 있는 모든 장식물을 제거하라고 명령했다. 혹자는 이제 초등학교는 "공습대피소로 사용해도 될 것"이라고 말했다. 미술 작품은 학교에서 모두 사라졌다. 규정에 어긋나는 항목을 허용했다는 이유로 교육감은 비난을 받았는데, 그는 내내 법을 의식하고는 있었지만 그림을 어떻게 장식할지는 자체 결정에 맡겼다고 말했다. 1학년 교사인 리즈 스키너는 혼란스러워했다. "초등교육의 핵심은 아이들이 자신들의 작품에 자부심을 갖게 하는 것입니다." 미술 작품 때문에 화재가 난 적은 한 번도 없었지만 혹시나 해서 법은 만들어졌다. 그리고 학생들의 작품은 벽에서 사라졌다.

아모코 정유회사는 법 규정을 알려줄 맥그루프 경관이 필요 없었다. 그들에게는 변호사 부대가 있었기 때문이다. 수년간의 청문회 끝에 미국 환경보호국Environmental Protection Agency, EPA은 유해 오염물인 벤젠을 거르는 배수관에 특수 장비를 설치하라는 규정을 통과시켰고, 이에 따라 아모코는 3,100만 달러를 버지니아와 요크타운의 정유 공장에 쏟아부었다. 1989년, 환경보호국의 제임스 라운스베리와 아모코 정유회사의 데버러 스파크스는 우연히 같은 비행기에 탑승했고, 부적절한 환경법과 관련한 불만을 논의하게 되었다. 하나의 주제는 자연스럽게 불안감을 야기하는 다른 주제로 이어졌다. 그 결과 아모코는, 과학적 증거와 소송 의견서가 산더미같이 쌓인 워싱턴의 창문 없는 사무실에서 만든 환경법이 현장에서 어떻게 적용되는지, EPA 팀이 요크타운의 공장에 와서 직접 살펴볼 수 있게 했다.

EPA는 자신들이 세심하게 입안한 규정이 오염 물질을 거의 제거하지 못한다는 사실을 알게 되었다. 아모코는 꽤 많은 양의 벤젠을 배출하고 있었지만 그곳은 폐기물 수송관에서 멀리 떨어진 곳이었다. 오염

물질은 하역장에서 바지선(밑바닥이 편평한 화물 운반선)에 가솔린을 주입할 때 발생했다. 주유소에서 구식 노즐을 사용해 차량에 연료를 채울 때 유독가스가 새어나오는 것처럼, 아모코 정유 공장에서 매년 몇백만 갤런의 가솔린을 바지선에 주입할 때마다 다량의 벤젠이 누출되었다. EPA와 정유회사의 관리들은 함께 하역장에 와서 보니 문제점을 알 수 있었고 비교적 적은 비용으로 쉽게 문제를 해결할 수 있었다. 그러나 그때까지 아모코는 정부 전문가들이 공들여 만든 35쪽짜리 규정집의 엄격한 요구 조항에 따라 폐기물 수송관에 있는 미미한 양의 벤젠을 제거하려고 3,100만 달러를 쏟아부었다. 그 규정은 완벽한 실패작이었다. 국민은 공해에서 보호받지 못했고 정유회사는 엄청난 비용을 지출해야만 했다.

아모코 정유회사 사건을 계기로 오랫동안 끓고 있던 의구심이 표면화되었다. EPA 행정 관리자 캐롤 브라우너는 이 나라는 환경 규제와 관련한 참으로 심각한 문제를 안고 있다고 말한다. 깨알 같은 글씨로 인쇄된 17권의 환경법 규정은 그 목적을 달성하지 못하거나 역효과를 낳고 있는 것 같다. 유독성 폐기물이 있는 산업용지에서는 그 폐기물이 어떤 종류든, 이용 전에 유독 물질을 완벽에 가깝게 제거해야 한다는 법 규정이 있다. 언뜻 듣기에는 좋은 법이다. 그러나 이 같은 규제는 폐기물 처리 비용이 들지 않는 깨끗한 지역으로 산업계를 몰아내는 결과를 불렀다. 더러운 부지를 깨끗이 하기는커녕, 엄격한 법률이 또 하나의 더러운 부지를 만들어 내고 있는 것이다. 이렇게 되면 직장이 도시와 멀어진 직장인들이 장거리 운전을 해야 하기 때문에 더 많은 오염 물질을 배출하게 된다. 또 오염된 부지를 청소한 사람이 소각까지 하도록 규정하는 법 때문에, 엄청난 양의 오염물을 태우는 과정에서 상당한 환경오염이 발생한다는 점도 아이러니다. 환경법은 많은 성과를 이루었지만 법이 합리적이었기 때문은 아니다. 아무리 비능률적이라도, 과거 20년간 1조 달러를 썼다면 무엇인가는 깨끗해졌어야 정상 아닌가?

이러한 실패의 주요인은 규모가 큰 정부이므로, 정부가 일을 방해하지 않으면 모든 일은 잘 돌아갈 거라고 사람들은 생각한다. 그러나 소규모 농경 국가를 동경한다고 해서 달라질 것은 없어 보인다. 환경보호법을 없애자고 하는 사람은 내가 아는 한은 없다. 소방법은 취지가 좋으며 불쏘시개로 지어진 집 옆에 살고 싶은 사람은 없을 것이다. 더 중요한 질문은 '정부의 규모가 왜 이렇게 큰지'가 아니고(규모를 축소한다고 해도, 그것은 정부의 주변부에서만 일어나리라는 사실을 우리는 알고 있다), 몇 가지 사항을 제외하면 '정부는 어째서 간단한 일조차 해결하지 못하는지'다. 가령 정부는 수세기에 걸쳐 소방법을 시행해왔지만, 우리 시대에 들어서 고작 아이들의 미술 작품을 벽에서 떼어냈을 뿐이다.

정치인들은 정부를 대신해 국민에게 사과하는 데 평생을 바친다. 그들은 하나같이 잘못된 부분을 바로잡을 것이라고 약속을 하지만, 슬로건은 따분하고 실행력은 형편없어서 전반적 효과는 오히려 선전 활동이 낫다. 요즘 들어 자주 사용하는 캠페인 문구는 '더 탄력적인 정부'와 '새로운 시대'다. 사람들은 다들 도와주려고 한다. 대학과 싱크탱크에서는 의회가 귀담아 듣지만 거의 실행에 옮기지는 않는 훌륭한 연구와 의견을 자주 내놓는다. 나는 로버트 리턴과 윌리엄 노드하우스가 제안한 '규제적 예산'이라는 안건이 마음에 들었는데, 이 안건은 실제 비용에 대한 예상 지출 명세서가 없으면 그 어떤 법도 통과될 수 없다는 내용이다. 데이비드 오즈번과 테드 게블러의 『정부 재창조Reinventing Government』에는 정부 행정에 관한 훌륭한 방안이 가득해, 앨 고어 부통령과 매사추세츠의 주지사 빌 웰드는 정부의 행정 업무를 개선하려고 그 의견을 받아들였다. 아모코 정유회사 사건을 계기로 EPA의 행정 관리자 캐롤 브라우너는 의회가 정부 기관에 보다 큰 재량을 주어야 한다고 주장했다. 최근에 한 전문가는 대체로 이와는 반대되는 책을 썼는데, 의회는 기량이 부족한 관료 기구를 한층 통제해야 한다는 내용이었다.

이러한 노력은 대개 더 큰 문제와 부딪치는 것 같다. 내가 성인이 될 때까지 정부는 삶과 점점 멀어졌을 뿐, 정부에 의미 있는 변화는 없었던 것 같다. 전직 판사인 윌리엄 브래넌은 이렇게 말했다. "이 시대 특유의 불만은 정부가 어떤 근거도 제공하지 않는다는 사실이 아니라, 정부가 제공하는 근거가 행동에 책임을 지고 살아야 하는 인간의 삶과는 동떨어져 보인다는 것이다." 정부는 국민에 봉사하는 기관이 아니라 외계인 권력자처럼 행동한다. 그리고 그 행동은 세상물정을 반영하는 실생활의 문제를 거의 고려하지 않을 만큼 독단적이다.

대부분의 사람들은 정부와 법 집행에 어떤 관련이 있는지 생각하지 않는다. 정부는 법에 따르는 것 말고는 아무것도 하지 않는다. 의회는 법률을 제정하고, 관료들은 규정을 통과시킨다고 알고 있지만, 사실 사람들은 법이 우리에게 무얼 해줄 수 있는지에 더 관심이 있다. 벨트웨이Beltway(워싱턴 DC와 메릴랜드, 버지니아 일부를 둘러싼 고속도로 인근 지역을 일컫는 말로 특권계급이 많이 거주한다) 내부에서 법과 규정의 이행을 현안으로 삼는 전문가는 소수에 불과하다. 그리고 전문가들이 수많은 사안에 대해 토의하는 동안(예를 들면 법 이행 시 세부 조항을 의회에서 수립할지 아니면 다른 기관에서 할지) 거의 의제로 삼지 않는 한 가지 사안이 '규정은 상세해야만 하는지' 다.

세세한 규정 만들기는 거의 종교 교리처럼 되었다. 1977년 브루킹스 연구소(미국의 정책 입안에 영향력이 큰 연구소로 1916년 설립되었다)의 허버트 코프먼은 "정확하고 구체적인 지침만이 비슷한 사례에 대한 해법을 보장한다"고 말했다. 그렇지 않으면 "정책은 일관성을 잃는다"고 주장하기도 했다. 또 다른 학자는 이렇게 썼다. 법적 규제는 가능한 '자동 발효' 되어야 하며 "독단적 행정 없이 시행에 옮길 수 있는 해결책을 지향해야 한다." 1970년 린든 존슨 대통령의 '위대한 사회Great Society' 정책과 함께 입법 열풍이 일었을 때, 연방항소법원의 스켈리 라이트 판사는 미국 법률 제도의 취약점으로 관리자의 재량권을 언급하며, "모든 정부 기관이 더 많은 규칙을 만들어 그러한 재량권에 대항하라"고 촉구했다. 그는 이렇게 덧붙였다. "미리 계획된 규칙 연동 네트워크는 정부 기관을 강화하고 (회원에 의한) 새 위원 선출을 방지하며 보호막 역할을 할 수 있다." 가장 유명한 행정법의 저자 케네스 데이비스는 "행정 입법은 현대 정부의 최고 발명품이다"라고 주장했다. 세세한 규제를 통해서 규정은 정확해진다는 것이다.

우리는 법에서 정확성이 중요하다고 생각하는 듯하다. 당연한 것 아니냐고 독자들은 혼잣말할지도 모른다. 어찌되었든 법이니까. 하지만 문명의 역사에서 유례가 없는, 우리가 이룩한 법의 거인상을 올려다보라. 숫자를 매긴 수백만 개의 법령은 날마다 불어나고 있다. 법체계는 제품 사용 설명서가 되어서 시민과 관료에게 정확히 무엇을 어떻게 해야 할지 지시한다. 꼬리를 물고 뒤따르는 세밀한 규정은 모든 경우의 수를 다루거나 혹은 적어도 입법자, 즉 관료들이 상상할 수 있는 모든 상황을 다룬다. 정부 기관을 상대할 때마다 짜증이 나는 것은 우연의 일치일까?

많은 사람들이 추앙하는 이 같은 체계는, 헌법적 권한이 아니며 비교적 최근의 발명품이다. 1960년대만 해도, 정부는 모든 경우의 수에 대비하는 세밀한 규칙 따위 없이 여유로웠다. 앨 고어 부통령이 지적했듯 삼림 감시원들은 규칙 일람표를 셔츠 호주머니에 넣고 다녔다. 규칙이 적힌 소책자와 상식적 판단으로 무장했던 감시원들은 별 탈 없이 업무를 수행했다. 하지만 지금은 작은 활자로 인쇄된 몇 권의 책을 참고한다.

수녀회의 승강기 사용 방침을 뉴욕시가 수월하게 받아들이는 세상을 상상하기란 어렵지 않다. 교장들은 두려움에 떨지 않을 것이고, 소방서 서장은 아이들의 미술 작품을 벽에 거는 위험(이런 일을 위험이라고 부를 수 있다면)을 무릅쓰라고 촉구할 것이다. 더 나아가 아모코 정유회사가 막대한 비용을 쓰면서 수천 쪽에 달하는 어줍은 법적 요강을 충실히 따르는 대신, 환경 규제 담당자와 마주 앉아 오염 방제 계획에 대해 교섭하는 상상도 해볼 수 있다.

하지만 우리는 현대의 법체계를 그런 식으로 만들어오지 않았다. 우리는 지나치게 세세하지만 보탬은 되지 않는 최악의 법을 만드는 데 성공한 것 같다.

이런 모순은 인간이 성공하는 데 필수적인 요소가 부재함을 역설한다. 바로 판단력이다. 제2차 세계대전 이후, 수십 년간 우리는 근본적으로 인간의 상식을 박탈하는 법체계를 구축해왔다. 인간의 재량이 끼어들 자리 없이, 법을 '자동 발효'시키려는 현대 법의 집착이 인간성을 가로막았다.

구체적인 법령이 정부를 면밀히 통제하고 시민에게 분명한 지침을 제공한다는 이야기는 충분히 타당성이 있다. 하지만 소용없는 일이다. 인간의 판단력을 무시한 인간 활동의 규제라는 건 사리에 맞지 않기 때문이다.

정확성에 눈이 멀다

1970년 의회가 직업안전보건법Occupational Health and Safety Act을 제정했을 때, 이 법의 목표는 모든 직장인을 '실행 가능한 한도까지 최대한' 안전하게 보호하는 것이었다. 노동부는 사업장 점검을 위한 안전 규정을 제정하기 위해 직업안전위생관리국Occupational Safety and Health Administration, OSHA을 신설했다. 그 후 25년간 OSHA 직원들은 열심히 일했다. 그들은 4,000여 건이 넘는 세세한 규정을 만들었다. 철책의 높이에서부터 임시로 설치한 비계(높은 곳에서 공사를 할 수 있도록 설치한 가설물)의 널빤지가 어디까지 튀어나와도 되는지까지, 모든 사항을 지시했다. 약 2,000명의 안전 검사관은 곳곳의 현장에서 근무하는데, 이는 600만 곳에 이르는 사업장에 비해 많은 수는 아니지만 안전 기록이 저조한 회사에 집중하면 웬만큼 커버가 가능한 인원이다. 산업계는 OSHA의 규정을 준수하려고 수십억 달러의 비용을 쏟아부었다. 비용을 그렇게 많이 들였으니 틀림없이 무슨 도움이라도 되었을 것이다.

하지만 결과는 그렇지 않았다. OSHA의 안전 규정은 미국 내 사업장에 큰 영향을 주지 못했다. 펜실베이니아주 레딩시 근처에 있는 글렌게리 벽돌 공장을 둘러보면 이유를 알 수 있다.

벽돌 만들기는 별로 위험한 일이 아니다. 몇천 년 동안 사람들은 거의 같은 방식으로 벽돌을 만들어왔다. 벽돌 만드는 사람은 점토에 물을 섞어서 반죽을 하고, 여기에 열을 가한 후 건조시킨다. 그리고 이렇게 만든 벽돌을 납품하기 위해 쌓아둔다. 1,000년도 넘게 이어진 벽돌 제조에서 '붉은 점토와 관련한 질병' 같은 것은 존재하지도 않았다. 하지만 현대의 벽돌 제조업체는 대량생산을 위해 조립라인을 이용한다. 따라서 주의를 기울여야 하는 설비와 불가마를 갖추고 있으며, 모든 설비는 사고의 위험을 안고 있다.

OSHA의 검사관들은 글렌게리 공장을 1년에 한두 번 방문한다. 그들은 줄자를 들고 공장을 돌아다니며 규정 위반을 찾아낸다. 특히 검사관들이 관심을 보이는 항목은 철책이다. 글렌게리의 낙후된 공장 지역은 철책의 높이가 약 99센티미터와 101센티미터로, 규정된 높이인 106센티미터가 아니라는 지적을 받았다. OSHA는 이미 철책으로 칸막이를 친, 한 공장에 있는 약 30센티미터 너비의 컨베이어 벨트에 수천 달러를 들여 자동 정지 장치를 설치하라고 요구했다. OSHA는 정비공이 그 철책을 넘어 그곳으로 들어갈지도 모르기 때문에 지시를 내린 것이라고 말했다.

경고 표시는 공장 곳곳에 붙어 있다. 무언가 유해한 물질이 든 포대로 가득 찬 보관창고에는 커다랗게 '유독성 물질'이라고 쓰여 있다. 그 물질은 바로 모래다. OSHA는 모래를 유독성 물질로 분류하는데 그 이유는 우리가 일광욕을 하는 해변의 모래를 포함해, 모래에 실리카라는 미네랄이 함유되어 있기 때문이다. 연마나 채광採鑛을 하는 곳 말고는 어디에서도 발견된 적 없는 실리카가 암을 일으킬 수 있다고 일부 과학자는 믿고 있다.

몇 년 전 검사에서 OSHA의 검사관은 방진 마스크 아래로 튀어 나온 직원의 수염을 보고, 마스크가 얼굴에 딱 맞아야 한다는 규정을 어긴 것이라고 지적했다. 공장에는 먼지가 심하지 않았고 유해 물질도 없었다. 게다가 수염이 있어도 마스크는 주변에 있는 먼지를 대부분 걸러냈다. 하지만 규정은 명확했고 상황에 따라 달리 적용되지 않았다. 직원이 아미쉬Amish(기독교의 일파로 현대 기술문명을 거부하고 엄격한 규율을 따른다) 교도라 종교적 신념을 버려야 하는 상황에 처했다는 사실도 고려되지 않았다. 결국 수염과 직장 중 하나를 선택해야 했던 직원은 직장을 떠났다.

만일 규정 위반을 더 찾지 못하면, 안전 검사관은 기계를 수리하는 공장 정비소로 간다. 장비를 닦거나 베어링을 청소할 때 사용하는 기름 때 묻은 천은 늘 화재의 여지가 있으므로 지적할 수 있다. 검사관들은 위층 사무실에서 서류를 검토하는 데도 시간을 많이 할애한다. 최근 글렌게리 공장은 사무실 내부 서류에 잘못된 기재가 있었다고 지적을 받았다. 미국 내 모든 OSHA 규정 위반의 약 절반은 서류를 제대로 작성하지 않아서 일어난다.

글렌게리에서 회계감사를 책임지고 있는 상근 관리자 밥 래작은 OSHA의 검사를 받는 일은 잘못된 복권에 당첨되는 것과 마찬가지라고 말한다. "검사관들은 각자 다른 규정을 알고 있습니다. 지난 20년간 우리는 검사관들의 요구에 대체로 맞춰왔지만, 그들은 언제고 위반 사항을 찾아낼 겁니다." 공장 관리자 론 스밀은 이렇게 말한다. "검사관들이

하는 말은 다 맞습니다. 하지만 대부분의 요구 조항이 핵심을 놓치고 있어요." 론 스밀은 OSHA가 직원들에게 지금까지 별 탈 없이 순조로이 해왔던 방식을 바꾸라고 강요할 때 정말 짜증난다고 한다. 그는 이렇게 지적했다. "오랫동안 해오던 방식을 새것으로 바꾸면 사고를 자초할 뿐입니다."

검사관들이 전혀 관심을 보이지 않는 부분도 있다. 공장의 안전 기록이다. 검사 후에 늘 하는 토론에서, 검사관들은 규정 위반이 실제로 공장의 안전과 어떤 관련이 있는지 논의조차 하지 않는다. 예를 들어 글렌게리 공장은 철책과 관련한 사고가 1건도 없었다. OSHA의 검사관들은 위반 조항을 찾는 교통경찰에 지나지 않는다고 그들과 관계했던 사람들은 입을 모은다.

OSHA 본사도 다를 바 없다. 언젠가 글렌게리 관계자들이 공장 일부를 변경하기 전에 관련 규정에 대해 본사에 물어보려고 했는데, 몇 단계의 관료주의를 경험하고는 포기하고 말았다. 글렌게리 관계자들은 안전에 대해 과감하게 발언할 권한이 있는 OSHA 직원을 단 1명도 찾을 수 없었다.

OSHA의 규정을 준수하기 위해 엄청난 비용을 들이고도, 글렌게리 공장을 비롯한 산업계의 안전이 별로 나아지지 않았다는 사실은 놀랍지 않다.

1988년 이래 글렌게리의 안전 기록은 극적으로 개선되었다. 공장 관리자가 된 론 스밀은 사고 1건당 의료보험과 실업수당 비용으로 3만 달러 이상의 손실이 생긴다는 것을 알아냈다. 그는 주요 감독관들과 함께 안전 콘테스트를 열기로 결정하고, 매 분기 말마다 개근을 한 직원에게 공구 세트 등을 상으로 주었다. 콘테스트는 긍정적 평가를 받으며 공장 전체로 확대되었다. 최근에 이 회사는 분기 말마다 면세가 되는 상품권을 추첨을 통해 나누어주며 콘테스트를 강화했다. 노동 재해 기록이 낮을수록 높은 상금이 돌아간다. 동료 간에 긍정적 영향을 주고받고 주의력을 키우는 이 콘테스트를 통해 근무 손실 일수를 75퍼센트로 줄이는 마법과도 같은 효과를 봤다. 안전한 환경을 조성한 글렌게리 공장은 OSHA의 규정이 하지 못한 일을 해냈다.

OSHA의 잘못된 전제는 물리적인 조건과 서류 작업에 대한 집착에서 비롯되었다고 밥 래작은 말한다. 그는 사고 6건 중 5건은 사람의 실수로 발생한다고 지적한다. "바보도 쓸 수 있을 정도로 무엇이든 쉽게 만들려는 발상은 위험합니다. 직원들이 아무런 생각을 할 필요가 없게 만들고, 윗사람들은 자잘한 규정에 얽매이기 때문이지요."

모든 규칙은 이행하는 게 목적이라는 생각 때문에, 근로자의 안전이라는 OSHA의 목표는 가려졌다. 법적 정확성의 세계에서 입법자는 규칙을 얼마나 촘촘히 만들 수 있을지에 몰두한다. 철책의 정확한 높이와 같이 확고하고 객관적인 규칙은 정확성을 열망하는 입법자들을 만족시킨다. 하지만 인간의 행위는 그런 식으로 깔끔하게 분류할 수 없다. 규정이 정확할수록 법은 분별을 잃어간다.

미니애폴리스로 흐르는 미시시피 강 강둑에, 60년간 7만 5,000톤의 부산 석회(아세틸렌가스의 부산물)가 산더미같이 쌓였다. 1980년대 초 고속도로를 건설하려 할 때, 그 길목에 석회 더미가 있었기 때문에 무슨 조치든 취해야 했다. 이 석회 더미는 무해했다. 석회는 알칼리성이 강해서 토양과 물의 산도를 줄이기 위해 농업 분야와 오염 방지에 사용되고 있었다. EPA와 미네소타의 오염방지위원회에는 그 어떤 물질이든 pH 12.5 이상이면 '유해 폐기물'로 지정하는 규정이 있다. 그 규정은 이치에는 맞지만 석회에는 예외였다. 석회의 pH는 12.7이지만 pH는 습기에 영향을 받기 때문이다.

법과 현실이 충돌하자, 미네소타 오염방지위원회는 첨단 기술 시대에 딱 맞는 실험을 했다. 토끼의 등 한쪽을 면도하고 유해한 폐기물을 발라본 것이다. 다행히도 심각한 문제가 아니어서 위원회는 규정을 피해갈 준비를 하고 있었다. 하지만 석회 제거 입찰권을 따내지 못해 기분이 상했던 건설업자가, 법적으로 석회는 '유해한 폐기물'이라고 공표하는 탓에 고속도로 건설은 완전히 중지되었다.

미네소타주에는 한 가지 안이 더 있었다. 지역의 한 발전소가 오염방지 목적으로 석회를 원한 것이다. 다만 발전소는 유해 폐기물이라는 딱지가 붙지 않는 것을 조건으로 걸었다. 만일 유해 폐기물 딱지가 붙으면 환경법에 따른 유죄 판결을 받아들이는 것과 다를 바 없기 때문이다. 사람들은 석회가 유해하지 않으며, 그 사용 목적이 다른 오염을 줄이기 위함이라는 사실을 알았다. 하지만 불행하게도 규정에는 한 번 '유해 폐기물'로 지정되면 지정 철회를 하지 못한다는 금지 규정을 두고 있었다. 결국 미네소타 오염방지위원회는 어쩌지 못했다. 석회는 공원 한쪽으로 밀려나 있다가 태양이 석회를 건조시킨 뒤에야 사용할 수 있었다.

모든 입법자의 공통적 특성이 위대한 지혜도 아닐 뿐더러, 설사 그렇다고 해도 입법자가 모든 돌발 사태를 예측하지는 못한다. 사실 언어는 그 자체가 너무 불완전하다. 법철학자인 H. L. A. 하트는 이렇게 지적했다. "법규뿐 아니라 모든 종류의 경험을 지침으로 표현하는 데는 한계가 있으며, 이는 언어에 내재된 본질적인 한계다."

예를 들어 안전한 망치에 대한 규정을 만든다고 치자. 디자인도 중요하고 재료의 질도 중요하다. 하지만 좋은 디자인과 훌륭한 재료로도 조악하게 만들 수 있다. 망치를 사용하는 횟수도 중요하며, 습도가 높은 시애틀에서 사용할지 건조한 피닉스에서 사용할지도 고려해야 한다. 망치의 관리 역시 중요한데, 픽업트럭 뒤에 던져놓고 방치할 수도 있고 서랍에 보관할 수도 있다. 망치의 용도도 대단히 중요하다. 대가리가 납작한 못을 미술관 벽에 가볍게 박을 때 쓰는지, 건축용 목재에 대못을 세게 칠 때 쓰는지도 중요하다. 물론 망치를 쓰는 사람의 기술도 관건이다.

안전한 망치에 대해 명확히 열거하는 게 간단할 것 같지만, 이는 단어를 나열하는 범위를 넘어선다. 망치에 등급을 매길 수도 있다. 하지만 어떤 등급이 적합한지를 알기 위해서는 판단력이 있어야 한다. 오래되서 망치가 약해졌는지 평가하는 일도 마찬가지다. 간단히 말해서 가장 간단한 규정을 정하는 일에도 사람의 판단력이 필수라는 것이다. 다급하게 차를 몰고 병원에 가는 사람에게 시속 90킬로미터의 제한속도를 적용하면 안 되는 것처럼 말이다. 삶과 마찬가지로 법에서도 맥락은 필수적이다. 그러나 현대의 법은 모든 가능성을 포함하려고 악다구니를 쓰고 있다.

세세한 규정 때문에 법전의 잉크가 채 마르기도 전에 법의 의도가 틀어지는 경우도 많다. 몇 년 전 미국 연방항공청Federal Aviation Administration, FAA은 공항행 대중교통 마련 자금을 조성하기 위해 출발 여행객에게 '인두세' 납부를 부과하는 법을 통과시켰다. 법을 제정한 이들은 모든 가능성을 하나하나 따져가며, 공항에서 걷은 인두세를 시가 정기

통근자를 위해 쓰지 못하게 막았다. 결국 법은 독점적 체제를 요구하면서 다른 기관의 대중교통을 이용하지 못하도록 했다.

뉴욕시는 FAA 제도의 시행에 딱 적합했다. 굼벵이처럼 움직이는 차량의 정체를 뚫고 JFK 공항까지 가서 비행기를 타는 일은 스트레스다. 마구잡이로 뻗은 다른 도시들과 달리, 뉴욕에는 교통 수요를 창출하기에 유리한 도심이 있어서 FAA의 제도를 적용하면 대중교통 이용 승객도 확보할 수 있다. 하지만 세세한 규정에 의하면 뉴욕시는 가장 유력한 펜역과 그랜드센트럴역에 공항행 대중교통을 연결할 수 없다. 두 노선은 법이 정한 독점적 요건을 갖추지 못했기 때문이다. 법을 만든 사람들은 웬만한 도시에는 철도 기반 시설이 없다는 걸 알고 있었지만, 뉴욕은 생각조차 해보지 않았을 것이다.

그리하여 뉴욕시에 유일하게 적합한 제도는 법에 따라 금지됐다. 그보다 더 놀랄 일은 뉴욕시가 규칙을 바꾸려 하지 않고 결과를 순순히 받아들인 점이다. 어찌되었든 법이 의심의 여지없이 명확했기 때문이었다.

뭐든 법대로 하려는 현상, 특히 쏟아져 나오는 사이비 전문 용어는 그 자체로 병이다. 안전 검사관이 "오, 그 철책은 괜찮아 보이는군요!"라고 말하거나 FAA 행정 관리자가 상정된 공항 교통 체계를 살피면서 지역 통근자들이 보조금 혜택을 받지 못하게 하는 세상을 상상하기란 어렵지 않다. 오직 법을 진지하게 받아들일 준비가 되어 있는 변호사들과 관료들만이 고립된 상태에서 눈을 부릅뜨고 법 용어를 응시하고 있다. 그것이 현대 법의 철학이다. 즉 법 용어는 당신에게 정확히 무엇을 할지 명령한다. 법에 의해 판단력이 배제당한 게 아니라, 법 적용에 있어 판단력이 설 자리는 없다는 우리의 믿음에 의해 판단력은 권리를 상실했다.

1980년대 말 이탈리아 대통령은 워싱턴 방문이 끝나갈 즈음 미국 법의 이러한 기이한 모습을 알게 되었다. 그는 자신의 전세 비행기로 귀환하면서 미국의 고위 공무원에게 동행을 제안했다. 고위 공무원에게 중요한 국가의 대통령과 8시간을 함께 보내는 것보다 좋은 외교적 기회란 흔치 않다. 그러나 국무부는 다른 국가에서 대가성 있는 것을 받으면 안 된다는 규정을 들어 이를 반대했다. 납득이 안 간다고 생각하는 데 3초도 채 걸리지 않을 것이다. 이 비용은 결국 납세자의 몫이지만 해당 공무원이 개인적 특전을 받는 것이 아니다. 그럼에도 규정은 모호하게 적용되었다. 국무부 내 변호사들 간에 논쟁이 오간 끝에 마침내 동행은 허락됐지만, 그 대신 고위 공무원은 현금화할 수 있는 비행기 표를 이탈리아 정부에 주어야 했다.

이탈리아인들에게 이 사건은 얼마나 기이해 보였을까? 만일 그 공무원이 공짜 비행기를 얻어 타고 이탈리아의 사르디니아 섬에서 호화로운 주말을 보낸다면 부적절할지도 모른다. 다른 일과 마찬가지로, 제반 상황은 대단히 중요하다. 변호사들은 상황을 살피기보다는 신의 계시라도 받는 양, 법 명령에 치우쳐서 융통성을 발휘하지 못했다.

현대 사회의 지나치게 세세한 법규는 오염 및 유독성 물질을 관리하는 데 가장 큰 방해물일 것이다. 가령 납 중독은 아이들에게 치명적일 수 있다. 납이 든 페인트는 1978년 사용이 금지되기 전까지 흔히 썼기 때문에, 낡은 주택의 벽에는 납 성분이 많이 남아 있다. 납이 섞인 페인트를 긁어내는 일은 꽤 까다로울 뿐 아니라 이 과정에서 더 큰 문제를 초래할 수도 있다. 페인트를 제거하는 일이 최선일 때도 있지만 그대로 두는 게 나을 때도 있다. 여기서 판단력이 요구된다. 하지만 판단을 허락하지 않는 주들이 많다. 매사추세츠주에서는 6세 이하 아동이 있는 가정은 납이 포함된 페인트를 제거(불법 방해물 제거라고 한다)해야 하며 예외는 인정하지 않는다. '불법 방해물 제거' 이후 아동의 혈중 납 농도 악화와 관련한 끔찍한 이야기가 언론에 등장했다. 납 제거 과정에서 야기된 높은 혈중 납 농도 때문에, 법에 따라 다량의 주사를 맞은 아이가 몇 달 동안 악몽에 시달려 소리를 지르며 깼다고 한 어머니는 말했다. 그러거나 말거나, 법은 납 중독의 증거가 없을 때도 원칙상 주사를 맞아야 한다고 강제한다.

맨해튼 인스티튜트Manhattan Institute의 리처드 미니터는 납 중독에 관한 기사를 읽고 정부에 도움을 요청하는 실수를 저지른 토니 벤저민의 모험을 들려줬다. 여덟 아이의 아버지인 벤저민은 아이들에게 납 중독 검사를 받게 했고 그중 막내의 혈중 납 농도가 위험 수준에 있다는 걸 알게 되었다. 결국 납 탐지 장비를 마련한 벤저민은 낡은 주택이 흔히 그렇듯 벽 표면 아래서 납 성분을 발견했다. 그는 뉴욕주 공무원을 불렀으나 최근에 벽에 덧칠을 했으니 안심하라는 소리를 들었다.

하지만 막내의 검사 결과는 시 위생국에 접수되었다. 그러던 어느 날, 시 검사관들이 사전 연락도 없이 들이닥쳤다. 그들은 흠이 팬 페인트 위에 빨간 잉크로 된 '법률 위반' 스탬프를 찍었고, 17개째의 흠을 발견하고는 그 집이 건강에 유해하다고 선언했다. 그리고 가족을 집에서 내보낸 후 페인트를 벗겨내고 벽면을 다시 칠하라고 지시했다. 벤저민이 요구 조항을 즉각 이행하지 않으면 8,000달러가 넘는 벌금을 물어야 할 것이라고 했다.

벤저민은 검사관들의 요구를 받아들일 여유가 없었다. 8명의 아이들을 데리고 갈 곳이 없었다. 어디로 간단 말인가? 그동안 막내의 혈중 납 농도는 위험한 수치 훨씬 아래로 떨어졌다. 하지만 법은 분명하고도 예외 없이 여전히 '불법 방해물 제거'를 요구했다. 끊임없이 찾아온 검사원들은 아이의 납 농도는 아무 상관이 없으니 "벤저민이 규칙을 따르기를 바란다"고 말했다.

체코 공화국의 대통령이자 극작가인 바츨라프 하벨 또한 현대 사회의 체제에 대해 주의 깊게 관찰했다. 그는 공산국가에서 국민이 국가의 명시적인 허가 없이 행동할 수 없다는 사실을 눈여겨보았다. 이와는 대조적으로, 자유로운 사회에서는 금지된 일이 아니라면 국민은 하고 싶은 일을 마음대로 할 수 있다고 여겼다. 하지만 세세한 규정이 우리가 할 일을 정확히 알려줄 것이라는 생각은 오산이었다. 법이 행동 방침을 세세히 규정하기 때문에 우리는 원하는 일을 할 수 없는 것이다. 벤저민의 집이 아무런 해를 끼치지 않는다는 사실은 중요하지 않다. 그러나마나 법은 납이 든 페인트를 제거하라고 한다. 뉴욕의 공항을 기차역과 연결해 편의를 제공하려는 FAA의 의도도 중요하지 않다. 법은 다른 이야기를 하고 있기 때문이다.

사사건건 간섭하면서 모든 것을 지시하고 관리하는 행위는 하벨 대통령이 너무나 많이 경험했던 행동 양식을 제안할지도 모른다. 현대 사회의 규제법은 '권력집중제'와 닮아 있다. 모스크바의 경제학자처럼 복잡한 작업 공정표를 통해서 시베리아의 밀 수확법을 설명하거나 화물 트럭의 스페어 부품을 깜빡하는 일이 다반사로 일어나지는 않지만 대신 우리에게는 행동 지침을 목록으로 만든 대단히 세세한 법 규정이 있으며, 이들 대부분은 오래전에 만든 것들이다. 시베리아에서는 풍년이 들었지만 화물 트럭이 오지 않는 바람에 밀이 썩어갔고, 미국에서는 테레사 수녀가 노숙자 보호시설을 짓지 못하게 되고, 엄청난 비용을 들여 헛발질을 하는 동안 엉뚱한 곳에서 벤젠이 대기 중으로 새어나갔다. 실패의 이유는 같다. 엄격한 법 규정이 특정 상황에서 판단을 행사하지 못하게 막기 때문이다.

일을 해보기도 전에 모든 채비를 끝낼 수 있다는 합리주의자들의 약속에 도취된 두 나라 정부는 스스로 정한 사전 규칙에 눈이 멀었다. 철학자 마이클 오크쇼트는 "이성주의자는 자신을 구할 수도 있는 지식을 무시할 뿐만 아니라, 파괴하면서 시작한다. 그는 미리 불을 끄고는 아무것도 볼 수 없다고 불평한다"라고 말했다.

물론 차이점은 있다. 구소련의 지도자들은 국가를 꼭두각시처럼 조종하려고 했다. 미국에서는 촘촘한 철망처럼 쳐진 법규가 사람들이 이치에 맞는 일을 하지 못하게 막았다. 유감스럽게도, 누군가는 권력집중제와 닮은 부분이 정확하고 공평한 법체계의 대가라고 주장할 수도 있다. 하지만 구소련의 법보다 공평한 미국 법의 전통은 완전히 다른 철학을 기초로 하고 있다. 우리는 20세기 후반에 정부를 재건하면서 신성한 법 전통의 근간을 완전히 무시했다.

법은 어떻게 인간성을 대신하게 되었나

미국 입법자들의 주요 관심사는 법적 정확성과 삶의 복잡성 사이의 갈등이었다. 헌법은 시대의 변화와 예측 불가한 상황에서도 진화해 온 유연한 법의 본보기다. EPA의 벤젠 규정보다도 짤막한 문서를 근거로 정부의 세 기관이 탄생했으며 '적법한 절차due process'라는 모호한 원칙을 기반으로 권리장전Bill of Rights을 제정했다.

헌법 초안 작성자들에게는 헌법이 얼마만큼 상세해야 할지도 중요한 문제였다. 알렉산더 해밀턴은 권리장전이 너무 구체적이며, 권리를 하나씩 열거하는 일은 다른 권리의 부재를 암시할 수 있다고 주장했다. 오늘날 우리는 세세한 법 제정이 쟁점이나 되는지, 혹은 법이 명확함과 엄격함을 동시에 강요해도 되는지에 대해 생각조차 하지 않는다.

우리가 알고 있는 '관습법common law'은 영국에서 계승한 것으로 지금도 시민 생활의 규범으로 작동한다. 법률과 규칙이 존재하는 근대국가 이전 수 세기 동안 관습법은 법의 근간을 지배했고, 그 원칙들은 아직도 우리 법체계에 기본 틀을 제공하고 있다. 관습법은 입법부에서 제정하지는 않았지만 무수한 판결에서 도출된 보편적 규범의 총체다. 자동차 운전은 제정신으로 해야 하며 그렇지 않으면 사고에 대한 책임을 져야 한다는 상식이 그 일례다.

관습법은 사전에 모든 걸 통제하려는 철칙과는 대비된다. 상황에 따라 달리 적용된다는 말이다. 어린아이를 피하려다 일어난 사고는 용납할 수 있지만 졸음운전으로 발생한 사고는 그렇지 않다. 관습법의 가장 중요한 원칙은 '합리적인 사람이라면 어떻게 행동했을까'다. 모든 원칙에는 예외가 있다. 관습법은 상식을 허용하며 무엇보다도 특정 상황에서 숭상된다. 법 전문가가 아닌 일반인이 사건의 옳고 그름을 결정하는 배심원 제도도 관습법이 발전시켰다. 여기에 새로운 판례가 점점 더해져, 관습법은 시간이 갈수록 발전하고 있다. 이 시대의 위대한 법관으로 존경받는 벤저민 카르도조 판사는 1920년경 "관습법은 실용주의 철학의 바탕이다. 진실은 상대적이지 절대적이 아니다"라고 말했다.

미국의 법조계는 이따금 명백한 사실을 간과하는 경향을 보였다. 지금 시각으로 보면 놀라운 이야기지만, 한때 변호사들은 관습법이 정확성을 제공한다고 믿었으며, 만약 자신들이 모든 판례나 윌리엄 블랙스톤 경卿이 쓴 관습법 논문의 제반 원칙을 충분히 들여다본다면 하나의 진실한 결론에 다다를 것이라고 믿었다. 반론을 펴는 변호사들이 확신에 차서 정반대의 입장을 취할 때, 누군가는 법의 정확성에 대한 회의가 조금 들 수도 있다. 하지만 그렇지 않다. 성서와 마찬가지로 법은 자명하다.

우리는 헌법이 보장하는 자유와 관습법이 보장하는 정의와 함께, 미국 정부가 '인간의 정부가 아닌 법의 정부'라는 사실에 오랫동안 자부심을 가져왔다.

1881년, 하버드대학 법학 교수인 올리버 웬들 홈스 2세가 법은 분명하지 않고 판사와 배심원이 어떤 시각으로 사건을 보느냐에 따라 달려지며, "보편적인 전제로 구체적인 사건을 판결내릴 수는 없다"고 말했을 때 법은 정체성의 혼란을 겪었다. 법의 부정확성이 적나라하게 드러나자, 그 충격은 광범위한 혁신 운동의 자극제가 되었다. 일부 혁신가들은 관습법을 성문화해 법령에 포함하는 작업을 추진하려고 했다. 관런 단체들은 법을 과학화하려고 했으며, 법실재론자들은 정신의학의 한 분과에 법을 포함시키자는 의견을 포함해 그 무슨 의견이든 지지했다. 예일대학 법대 교수를 지낸 로버트 허친스는 이와 같은 새로운 실재론을 묘사하는 유명한 말을 남겼다. "판사가 아침에 무엇을 먹는지는 그 어떤 법 원칙보다 중요하다."

이와 같은 과잉반응을 간략히 언급하는 이유는, 지난 40년 동안 유명 학자들이 밥 먹듯 자신의 견해를 뒤집었던 지적 발작에 당신이 골머리를 썩지 않았으면 해서다. 올리버 웬들 홈스 2세 자신도 이 모든 발작의 이유를 알지 못했다. 오늘날 대부분의 변호사들과 마찬가지로, 그도 전능하기보다는 적합하고 공평한 판결을 내리려 했다. 이 혼란의 소용돌이에서 유익한 진전을 꼽자면, 1923년에 미국 법률협회American Law Institute가 설립되었다는 것과, 이후 협회에서 『법의 재기술Restatement of the Laws』이라는 이름으로 관습법의 원리를 몇 권의 책으로 엮어 냈다는 것이다. 협회의 유일한 목적은 법적 정확성이었지만, 『법의 재기술』에 등장하는 '합당함'과 '선의' 같은 중요한 원칙들은 말 그대로 부정확해 보인다. 『법의 재기술』은 기본적으로 윌리엄 블랙스톤의 논문을 현대화한 책으로, 미국 관습법의 보고로 남아 있다.

미국 건국 첫 세기 동안 성문법은 주로 국방과 공공사업 자금을 할당하는 데 쓰였다. 19세기 말에 산업계의 담합을 깨고 아동 착취를 철폐하려고 한 혁신주의 운동이 시작되자, 성문법의 중요도가 높아지면서 관습법을 대체하기 시작했다.

일자리 제공, 복리 후생, 사회보장 등을 포함한 뉴딜(1933년 루스벨트 대통령이 시행한 대공황 극복 정책)과 함께 성문법은 법률 전반에 영향을 미쳤다. 경제 규제의 광범한 수단의 하나로 증권거래위원회Securities and Exchange Commission, SEC도 신설되었다. 과학기술의 시대를 맞이하면서 법은 전보다 한층 구체화되었다. 안보법을 입안한 아서 딘은 일부 법률 조항들이 어떻게 서로 완벽하게 맞물리는지 거의 매일 내게 일깨워주곤 했다. 그렇지만 전반적인 접근 방식은 관습법의 실용적 철학을 유지하고 있었다. 1937년 루스벨트 대통령에게 제출된 정부 보고서는 이렇게 말하고 있다.

정부는 사람의 조직이다. 도처에 사람이 존재한다. 정부는 공식적인 제도를 기반으로 하지만 태도에 더 많이 의존한다. 정부는 기계장치가 아니다. 우리가 바라는 것은 크롬으로 만든 것처럼 미끈하고 겉만 번드르르한 유선형 정부가 아니며, 실제로 약속한 것을 이행하는 정부다.

입법의 추세는 제2차 세계대전을 맞으면서 한풀 꺾였다. 그러나 1960년대에 메디케어Medicare(일정한 자격을 갖춘 65세 이상 노인이나 장애인에게 지급되는 의료보험)와 같은 후생 제도, 근로자의 안전 관리 감독, 환경과 같은 공유 자원을 통제하고 관리하면서 다시 급격하게 늘어났다. 존 F. 케네디 행정부를 시작으로 20년간 연방정부 기관은 2배로 늘어났다.

하지만 법률이 증가한 것은 정부의 역할이 커졌기 때문이 아니라 일을 처리하는 방식이 변했기 때문이었다. 법의 세부 항목에 대한 태도가 바뀌자 새 분야의 법이 생성되는 속도보다 법 용어가 훨씬 빨리 증가했다. 신설되거나 제안된 규정을 매일 보고하는 연방정부의 공보Federal Register는, 케네디 대통령 임기 마지막 해 1만 5,000장이었던 것이 조지

부시 행정부 마지막 해에는 7만 장으로 늘어났다. 1956년에 제정, 승인되어 여전히 전후 미국의 가장 거대한 공공사업으로 남아 있는 주州 간 간선도로 시스템Interstate Highway System의 보고서는 28쪽이다. 1991년 의회에서 제정된 운수 조례 가운데 하나는 그보다 10배나 길다. 오늘날의 지역 화재 및 건축 조례는 40년 전과 내용은 거의 같지만 분량은 훨씬 길다.

정부가 역할을 늘려가자 입법자들은 법도 현대화해야 한다고 생각했던 모양이다. 우주개발 계획을 추진하기 위해 1958년 NASA(미항공우주국)가 설립되자, 그들은 법도 과학적으로 만들어야 한다고 생각했다. 아주 구체적이며 '자동 발효'되는 법은 모든 예측 가능한 상황을 포함하고, 통일성을 유지해야 했다. 그래야만 자유재량이나 혹시 있을지도 모를 관료들의 권력 남용을 피할 수 있을 것이었다. 이런 말은 근사하게 들렸고 모두가 이에 따랐다. OSHA는 한때 나무 사다리에 관한 규정을 140개 만들었는데, 이중에는 사다리의 결을 구체적으로 지정하는 규정도 포함되어 있었다.

입법자들과 관료들은 법을 만드는 데 정력을 소비했지만, 만든 법을 서로 비교하면서 줄이려는 노력은 하지 않았다. 새로운 법은 과거의 법규 위에 산더미처럼 쌓여갔다. 의회가 만든 기관들은 이 같은 법을 수천 가지의 규정으로 세분화해 오병이어五餠二魚의 기적을 행하듯 증가시켰다. EPA 한 곳에만 1만 쪽이 넘는 규정이 있다. 이렇게 30~40년간 법은 무제한으로 늘어났고, 역사상 유례를 찾기 힘든 매머드 같은 거대한 법 체계가 만들어졌다. 현재 연방 법령의 공식 규정은 1억 단어가 넘는다.

법을 구체적으로 만들려는 흐름은 정부에만 국한된 일이 아니었다. 사업 당사자 간에 벌어질 수 있는 만일의 사태에 대비해 만든 사업 협약은 빽빽한 문서로 200~300쪽에 달한다. 스위스에서는 이와 동일한 협약에 보통 10~20쪽짜리 문서를 만든다. 게다가 계약을 할 때 변호사는 상대방이 제안한 '그리고 · 또는'의 뜻을 정의한 서류를 받는데 이것은 300단어가 넘는다.

인간의 본성은 (적어도 일부) 사람들을 이러한 방향으로 이끄는 것 같다. 스탠퍼드 법대의 전직 총장인 베이리스 매닝은 '모든 분야의 전문가들'에게 치밀하라고 권고하며 '부정확성이라는 악령'을 몰아내라고 충고했다.

최고의, 그리고 가장 순수한 직업적인 동기를 갖고 우리는 어떤 질문에도 늘 정교한 답변을 제시한다. 우리는 해법을 제공할 명확한 논리적 체계에 도전하기를 즐긴다.

모든 상황을 포함시켜야 한다는 사고를 하기 시작하면, 법 용어는 제방을 무너뜨리는 홍수처럼 불어난다. 규칙은 과거의 규칙 위에 더해지고, 세부 조항은 더욱 세부적이 된다. 정확함을 추구하는 데는 논리적 종착지가 없다. 무슨 이유에선지 EPA는 벤젠 규정에서 짐 싣기에 대해 자세히 설명하고 있다. 만일 '하역'이 '짐 싣기'를 의미한다면, '짐 싣기'에 대해 다시 구체적으로 설명하는 이유는 무엇일까?

법이 쌓이자 몇몇 불만의 목소리도 있었다. 뉴딜을 도왔던 젊은 지식인이자 하버드대학의 저명한 행정법 교수였던 루이스 제프는 이미 1950년대 초, 자신의 세대가 하고 있는 일을 곰곰이 생각했다. "우리는 규정, 꽤 포괄적인 규정이라는 언어의 유혹에 너무 쉽게 굴복했으며 완전함이라는 합리화된 논리에 의해 너무 쉽게 움직였다." 1982년, 베이리스 매닝은 법의 '철저한 간소화'를 요구했다. 매닝의 외로운 간청에도 법은 3분의 1 가량 더 증가되었다.

1960년대의 입법자들은 지성사에 대해 논의를 하지는 않았을 것이다. 하지만 그들의 접근 방식은 17세기로 거슬러 올라간다. 모든 상황을 미리 예측해 정확한 법체계를 만들자는 생각은 계몽사상에서 나온 것이다.

합리주의 철학에서 국민과 국가의 관계는 미리 결정되어야 한다고 본다. 아이작 뉴턴이 자연에서 찾았던 법칙과 같이 정부 또한 본연의 체계를 채택할 수 있다는 것이다.

오늘날의 법과 마찬가지로, 이러한 합리주의적 체계의 신조는 정부의 법은 자동 발효되어야 하며 공평해야 한다는 것이었다. 이와 같은 사고방식은 사회주의를 포함한 무수한 개혁 운동을 낳았다. 또한 현대 관료주의의 탄생으로 이어졌는데, 독일의 사회학자 막스 베버는 그 철학과 경향을 이렇게 분석했다. "관료주의가 완벽하게 발현될수록 그것은 인간적 요소를 배제한다. 직업 관료는 본래 정해진 경로에서 끊임없이 움직이는 기계장치의 작은 톱니바퀴에 불과하다."

사건의 정황이 중요한 관습법의 전통은 이와는 완연히 다르다. 합리주의는 규칙성과 동일성이 아닌, 개인주의와 개척자를 찬양하는 미국의 정신에 반하기 때문이다. 미국에서는 생각이 너무 많으면 의심을 산다. 예를 들면 1856년에 의회는 '역사와 국제법, 미국 헌법에 충분한 지식이 있는' 영사관 직원에게 재정을 지원하는 법을 통과시켰다. 하지만 이듬해 그 법안은 철회되었다. 다수의 의원들이 "가장 훌륭한 외교관은 아무런 교육을 받지 않은 시골뜨기들"이라고 생각했기 때문이었다.

하지만 알다시피 끈질긴 노력으로 일을 추진해나가는 것은 지극히 미국적인 특성이다. 우리는 뉴딜을 통해 실천적인 정부로의 변화를 꾀했고, 1960년대를 기점으로 현대의 규제 국가로 전환될 때도 우리는 타오르는 개척자의 열정으로 그렇게 했다. 수백만 개의 법령이 추가된 새로운 법체계는 융통성 있는 원칙을 근거로 하는 관습법과 상반되지만, 우리는 이를 성공의 상징으로 받아들였다.

작금의 미국 관료주의는 합리주의 철학을 먼저 받아들였던 유럽보다 더 세밀하게 짜여 있다. 미국의 관료주의는 그 어느 국가도 따라올 수 없을 만큼 크고 뛰어나다. 합리주의는 미국에서 '슈퍼 합리주의super-rationalism'가 되어버렸다.

일반적 권한만으로 업무를 처리하는 연방 기관이 아직 몇 곳 있다. 연방준비제도이사회The Federal Reserve Board는 별 제약 없이 금융정책을 정하고 있다. 통화감독국The Comptroller of the Currency도 '안전성', '건전성' 같은 기준으로 은행의 건실함을 보증한다. 두 기관은 각각의 상황에서 전후 사정을 봐가며 매우 효율적으로 일을 처리한다. 하지만 이들은 예외로 봐야 할 것이다.

현대법과 정부를 비판하는 사람들은 부적합한 징후를 알아보고 폭넓은 개혁을 요구한다. 그렇지만 그들도 법이 가능한 한 구체성을 띠어야 한다는 데 동의한다. 사법 개혁의 지지자이며 1991년에 영향력 있는 저서 『소송 폭발The litigation Explosion』을 발표한 월터 올슨은, "부정확한 법이 작고 상세한 법에 길을 내주면 소송이 감소하고 좀더 정확한 법의 세계로 들어갈 수 있을지" 심사숙고했다. 도시 계획 전문가 안드레스 듀아니는 반인간적인 지역 규정을 폭로하면서, 상황을 바로잡기 위한 좀더 상세한 규정을 요구했다. 시어도어 로위는 1979년 『진보의 종말 The End of Liberalism』에서 특별 이익집단에 대항하는 해결책으로 법의 범위를 더욱 구체화해야 한다고 주장했다. 로위는 법이 더 명확해지기만 한다면 특별 이익집단은 명분을 잃을 것이라고 생각했다.

입법의 최고 기술은 정확성이라고 대부분의 전문가들은 말한다. 오직 정확성만이 법이 과학적 정확성을 성취하게 해준다. 입법자들은 온갖 기교 부린 말들로 모든 상황과 모든 예외 상황을 예측할 수 있다. 책임을 분명히 하면 사람들은 자신의 처지를 분명히 알게 될 것이다. 진실은 민주적 절차라는 시련을 통해 드러나고, 법 전문가들은 행위에 대한 상세한 지침서를 만드는 데 그들의 논리를 이용한다. 법이 더 구체화될수록 우리는 사람이 아닌 법에 기반한 정부를 제공하고 있다고 확신한다.

정확성에서 무지함으로 전락하다

정확한 법은 훌륭한 지침이 된다. 이론상으로 그렇다. 사람들은 법이 무엇을 요구하는지 정확히 알 수 있을 것이다. 하지만 현대의 법은 그렇지 않다. 과하게 세세하기 때문이다. 대도시 경찰관의 지침서는 보통 1,000쪽이 넘는데, 이것도 충분하지 않다는 듯, 경찰관들은 범죄자를 검거할 때마다 수시로 바뀌는 헌법상의 제약을 숙지하고 있어야 한다.

아무도 법을 모른다면 행동 지침으로서 법이 제 기능을 할 수 있을까? 밥 래작은 안전 검사관을 포함해, OSHA의 규정을 모두 알고 있는 사람은 없다고 본다. "개미만 한 글자로 인쇄된 4,000개의 규칙을 다 알고 있는 사람이 있을까요?"

정확성에 대한 집착은 지침으로서 법의 역할을 강화하기는커녕 파괴해버렸다. 미국 연방규정집Code of Federal Regulations 하나를 집어 들고 읽어보면 베이리스 메닝의 말을 이해할 수 있다. "규정이 너무 세세하고 기술적이어서 이해하기 어렵다. 북경관화北京官話(청나라 때 관청에서 쓰던 말로 중국의 공용 표준어)를 읽는 느낌이다." 변호사 협회의 어느 유명한 위원이 말했듯, 대다수의 세금 전문가들이 세법을 이해하기 어렵다면 과연 일반 기업들이 올바른 세무 처리를 할 수 있을까?

자영업 종사자의 상황은 더욱 절망적이다. 72세인 더치 노트붐은 오리건주 스프링필드에서 작은 도축장을 33년 동안 운영하고 있다. 미국 농무부US Department of Agriculture, USDA는 이 공장에 1명의 검사관을 상근시켰고, 다른 1명은 한나절 이상 파견했다. 직원이 4명밖에 없는 공장을 이 정도로 꼑꽉하게 감시해야 하는지 의문스럽지만, 규정상 도축을 할 때는 적어도 1명 이상의 검사관을 배치하도록 되어 있다. 검사관들은 매일 주로 전화통을 붙들고 시간을 보내지만 규정 위반을 지적할 틈도 늘 찾아낸다. 하나를 예로 들자면 "개봉한 페인트는 가축에서 약 6미터는 떨어져 있어야 한다"는 것 등이다. 노트붐은 이렇게 말했다. "문서를 아무리 파봐도 규정의 10퍼센트도 이해가 안 돼요. 여기 있는 게 전부 농무부 지침서예요."

모든 영세업자가 노트붐처럼 규제 감옥에 놓이지는 않지만, 그들도 법을 모르기는 매한가지다. 결국 몇백만 소기업 고용주들은 노력해 봤자 법조문을 이해하지 못할 것이라는 확신을 위안으로 삼아, 자신들의 양심에 따라 사업을 한다. 이것이 바로 의회가 '비자발적 불이행'이라고 명명하기 전부터 사람들이 겪고 있던 고충이었다.

더치 노트붐은 52년간의 경험을 거울삼아 최선을 다해 자기 일을 할 뿐이다. 그리고 할 일이라고는 규정 위반 찾기밖에 없는 두 검사관이 주는 굴욕을 매일 견디고 있다. 그렇다면 이쯤에서 물어보자. 아무도 이해할 수 없는 법체계가 무슨 소용이 있는지 말이다.

이해하기는 거의 불가능하다고 해도, 완벽한 법은 적어도 정부 관료들의 권한 남용 정도는 막아줄 것이다. 가령 어떤 독재자가 우리를 괴롭히려 한다면, 우리는 이에 대항하는 법 지식을 가진 변호사를 고용할 수 있을 것이다.

흠잡을 곳 없는 이 생각이 꼭 맞는 건 아니다. 앞서 살펴보았듯 법규정은 공무원들을 속박하고 그들의 분별 있는 행동을 막는다. 미네소타 오염방지위원회는 pH 수치 때문에 유해물로 지정된 석회 더미를 유해물에서 '지정 철회' 하지 못했다. 세부 조항은 규제 담당자의 직권을 줄이지만 직권남용의 여지를 남긴다. 당신이 무엇인가 요구하면, 그들은 항상 거절할 구실을 찾을 수 있다는 뜻이다. 말에는 항상 해석의 여지가 있다. 예를 들어 이탈리아 대통령과의 비행기 동승을 개인적 혜택이라고 해석하면, 규제 담당자는 당신의 요구를 거절할 수도 있다.

우리 위에 드리운 것은 보다 크고 고민스러운 모순이다. 정확성을 통한 보호가 권한 남용을 부른다는 것이다. EPA나 OSHA의 요구 조항을 준수하는 사람이 얼마나 될까? OSHA는 80퍼센트의 사업장은 법을 따르지 않고 있다고 추정했다. 규정을 100퍼센트 준수하지 않는 것은 사실일 것이다. 회계사조차도 4,000개의 문서상 규칙을 전부 준수할 수는 없지 않는가. '물품 보관실의 물건은 깔끔하게 분류되어 있습니까?', '제1910.176(b) 조항에 따라 모든 것이 제자리에 안전하게 고정되어 있는지 최근에 다시 한 번 확인해보셨습니까?' 한 논평인은 "단지 USDA 대변인이 거부했다는 이유로 모든 육류 검사 규정을 글자 그대로 집행한다면, 미국에서 정육 가공업을 할 사람은 하나도 없을 것이다"라며, 이것이 정육업계의 일반 상식이라고 언급했다.

권한 남용을 막겠다는 생각은 훌륭하다. 하지만 실제로는 권한 남용을 방지하는 게 아니라 그들에게 권한을 나누어준 꼴이 되었다. 즉 재량 없는 개별 관료가 법을 지킬 수 없다면 법은 절대 권력이 된다. 종종 자객처럼 행동하는 변호사들이 증권거래위원회와 같은 정부 기관에 가면 그렇게 공손해지는 이유는 무엇일까? 규정이 제아무리 세세해도, 관료들은 그 규정을 변호사들에게 어떻게 적용할지 빠삭하다는 사실을 그들도 알기 때문이다.

권한 남용은 매일 일어난다. 자원보전재생법Resource Conservation and Recovery Act, RCRA에는, 다수의 일반 화학물질을 포함해 유해 물질을 처리하는 회사가 컨테이너를 받을 때마다 기록을 한 뒤 물질을 처리하도록 강제한다. 이 절차는 복잡하지만 관리는 가능하다. RCRA는 공장 내 컨테이너의 정확한 위치도 기록하도록 강제한다. 환경 담당 직원을 별도로 둔 큰 회사도 공장의 컨테이너 위치를 정확히 파악하는 문서를 매번 작성하기는 힘들다. 최근까지 뉴욕주 환경보호국NY State's Department of Environment Protection 위원으로 활동한 톰 졸링은 이와 같은 규정 이행을

"강탈의 한 종류"라고 표현했다. 그는 자신이 'RCRA 경찰관'이라고 이름 붙인 연방 환경 요원들이, 컨테이너가 너무 많아 완벽한 서류 작업을 할 수 없는 대기업에 찾아가서, 과징금을 내지 않으면 범법행위로 기소할 것이라 협박했다고 말했다.

내 동료와 그의 아내는 그들이 살고 있는 브루클린의 브라운 스톤(적갈색 사암으로 지은 유서 깊은 양식의 건물)의 욕실과 부엌을 개조하느라 몇 년간 공을 들였다. 모든 계획은 기일에 맞춰 공문서에 기록되었고, 검사관들은 진행 상황을 살펴보기 위해 주기적으로 방문했다. 마침내 개조를 끝낸 부부는 검사관에게 확인을 받은 후 건물기본시설증명서를 받으러 갔다. 하지만 개조하는 동안 그 집에 머물렀다는 이유로 증명서 발급을 거절당했다. 자신의 집이므로 그곳에 머무르는 게 당연했다. 법이 개조 중인 주택에 '거주'를 금지한다는 사실은 그때 알았다. 지금껏 방문했던 검사관들은 아무도 그 사실을 알려주지 않았다. 법의 특수성이라는 부분적 결함이 규정 그 자체를 손상했다. 규정은 그 집이 살기에 적당치 않은 파손된 집인지, 말쑥이 꾸며놓은 집인지 구별할 능력이 없다. 하지만 그것은 접수창구의 공무원에게는 아무 상관도 없는 일로, 그에게는 내 동료 부부가 법을 어겼다는 사실만이 중요했다. 그 문제를 해결하려고 그 부부는 수개월을 허비했다.

대부분의 관료는 권력 게임을 하지 않는다고 생각한다. 그들의 관점에서 한 번 보자. 그들은 평범한 개축이나 밥상에 육류를 올리는 규정을 무시해야 하는 입장에 서 있다. 오직 모순만이 완벽하다. 즉, 어떤 경우에도 법이 불이행을 허용하지 않는다면, 이 모든 법적 세밀함이 우리에게 제공한다는 보호 장치는 무엇이란 말인가?

일률성의 불공평함

정확성은 공평을 보증한다고 전문가들은 말한다. 판단이나 자유재량의 여지를 없애면 법 앞에서 모든 사람들은 같은 대우를 받을 것이라 한다. 공평이 법에 절대적 요소라는 것에는 우리 모두 동의할 수 있다. 그러나 공평은 모두에게 적용되는 법 규정을 만드는 일보다 한층 미묘한 개념이다. 모두에게 법이 공평하게 적용된다는 일률성은 사실상 일률성이 아니다.

1979년 EPA는 모든 화력 발전소의 굴뚝에 스크러버(집진 장치) 설치를 강제하는 규정을 만들었다. 공해 감소가 목적이었다. 그리고 같은 규정을 미국 전역의 모든 발전소에 적용했다. 완벽하게 일률적으로 적용된 이 법의 주목적은 동부에 있는 탄광 사업장에 보조금을 지급하는 것이었다. 애팔래치아 지역에서 채굴된 흑탄은 집진 장치가 있어도 불완전 연소되며, 깨끗하게 연소되는 서부 지역의 갈탄에 비해 심한 공해를 발생시킨다. EPA는 석탄 공해의 문제를 지적하면서, 동부의 발전소보다 월등히 깨끗한 서부 발전소에 집진 장치를 설치하라고 요구했다. 게다가 동부의 발전소가 깨끗한 서부의 석탄을 구입할 수 있는 장려금 제도를 완전히 없애버렸다. 그 결과는 필요 이상으로 높은 공해 수치와 추가 비용 40억 달러다.

'합리적인 사람'을 기준으로 삼아 개괄적 원칙으로 구성된 관습법상의 일률성은 일반적으로 상황에 따른 조정을 허용한다. 이런 식의 일률적 원칙은 보통 공평의 동의어다. 그 반면 세세한 규정의 일률적인 적용은 거의 언제나 한 집단에게만 유리하게 작용한다.

뉴욕주 북부에 있는 숙박업소들에는 아침식사를 제공하는 전통이 있다. 이런 숙박업소는 오래된 전원주택 거주자들이 운영한다. 역사상 유서가 깊은 이 지역을 방문한 관광객들은, 보통 1박에 40달러 정도 되는 싼 방 값을 내고 벽난로 앞에 앉아, 지역에 얽힌 구전을 듣고 친구를 사귀며 한나절을 보낸다. 사실 이러한 관광객 숙박업소는 모두 불법 영업을 하고 있다. 대다수의 숙박업소는 비상계단이 밀폐되어 있어 '고층 단기 체류 숙박업소'에 적용되는 소방법을 준수하지 못하기 때문이다. 막판까지 어떤 입법상의 변화가 없다면 이 업소들은 문을 닫아야 할 것이다. 단층 구조에 화재 대피로가 필요 없는 주 경계에 있는 모텔은 영업을 계속할 수 있을지도 모른다. 선택권이 있는 게 낫지 않을까?

일률성은 과중한 개념이 되어 가고 있다. 밀폐된 비상계단은 21층 호텔에는 분명히 필요하며 비용도 상대적으로 적게 든다. 반면 2층짜리 하숙집에 그게 필요한지 의문이며, 금전적으로도 큰 타격을 준다.

판단의 여지가 없는 일률적 요구는 심지어 별로 공평하지도 않다. 1973년 뉴욕의 저명한 변호사이자 전직 판사인 마빈 프랭클은 형량 선고가 들쑥날쑥해서 문제라고 생각했다. 그의 주장에는 확실히 일리가 있다. 같은 범죄인데도, 형량은 판사에 따라 최고 20년의 차이가 날 정도로 다르다. 그의 생각을 계기로 '양형위원회'가 도입되었다. 위원회는 최종적으로 258개의 항목표로 구성된 형벌 평가표를 만들었고 연방 법원은 이를 바탕으로 모든 형량을 산출했다. 판사들은 이제 최소의 자유재량만 갖게 되었다.

형벌 평가표의 모든 구성 요소(초범인지, 무장을 했는지, 마약을 얼마나 매매했는지)는 우리 사회에서 가장 영리하고, 법의식이 투철한 사람들이 생각해 낼 수 있는 최선이었다. 판사는 형량을 산출하기만 하면 된다. 마침내 많은 사람이 형사피고인을 공평하고 일관성 있게 대하게 되었다고 믿었다. 모든 것은 완벽해 보였다.

하지만 판사, 변호사, 검사 등 이 표를 사용하는 대부분의 사람들은 이를 실패작이라고 여겼다. 가령 마약 범죄의 형량은 마약의 무게를 측정해 산정하는데, 이 때문에 배달용 트럭을 모는 조직의 피라미는 자신이 어느 정도의 마약을 운반했는지도 모른 채 종신형을 받고, 아동에게 헤로인을 파는 마약상은 고작 2년 형을 받는 일이 벌어진다. 같은 양의 LSD 매매에 대한 형량도, 이것을 어떤 것에 담아 파는지에 따라서(각설탕 하나는 티슈보다 무겁다) 10년 이상 차이가 난다. 근래에는 차량 수리 비용이 필요했던 21세의 크리스천 마텐슨이라는 청년이, LSD를 구해 주면 400달러를 제공하겠다고 한 묘령의 인물과 투선Tucson에서 접선하는 일이 있었다. 크리스천 마텐슨은 그가 구한 1.5그램의 LSD가 100그램이 넘는 두꺼운 압지에 스며드는 바람에 10년 형을 선고받았다. 그것은 2만 번을 투여할 수 있는 양을 갖고 있던 마약 공급자와 같은 형량이었다. 크리스천 마텐슨의 변호사는 "정신을 차리게 하면 되지, 인생을 망쳐놓으면 안 되는 것 아닌가요?"라고 말했다.

펜실베이니아주의 한 판사는 전과 기록이 없는 한 젊은 가장에게 5년 형을 강요하는 주의 형량 선고 지침에 반발해 판사직에서 물러났다. 이 가장은 직장을 잃고 낙담해서 술을 살짝 걸치고 장난감 권총을 택시 기사에게 들이대 50달러를 털었다. 레이건 대통령이 지명한 연방 법원 판사 J. 로렌스 어빙도 "마약으로 멍청한 짓을 한 풋내기보다 살인자가 더 빨리 출소하고 있다"고 불만을 토했고, 이에 항의하는 차원에서 최근 판사직에서 물러났다.

몇 해 전 OSHA는 유해한 화학물질에서 근로자를 보호하는 법을 강화하기로 하고, 유해 물질 제조사에 패키지에 성분 정보를 명시하도록 요구했다. 이러한 물질안전보건자료Material Safety Data Sheets, MSDS는 각 화학물질의 잠재적 유해성을 기록한다. 모든 사업장은 지정된 장소에 MSDS 양식으로 된 기록부를 비치해야 한다. 염산을 비롯한 유해 화학물질의 정보를 사업장에 비치한다는 생각은 아주 타당한 듯 보였다.

하지만 OSHA는 거기서 멈추지 않았다. MSDS 양식은 해로운 영향을 줄 수도 있는 모든 물질에 일률적으로 적용되어야 했다. 현재 OSHA의 목록에는 총 60만 개의 잠재적 유해 물질이 있고, 새로운 항목이 계속 추가되고 있다. 1991년, OSHA는 벽돌로 다시 관심을 돌렸다. 이번에는 벽돌 제조 과정이 아니라 벽돌을 쓰는 사람이 알아야 하는 벽돌의 유해성에 관한 것이었다.

이따금 이것이 사람 위로 떨어질 때는 있지만, 벽돌이 여태껏 유독성 물질로 취급된 적은 없었다. 1991년에 OSHA의 시카고 지부는 한 건설 현장을 시찰한 뒤, 벽돌공에게 벽돌 받침대에 MSDS 양식을 기재하지 않은 것은 규정 위반이라고 알렸다. OSHA는 벽돌을 자를 때, 그 과정에서 약간의 실리카가 생길 수 있다고 판단했다. 하지만 벽돌을 자를 때는 먼지도 거의 날리지 않았고, 벽돌공들은 벽돌 자르는 데 별로 시간을 할애하지도 않았다. 어찌 되었건 벽돌을 목재 다루듯 하지는 않으니까 말이다.

벽돌공들은 정부가 제정신이 아니라고 생각했다. 밥 래작은 이렇게 말했다. "벽돌을 만들 때보다 창문을 열고 비포장도로를 운전할 때 더 많은 실리카에 노출됩니다." 벽돌 제조업자들은 직원을 위해 벽돌 구별법과 벽돌의 비등점을 기재한 MSDS 양식을 성실하게 제출했다. 서류 작업도 번거로웠지만, 벽돌 제조업자들이 볼 때 그보다 큰 문제는 벽돌이 해로운 물질이라는 인상을 주는 것이었다. 무분별한 소송이 판치는 사회에서 MSDS 양식을 작성한다는 것 자체가 소송을 부르는 것과 다름없기 때문이었다.

벽돌 제조업계는 몇 년간의 투쟁을 통해 1994년, OSHA의 유독물질 지정에서 벽돌을 제외시키는 데 성공했다. 하지만 이와 유사한 수천 가지의 품목은 아직도 그 목록에 올라 있다. 2년 전, 직원이 둘뿐인 플로리다주의 한 회사는, 회사에서 사용하는 윈덱스앤드조이 유리 세정제에 대한 MSDS 양식이 없다는 지적을 받았고, OSHA의 책임자는 규정을 변호해야 하는 딱한 입장에 처했다.

"가정용 세정제에 대한 정보 요구가 의외일 수도 있지만, 이러한 화학제품은 사업장에서 종종 고농도로 사용되므로……."

어떤 자영업자는 식탁에 둔 소금에 경고문을 부착하지 않아 지적을 당했다. 결국 세상의 모든 것은 우리에게 해가 될 수 있다. 그런데 법은 모든 잠재적 유해 물질을 일률적으로 다룬다. 하지만 에런 윌다브스키가 지적했듯 사람은 물에 빠져죽을 수도 있는 법이다.

론 스밀이 아는 한, 글렌게리 공장에서 MSDS 기록부를 한 번이라도 들여다본 직원은 없다. 공장을 견학하면서 우리는 그중 한 권을 들춰보았다. 육중한 기둥에 매달린 기록부에는 먼지가 두텁게 쌓여 있었다.

법을 만사에 일률적으로 적용하려는 강박적 헌신은 오직 삶의 공평함을 부정해야만 성취될 수 있다. 벤저민 카르도조는 일률적 규정을 대하는 우리의 본성을 이해했다. 그는 "일률적인 방식은 우리를 암초에 걸리게 할 것"이라며 "언제 변할지 모르는 가변성의 저주를 법이 견디지 못한다면, 더욱 심각한 저주를 초래할 것"이라고 경고했다. 그 저주 중 하나가 다양성을 불법으로 만드는 것이다.

다양성을 불법으로 만들다

정확한 규정을 만들기 위한 필수 요건은 모든 일의 정확한 처리 방식을 결정하는 것이다. OSHA 관리들은 최선을 다해 공장의 모든 안전 장치의 필요조건에 대해 심사숙고한다. 주쌔 어린이집과 유치원의 규제 담당자들도 온갖 세부 조항을 제시하려고 고심한다. 이상적인 기관이란 자신들이 짜낸 생각을 법으로 제정하는 곳이라는 그들의 시각은 놀랍지도 않다. 마치 삽화가 노먼 록웰의 작품에 나오는 독재자처럼 모두를 자신의 말에 따르게 하려는 것 같다.

제인 오라일리는 보스턴 외곽에서 교사 3명과 원생 30명 규모의 작은 어린이집을 운영하고 있다. 매사추세츠주의 데이케어(부모 또는 보호자가 아동이나 다른 피부양자를 보호할 수 없을 때, 그들을 보호하기 위한 시설과 제도) 규정은 어린이집에 석사 학위에 준하는 자격의 교사를 배치해야 하고, 교사 1명당 아동 수가 10명을 넘지 않아야 한다고 정하고 있다. 이 정도의 전문성과 자격에 트집을 잡기는 어렵다. 정말 근사하다. 다만, 이런데도 이전 세대 아이들의 시험 성적이 지금보다 더 좋은 이유는 무엇일까? 어째서 어린이집 한 학급당 동 연령대 원생이 30명이나 되는 일본은 우수한 교육체계를 갖고 있을까?

위에서 언급한 규정은 보육의 질과 그럴듯한 연관성이라도 있다. 하지만 다른 규정들은, 모든 것에는 규칙이 있다는 것을 증명하려고 만들어놓은 것 같다. 가령 아이들의 옷은 금세 더럽혀질 수 있으니 갈아입을 옷을 원생 수에 맞게 보관하고 있어야 한다는 규정이 그렇다. 30개의 옷을 각각 보관하는 수납장도 문제다. 제인 오라일리는 어째서 필요에 따라 몇 종류의 갈아입을 옷만 갖추고 있으면 안 되는지 의문이다.

매사추세츠주의 아동국Office of Children 검사관들은 어린이집에 정기적으로 들러 꼭 조항 위반을 찾아낸다. 화장실 천장의 거미줄, 아이들 손닿는 거리에 있는 식기 세척용 물비누(비눗방울 놀이에 사용된) 등이 지적을 받아왔다. 검사관들은 최근에 제인 오라일리에게 목재로 된 장난감 냉장고를 벽에 고정시키라고 명령했다. 지금까지 장난감 냉장고가 문제를 일으킨 적은 한 번도 없었지만 혹시 누가 아는가? 검사관들이 하지 않는 유일한 일은 부모와 함께 점검을 한다든지, 장기간에 걸쳐 운영 상태를 관찰하는 등 어린이집의 질을 평가하는 일이다.

법이 요구하는 이상적 어린이집은 거의 흠잡을 때가 없다. 법으로만 따지면 뉴욕의 어린이집은 매사추세츠주보다 훨씬 낫다. 가령 뉴욕의 법은 '교사는 별도의 화장실을 이용해야 하며', '아이가 힘들 때는 위로해주어야 한다'는 조항도 포함하고 있다. 이 같은 법이 없어 슬퍼하는 매사추세츠주의 고통받는 아이들을 생각해보라. 뉴욕에서는 모든 어린이집에 '아이들을 절대로 홀로 남겨두면 안 된다' 같은 항목들로 빽빽한

68장의 점검표를 작성하게 하고 있다. 이런 순진무구한 '선언문'에 어떤 목적이 있는지(스스로 태만했다고 자백할 사람이 누가 있을까?), 또 이걸 대체 누가 읽어볼지는 알 수 없다.

이 같은 규정은 실제로 아이들을 보살피는 사람들에게는 달갑지 않다. 뉴욕의 한 어린이집 검사관이 말했다. "하루 종일 하는 일이라고는 사람들을 안심시키는 일밖에 없어요. 어린이집 관계자들은 규정을 어길까봐 두려워하고 있어요." 당연한 반응 아닐까? 법이 약간의 상식도 허용하지 않을 때 옳고 그름을 판단하는 우리 안의 나침반은 작동하지 않는 법이다.

이상적인 데이케어센터는 물론 비싸다. 매사추세츠주의 경우, 한 해 수업료가 보통 4,000달러를 넘는다. 노먼 록웰의 그림 속에나 등장할 법한 시설에 아이를 보낼 여유가 없는 부모는 어떻게 해야 할까? 우리는 다시 한 번 법의 과잉이 주는 모순과 마주친다.

보육은 규제적 보호가 없는 음지에서 이루어져왔다. 대략 80퍼센트 정도의 아이들이 정부 규제가 미치지 않는 시설에서 크고 있으며, 이 가운데 불법 영업을 하는 곳도 많다. 이런 보육 시설들이 당국의 눈을 피해 성행 중이다. 이런 사실은 몇 해 전 끔찍한 화재로 만천하에 드러났다. 뉴욕시에 있는 한 보육 시설이 지하실에 불법적으로 놀이방을 조성했고, 화재가 나자 그곳에서 빠져나오지 못한 아이들이 크게 다치는 사건이 벌어진 것이다.

조금 덜 이상적인 규정은, 한 아이에게 4,000달러를 지원할 여력이 없는 부모의 형편에 맞는 보육 시설을 허락할 것이다. 하지만 이를 위해서는 모든 것이 완벽해야 한다는 생각을 버려야 한다.

어쩌면 논란의 소지가 가장 적은 규제법이라 할 수 있는 건축법도 비슷한 문제를 안고 있다. 건축 규정은 방의 최소 크기, 욕실과 부엌 공간은 다른 방에서 분리되어야 한다는 지시를 포함해 수백 가지의 세세한 요구 조항을 담고 있다. 마치 훌륭한 생각과 기술적인 진보로 가득 차 있는 암호첩 같다. 그 누가 이에 맞설 수 있겠는가?

사회가 할 수 없다면 그 누구도 할 수 없다. 노숙자가 늘어나는 이유의 하나는(아마도 중요도에서 정신 질환과 약물 남용에 이어 세 번째일 것이다) 염가 주택의 부족 때문이다. 정부는 빈민가를 불법으로 지정하고 나서, 건축법을 통해 염가 주택은 짓지 못하게 했다.

사실상 원룸이 없어진 것은 완전한 법이 불가능하다는 것을 보여주는 대표적 사례다. 1980년대 중반까지 대부분의 도시는 SRO로 불리던 값싼 주택을 없애려고 했다. 그러다가 대다수 SRO 거주자의 유일한 대안이 길바닥이라는 사실을 깨닫고, 시에서 급히 반대 입장을 취하면서 SRO 철거 금지법을 제정했다. 하지만 이미 때는 늦었고 대부분의 주택은 철거된 상태였다. 오늘날의 법은 남아 있는 SRO의 철거를 금하고 있지만 동시에 건축 규정은 새로 짓지도 못하게 하고 있다.

1986년 샌디에이고의 개발업자 크리스 모텐슨은 건축법을 무시하고 건물을 지으면 수익성을 낼 수 있다고 판단하고, 한 건축가에게 실현 방안을 의뢰했다. 결과는 3.3제곱미터짜리 4층 건물로, 이 건물은 건축법이 요구하는 크기의 절반 정도였다. 각 방에는 전자레인지, 개수대, 칸막이로 된 화장실을 갖추고 있었다. 공동 샤워장은 각 층의 복도 끝에 있었다. 이 건물은 건축법의 규정을 깼고, 오랜 협상 끝에 주 당국은 이 건물에 건축법을 적용하지 않기로 했다. 하나에 1만 5,000달러도 채 들이

지 않고 만든 방들은 즉시 세입자로 가득 찼다. 이렇게 해서 주당 50달러의 여윳돈밖에 없던 사람들은 거처를 마련할 수 있었다.

사람들은 남에게 빌린 생각에 자신의 창조성을 보태거나 하면서 고유의 방식으로 일하려고 한다. 예상하지 않은 결과를 절대 용납하지 않는 법은 인간의 이러한 독특한 행동 양식을 고려하지 않는다. 법은 입증된 방법을 흑과 백의 논리로 설명하고 그것으로 끝이다. 법을 어기는 사람이 눈에 띄면 법은 반사적으로 거대한 발을 들어 그를 짓밟아버린다.

폴 앳킨슨은 오리건주의 유진시市 외곽에서 농장을 운영하며 친환경 돼지고기와 양고기를 생산하고 있다. 최근까지는 염소젖 치즈도 생산했다. 그는 맨해튼 남부의 '불레이Bouley' 레스토랑을 포함해, 미국 최고의 식당 몇 곳을 고객으로 두고 있다. 치즈 제조 규정에서는 사용 가능한 기구의 종류를 정확하고 구체적으로 명기하고 있으며 스테인리스 스틸 재질을 사용하라고 지시한다. 그에 반해 염소젖으로 만든 치즈를 주로 공급하는 유럽 사람들은 전통적으로 나무통을 이용한다. 몇 해 전한 검사관이 치즈를 저온살균하는 스테인리스 통이 규격에 맞지 않으니 없애라고 그에게 지시했다. 폴 앳킨슨의 치즈는 균이 없고 깨끗하다고 판명이 났지만 아무 소용도 없었다. 게다가 검사관은 벽이 "너무 거칠다"면서 회반죽을 바른 뒤 페인트로 여러 차례 덧칠을 하라고 폴 앳킨슨에게 요구했다. 그 후 얼마 되지 않아 폴 앳킨슨은 "규제 때문에 수익성이 없다"는 이유로 치즈 공장을 폐쇄했다. "가장 짜증났던 것은 '미리 결정된 규칙'이었습니다." 그는 반문했다. "치즈의 질이 기준에 부합한다면, 어째서 생산자 마음대로 치즈를 만들면 안 되는 거죠?"

게리 퀴지와 그의 동업자는 뉴욕의 '리틀 이탈리아'에서 오랫동안 작은 카페를 운영해왔다. 전직 도시명소위원City Landmarks commissioner이었던 켄트 배릭은 얼마 전 아침식사를 하러 그곳에 들렀다가 일회용 접시와 포크를 받고는 크게 실망했다. 게리는 식기를 계속 손 세척하면 영업 정지 처분을 내리겠다고 검사관이 통보했다고 말했다. 규정에서는 자동식기세척기를 비치하거나 화학적으로 처리하라고 요구했다. 하지만 화학 처리는 비실용적이었고 세척기를 두기에는 커피숍이 너무 좁았다. 게리에게는 일회용 식기 사용이 유일한 해결책이었다. 이제 식당에서는 플라스틱 식기만 사용한다.

칼럼니스트인 러셀 베이커는 쇼핑몰의 모양이 모두 똑같은 이유를 곰곰이 생각하다가, 하나의 쇼핑몰이 빠르게 유행이 되어 그렇게 된 건 아닐까 하고 추정했다. 현대의 법은 모든 규제 행위를 '쇼핑몰화'하려고 한다. 주된 피해자는 소기업과 사회의 빈곤 계층이며, 이 나라의 기발한 정신은 이를 탁월하게 달성했다. 그렇지 않고서야 쇼핑몰이 다 비슷해 보일 리가 있을까?

천사 같은 법

삽시간에 규정을 만들어 추진하는 방식은 정확성이라는 장점을 보장하지 않을 수도 있다. 하지만 교활한 수완가에게는 끝없는 기회를 보장한다. 누구도 이 혼란을 이해할 수 없지만 영리한 변호사에게는 천국과도 같은 환경이다. 전형적인 예는 세금을 내지 않는 억만장자다. 법규가 복잡하게 얽혀 있는 곳이라면 어디서든 한탕을 노려볼 만하다.

하지만 왜 이래야 할까? 많은 사람들은 정확한 법이 '맹점을 차단한다'고 믿는다. 실은 그 반대다. 맹점은 정확한 법 때문에 생긴다. 일반적 원칙으로 된 간략한 문서인 헌법에는 맹점이 없다. 그러나 3만 6,000장에 달하는 세법은 사실상 한낱 맹점에 다름 아니다. 법을 정확하게 만들려고 노력하면 할수록, 더욱 많은 맹점이 드러난다. 만일 EPA가 언론의 자유를 보호하는 법을 만든다면, '언론'이라는 단어를 정의하는 데 10여 장의 문서를 할애하고 수백 가지의 예외 조항을 만들어 내야 할 것이다. 앞서 말했던 모든 규정과 마찬가지로, 차후에 문제가 생기면 법은 잘못된 결론을 강요하거나 추가적 해석을 요구할 것이다. 반면 헌법은 10여 개의 단어를 사용한다. "의회는 언론의 자유를 제한하는 법을 제정할 수 없다." 이 또한 해석의 여지가 있지만, 여기서 해석이란 언론의 자유와 관련한 광의의 해석이지 단어에 대한 정의를 의미하지는 않는다.

현대의 법은 문장 분석과 논리적 책략의 게임이다. 세세한 법률 조항이 곡해될 때, 빈틈없는 변호사는 어디로 가야 법의 정신을 위반할 수 있는지 혹은 남보다 유리한 입장을 차지할 수 있는지 알 것이고, 그는 처벌받지도 않을 것이다.

형벌 평가표를 만든 목적은 판사들이 선고하는 일관성 없는 형량의 맹점을 없애려는 것이었다. 일률성을 추구하는 과정에서 공평함은 상처를 입었다. 반면 종종 그래왔듯 일률성은 기본 원칙의 교묘한 조작으로 상처 입었다. 오늘날 경찰과 검사는 어떻게 검거를 해야 형량을 최대로 높여서 자신들의 위신을 높일 수 있을지 고민하면서, 사무실에서 258개의 복잡한 평가표를 적당히 처리하고 있다. 그동안 판사들은 평가표 때문에 손이 묶여 있었다. 사법 재량권을 없애려는 개혁자들처럼 정부가 권한을 악용할까 두려워하는 사람들에게 이보다 더 나쁜 결말은 없을 것이다. 적어도 판사들은 공평하다.

1992년에 비싼 케이블TV 요금에서 소비자를 보호하는 활동을 펼친 의회는 "지난 20년 사이에 가장 중요한 소비자의 승리"라고 자찬했다. 의회는 500여 쪽에 달하는 세세한 규정을 만들어 컨버터와 리모컨의 고가 대여료를 인하시켰다. 실제 원가에 따라 가격을 보장하는 방식이었다. 기본 서비스 요금은 주문한 채널 수에 따라 산정하게 했다. 그효과는 가격이 점점 오르는 것 말고는 없었다. 공급자들이 깎인 요금만큼 (전에는 원가 이하였던) 설치 비용을 더 올린 것이다. 그들은 소비자가 구입해야 하는 채널의 수를 바꾸어 기본 서비스 요금을 조작했다. 희망이 없는 상황이었다. 케이블TV 요금을 잡아보려는 시도는, 서비스 요금의 증가가 정부의 탓이라고 대리점이 비난할 기회만 준 셈이었다. 결국의회는 다른 시책을 마련해야 했다.

세세한 법은 의도적으로 맹점을 만들어낼 수 있다. 의회는 혜택받고 있는 유권자 집단을 도우면서도 공평해 보일 수 있다. 1990년 의회는 3년 동안 한시적인 이민법을 제정했다. 기존의 법 아래에서 여태껏 '가장 많은 비자를 받은 국가의 국민'에게 40퍼센트의 비자를 할당한 것이다. 과연 어느 나라 국민이었을까? 한 가지 힌트는 패트릭 모이니핸 상원의원(미국의 아일랜드계 이민자 가정 출신이다)이 아주 영향력 있는 입법자라는 사실이다. 예일대학 법대 교수 피터 셔크가 무엇이라 지적했는지 보자. "아일랜드에 대해 언급 한 번 하지 않고 특혜를 주는 새로운 법이 만들어지고 감추어졌다."

소송은 내부자들 간의 승부이기도 하다. 어떤 변호사들은 상대편을 괴롭히려고 세세한 법 절차를 조작하고, 의뢰인의 변호 준비를 몇 해 동안 미루기도 한다. 피터 휴버와 월터 올슨이 자신들의 저서에서 밝히듯 소송은 부끄러울 정도로 치졸해졌다. 중재자 역할을 하는 판사들은 부지불식간에 연루된 공모자다. 법은 결국 이 모든 계략을 허용한다. 실제로 무슨 일이 일어나는지 판사가 꾸준히 타당성을 검토하지 않으면 소송은 조작의 도구가 된다. 지구력(누가 더 돈이 많나)은 사건의 본안만큼이나 중요하다.

사회의 배경이 되어야 하는 법은 그 주된 소임이 변질되어왔다. 억만장자, 케이블TV 회사, 법 집행자, 의회, 소송하기 좋아하는 사람들은 목적을 달성하기 위해 법을 면밀히 검토하고 조작한다. 그들에 의해 법규는 세금을 줄이고, 케이블TV 요금 조정을 피하고, 보다 긴 형량을 선고하고, 비밀리에 혜택을 주고, 상대편을 뭉개는 수단이 된다.

규제적 발작 증세

몇 해 전, 도축장의 근로자가 가축의 피가 담긴 커다란 통을 점검하다가 질식해 죽는 끔찍한 사고가 있었다. 그 후 같은 일이 또 벌어졌다. OSHA는 그러한 상황에 적용되는 법규가 없다는 이유로 사실상 아무런 조치도 취하지 않았다. 철책의 높이 규정 같이 근거가 희박한 규정은 미국 전역에 발표하면서, 추측건대 끔찍한 작업 시설을 방치한 공장은 재점검하지 않았다. 허점을 드러낸 OSHA가 내놓은 대책은, 모든 밀폐된 작업 현장에 환경 검사 장치를 일률적으로 설치하자는 것이었다.

하지만 대부분의 사업장에서 밀폐 공간은 아무런 위협이 되지 않았다. 글렌게리 공장에는 점토를 저장하는 주된 저장소가 있는데, 그곳은 안을 완전히 비우지 않으면 사람이 들어갈 수 없을 정도의 넓이다. 해마다 직원들은 저장소를 청소했고 이와 관련해 문제는 없었다. 그럼에도 법은 적용되었다. 글렌게리 공장은 공기 검사 장치를 사는 데 수천 달러를 소비하는 대신 저장소를 용접해서 폐쇄해버렸다. 지금은 1년에 한 번씩 직원들이 저장소 문을 가스 용접기로 열어(안전한 행위라고 말하기 힘들다) 청소를 한 뒤 다시 용접을 해 문을 잠근다. 현실에 전혀 맞지 않은 안전 규정 때문에 손잡이로 열던 출입문을 이제 가스 용접기로 열고 있다.

저축 대부 조합들이 도산하면서 위기 상황이 되자 은행의 자본 부족 문제를 최종적으로 해결하기 위한 법 제정이 긴요해졌다. 새로운 법의 잠재적 명칭은 '금융기관 개혁, 구제 및 규제 강화법Financial Institution Reform, Recovery and Enforcement Act, or FIRREA'으로, 상세한 자본 비율과 타개책을 적용하며 예외는 허락하지 않을 것이라고 한다. 이대로 시행만 된다면 더 이상 부실 은행은 없을 것이라고 법은 큰소리를 친다. 그러나 현실에서는 은행의 파산이 계속되고 있으며 납세자들은 큰 희생을 치르고 있다. 새로운 법은 이미 파산해 소요 자본이 필요한 은행을 퇴출자의 위치에서 잠재적인 투자자로 만들고 있다. 새로운 법의 '규제 발작regulatory seizure(규제 담당자들이 사용하고 있는 용어다)'은 위험성이 너무 크다. 구체적인 법 시행을 통해서만 기능할 수 있다고 믿는 정부는 과거의 문제를 해결하기 위해 다시 한 번 발작 증세를 보이고 있다.

정부의 발작은 유독성 물질의 위협을 다룰 때 가장 극적으로 드러난다. 과거 EPA 최고 책임자였던 윌리엄 라일리는, 이를 두고 "산발적 공항 상태에서 만들어지는 규제"라고 말했다. 선정적인 언론도 문제지만, 난관에 부닥친 의회가 모든 악을 근절하는 행동을 개시해야 할 때라고 여기는 것도 문제다. 혹자는 유독성 물질이 사람에게 좋지 않기 때문에 예산을 아끼면 안 된다고 생각할지도 모른다. 하지만 규제를 시행하는 데는 실제로 비용이 든다. 이를 위해서는 엄청난 공적자금이 필요하다. 서로 비교도 해보지 않고 법을 시행하는 일은 앞날은 생각하지 않고 정신없이 자원을 소비하는 사람과 같다. 또 이것은 보호를 선택하느냐 하지 않느냐의 문제도 아니다. 한 EPA의 관리자는 유독성 물질 문제의 95퍼센트는 신속하고 효율적으로 해결할 수 있다고 말한다. 하지만 이 문제를 '완벽히' 해결하려면 시간도 오래 걸리고 비용도 많이 든다.

그럼에도 법적 흑백논리로 이루어진 '환경 및 안전에 관한 시행령'은 비용을 무시하고 비교는 배제한다. 일부 규제법에 따르면 통계학상 1명을 살리기 위해 1억 달러 이상의 비용이 드는데, 이는 미국 전 인구의 5,000분의 1명의 삶을 연장하기 위해 국민 총생산GNP 전부를 들여야 한다는 말이 된다. 게다가 유해물 규제에 대한 감정적 접근이 빚는 아이러니는 결국 사람을 죽게 한다는 사실이다. 스티븐 브레이어 판사는 자신의 『악순환을 끊어라Breaking the Vicious Cycle』에서 청소 같은 비생산적인 일에 자금을 쓰면 '소득효과(가계의 소득 변화가 가계의 재화 수요량에 미치는 영향)'가 생긴다고 말했다. 만약 경제에 돈을 쓴다면 더 많은 일자리를 창출하고 스트레스는 줄 것이다. 경제학자들의 연구에 따르면 1퍼센트의 실업률 증가는 1만 9,000건의 심장마비와 1,100건의 자살과 상관관계가 있다고 한다. 이에 따르면 일반적인 청소 작업에 드는 비용 약

3,000만 달러로 4건의 불필요한 사망을 막을 수 있고, 규제법에서 1명을 살리는 비용인 1억 달러로는 14명의 죽음을 예방할 수 있다는 계산이 나온다. 정치학자 에런 윌다브스키는 「안전의 비밀은 위험 속에 있다The Secret of Safety Lies in Danger」라는 글에서 "문제를 해결하려고 무턱대고 달려드는 행위는 보통 더 큰 손실로 이어진다"고 거듭 강조했다.

모든 것은 서로 연결되어 있다. 심한 눈보라 속에서 운전을 하든 학군이 좋은 지역에 집을 살지 결정하든, 모든 결정에는 득과 실이 따른다. 상황은 매번 다르다. 그렇기 때문에 판단력과 균형 감각은 늘 필요하기 마련이다. 하지만 법률은 그에 따른 결정적인 지혜를 제공하지 못하고 있다.

법에 대한 존중을 잃다

법은 늘 우리의 자랑거리였다. 사람들은 법이라는 공통의 테두리 안에서 자유롭게 각자의 방식으로 성취에 이를 수 있었다. 에드워드 루빈 교수의 지적대로 규제법이 증가한 이유는 "도덕적 경각심을 일깨우기 위해서"가 아니었다. 우리가 물, 공기 같은 공유 자원을 보호하고 공동의 목표를 달성하기를 바랐기 때문이다. 따라서 규제적 목표는 대개 전면적 지지를 얻는다.

하지만 법은 우리를 점점 더 구차하게 한다. 우리는 단지 누군가 만들었기 때문에 존재할 뿐인 법을 어기지 않으려고, 우리의 정력을 방어적으로 쓰고 있다. 법을 완벽히 준수하는 일은 불가능하고 정부의 형식적 반응이 전적으로 침소봉대라는 생각이 든다면, 캘리포니아대학 법학 교수 조엘 핸들러의 말처럼 법은 '저항의 풍조'를 조장해온 게 맞을 것이다.

법은 협력을 촉진하기는커녕 파괴해버린다. 문제 해결보다는 위반 사항에 중점을 두기 때문에 법규는 증오와 적대감의 원인이 된다. 행위는 낱낱이 기록으로 남겨지고 사업 정보는 공유되지 않을 것이다. 여기에 하나의 저항 풍조가 자리잡는다.

새로운 규정은 무조건 따라야 하는 것이며, 어느 저명한 변호사의 말처럼 "일시적이며 지루하고 진지하게 연구할 가치가 거의 없는 것"으로 생각되었다. 만일 나쁜 짓을 하고도 잡힐 가능성이 낮다면 법을 지켜야 할 이유가 있을까? 우리는 베이리스 매닝이 우려했던 것처럼 "상습적으로 법을 어기는 사람들을 용인하는" 시점에 와 있는가? 너무 많아서 알기도 어렵고 너무 세세해서 실용적이지도 않으며, 우리를 늘 함정에 빠뜨리는 법을 우리는 왜 존중해야 하는가?

빌 클린턴 대통령이 법무장관을 물색할 때를 떠올려보자. 베이비시터의 급여에서 원천징수를 한다는 규정은 극히 자명하지만, 미국에서 가장 저명한 일부 변호사들은 이를 못 본 척해왔다. 나는 아직도 킴바 우드 판사가 무슨 잘못을 했는지 모르지만, 클린턴 대통령은 위기에 대처하는 방법으로 준법정신이 투철한 사람 대신 아이가 없는 사람을 법무장관으로 임명했다. 이 사건은 텔레비전 심야 프로의 촌극처럼 어이가 없었다. 마치 나라 전체가 진공실에 갇힌 듯, 균형 감각과 상식이 결여된 것 같았다(1993년 당시 법무장관에 지명된 조 베어드와 킴바 우드는 불법 이민자를 가정부로 고용했을 뿐만 아니라 세금마저 납부하지 않은 사실이 밝혀져 낙마했다. 결국 50세가 넘은 재닛 리노Janet Reno가 미국 첫 여성 법무장관에 임명되었다).

법은 이제 목적을 이루는 도구가 아니라 목적이 되었다. 판단력 없는 법의 주된 교훈은 법이 원래의 목적을 잃었다는 사실이다. 안전 검사관들은 무엇이 안전한지 생각할 겨를도 없이 일을 하고 있다. 뉴욕시에 있는 YMCA는 저렴한 가격에 단기 체류를 할 수 있는 얼마 남지 않은 시설인데, 가지런하지 않은 창문과 꼭 닫히지 않는 벽장문 같은 규정 위반이 정기적으로 문제시되었다. 혹시 시 정부는 깨끗하고 저렴한 방들은 별로 가치가 없다고 생각하는 것일까? 노숙자들에게 간이침대를 제공한 곳은 뉴욕시가 아니었던가? 최근 보수공사를 끝낸 시점에서, 시의 한 검사관은 소방법의 변경으로 2억 달러의 추가 비용이 드는 화재 경보 시스템을 다시 설치해야 한다고 YMCA에 통보했다. 이에 뉴욕시 YMCA의 대표인 폴라 개빈은 이렇게 말했다. "2억 달러면 수백 명의 아이들에게 1년 넘게 편의를 제공할 수 있다는 사실을 그들이 모르는 걸까요?" 우리는 어쩌자고 이러는 걸까?

중앙집권화된 규제 체계가 모든 것을 예측하고 정확히 개진할 수 있다는 합리주의의 꿈은 우리의 눈을 멀게 했다. 정확성에 사로잡혀 우리는 거의 아무것도 볼 수 없다. 그렇지 않고서야, 어린이집에서 보육 환경을 살필 생각은 않고 장난감 냉장고를 벽에 고정하라고 요구하거나, 공장의 안전 점검은 하지 않고 철책의 높이를 106센티미터로 맞추라고 강요하지는 않을 것이다.

오스트리아계 미국인 경제학자이자 노벨상 수상자인 프리드리히 하이에크는 그의 눈부신 경력의 대부분을 합리주의가 결코 성공할 수 없는 이유를 밝히는 데 바쳤다. 하이에크는 "한 개인이 스스로를 위해 생각하고 일할 수 없다면 좋은 결과가 있을 수 있겠느냐"고 묻는다. 법규는 주도권을 빼앗아간다. 획일화는 성장을 방해한다. 하지만 사고가 일어나고, 실수를 하게 내버려두면 이는 발상의 전환으로 이어진다. 시행착오는 발전에 필수적 요소다. 구소련의 법체계와 권력집중제는 모든 일을 가능하게 하는 인간의 능력을 억누르기 때문에 실패할 수밖에 없다고 하이에크는 50년 전에 자신 있게 말했다.

우리도 마찬가지로, 정부는 자동 발효되는 법을 기반으로 중앙에서 기능해야 한다고 믿고 있다. 이유야 서로 다르지만, 우리 또한 정부는 부정확성이나 예외를 허용하지 않아야 하며 스위스에서 만든 시계처럼 정확히 작동해야 한다고 자기중심적으로 생각해왔다. 더 나아가 우리가 혐오하는 권력집중제와의 연관성은 간과해왔다. 건전한 판단력은 제쳐놓고 추상적인 논리와 독단적인 명령의 상징을 숭배해온 것이다.

명백함과 자율 규제에 대한 신화를 숭배한 우리가 쌓은 바벨탑을 올려다보라. 그것은 판단이나 재량을 허용하지 않는다. 사실 이것이야말로 우리가 뿌리 뽑아야 할 큰 죄인 것이다. 누구에게도 절대 재량권을 주지 않았다. 규정의 문제는 법이 스스로 해법을 제시할 것이다. 한 문장 한 문장, 법은 입법가들이 상상할 수 있는 무수한 가능성을 규정한다. 하지만 법의 용어는 그것이 설사 수백만 개라 하더라도 한계가 있다. 한 번의 실수, 한 번의 예기치 않은 사건으로 모든 합리적인 용어들이 불합리한 명령으로 바뀐다. 법이 유해한 폐기물이라고 규정하는 바람에 석회가 공해 방지용으로 사용되지 못하는 것은 정말 유감스러운 일이다. 석회에는 아무런 해가 없다는 사실을 모두가 알고 있는데도 말이다.

아리스토텔레스는 이따금 합리주의의 아버지라는 비난을 받기도 하지만, "사람이 아닌, 법에 의한 정부"라는 표현을 처음 사용한 것은 그였다. 아리스토텔레스는 이성에는 한계가 있으며 실행을 할 때는 항상 상황을 고려해야 한다는 걸 알고 있었다. "모든 것을 정확하게 문서로 남기는 일은 불가능하다. 법률 제정에는 일관성이 있어야만 하지만, 행동할 때는 상황의 특수성을 고려해야 한다."

미국의 법학자들이 "정확성이란 없다"는 올리버 웬들 홈스 2세의 견해를 붙잡고 수십 년간 고뇌하고 있을 때 벤저민 카르도조는 "정확성에 대한 지나친 강조가 어째서 고지식함으로 변하는지"를 설명하는 데 앞장섰다. 그는 이렇게 지적했다. "정의는 단순히 법에 대한 순종을 야기하는 것보다 훨씬 미묘하고 모호한 개념이다."

벤저민 카르도조는 정확성을 추구하는 데 호의적이었다. 그는 확고하고 안정된 규정으로 된 변치 않을 영역이란 없다는 것을 깨닫고 낙담했으며, 정확성은 달성될 수 없는 것이라고 말했다.

만약 달성 가능했다면, 이 이상적인 체계는 모든 상황에서 공평하고 적정한 법을 미리 제공하는 유연하고 상세한 규정이 될 것이라는 데 의심의 여지가 없다. 그러나 인간이 이러한 이상을 달성하기에 삶은 너무 복잡하다.

체코의 대통령인 바츨라프 하벨은 이렇게 언급한 적이 있다. "머지 않아 보편적인 해법을 내놓으리라는 희망만 가지고 컴퓨터에 정보를 입력해넣는 사람은 없다."

법의 일관성은 문서에서나 가능할 뿐, 실생활에는 절대 적용할 수 없다. 다른 판사가 같은 사건에 대해 같은 판결을 내리지는 않는다. 배심원 제도도 과학 법칙과 같은 결론을 제공하지 않는다. 법은 차라리 주사위 던지기와 더 흡사하다고 볼 수 있다. 하지만 1명의 배심원은 공평하며 모든 상황을 따져볼 수 있다. 이것이 우리가 할 수 있는 최선이다.

만일 정부가 높은 선반의 물건을 꺼내려고 의자에 오르는 것을 금하거나, 마시는 커피의 잔 수를 제한하거나, 혹은 집안 청소를 하는 법을 강제하려 든다면 우리는 반감을 가질 것이다. 그런데 현대의 규제법은 이 정도로 구체적이다. 우리는 주로 학교, 병원, 직장에서 이로 인해 고통을 받고 있다. 이 같은 기관들은 우리 인생에서 큰 부분을 차지하며 우리와 매우 밀접하다. 이런 상황에서 우리는 규제의 모욕을 피하기 위해 온 힘을 다해야 하며, 이는 전반적 고통의 원인인데도 정확한 원인을 지적하기 어렵게 만든다. 대체로 우리는 이해하지 못하는 것에 반감을 가지지 않기 때문이다.

"만약 법이 적응을 허락한다면" 법은 강제적이지 않다고 하이에크는 말했다. 하지만 법이 분명한 지시를 내린다면 그것은 강제적인 게 맞다. 미국의 입헌자들이 가장 두려워했던 정부의 강압은 이제 정부의 일반적 속성이 되어버렸다. 그렇지만 이것이 특정 그룹의 이기적 목적을 실현하려다 그리된 것은 아니다. 그저 이 방법이 최고라고 생각했을 뿐이었다. 하지만 모든 것을 구체화하는 법을 만들려는 생각은 법의 역할에 반하는 결과를 불러왔다. 이제 우리에게는 인간에 맞서는 법의 정부가 있다.

합리주의는 우리의 힘으로는 도저히 대응할 수 없을 논리와 근거를 앞세우며 그 모습을 드러내고 있지만, 거기서 판단력은 전혀 찾아볼 수 없다. 우리는 다시 합리주의를 몰아내야 한다. 이번에는 냉전도, 군비 확장 경쟁도 필요 없다. 유일하게 해야 할 일은 합리주의가 무엇인지 알아차리는 일이다. 1992년에 하벨 대통령은 서구 민주주의에 대해 이렇게 경고했다. "전제주의자들이 생각하는 이성의 시대는 끝나가고 있다. 이제 결단을 내려야 할 때다."

제2장

계속되는
책임
회피

1962년 레이철 카슨은 자신의 저서 『침묵의 봄Silent Spring』에서 DDT를 포함한 농약의 영향을 폭로해 미국 전역을 충격에 빠뜨렸다. 이 충격은 환경 운동을 촉발시켰다. 이 문제의 이면에는, 농약이 우리에게 벌레 없는 사과를 제공하며 농장의 생산성을 높여준다는 사실이 있었다. 1972년 의회는 미국 환경보호국EPA을 신설해, 모든 종류의 농약을 조사하는 한편 시장에서 퇴출해야 할 품목을 작성하라는 조치를 내렸다. EPA는 3년 동안 연방 살충제, 살진균제 및 살서제법Federal Insecticide, Fungicide and Rodenticide Act에 따라 화학 혼합물 600여 종을 조사했다. 그로부터 20년이 흘렀다. 지금까지 1,000명이 넘는 EPA 직원들이 이 프로젝트에 매달려왔다. 이제 우리는 양상추 한 통이 꽤 안전하다고 확신해도 될까?

그렇지 않다. EPA는 겨우 농약 30여 종의 안전성만을 검토했다고 밝혔다. 심각한 수준이라고 밝혀진 것을 포함해, 수백여 종의 농약이 아무 조치도 없이 유통되고 있는 것이다. 의회에서 일했던 농약 전문가 짐

애이댈러는 "이 추세로는 서기 1만 5,000년이 되어야 현존하는 농약의 검토를 끝낼 수 있을 것"이라고 말했다.

농약을 조사하는 데 20년을 지체하는 게 드문 일은 아니다. 1962년 식품의약국Food and Drug Admin, FDA은 식품첨가물 200여 종의 유해성을 조사하라는 지시를 받았다. 예정 조사 기간은 30개월이었다. 하지만 조사는 28년이나 걸려 1990년 마침내 완결되었다.

맨해튼 할렘 지역에 있는 아비시니안 침례교회는 새로 개조한 건물에서 헤드스타트 프로그램Head Start program(빈곤층에 포괄적인 유아 교육을 무료로 제공해 아동 간의 격차를 최소화하면서, 빈곤의 악순환을 제거하려는 목적으로 만들어진 제도)의 운영 승인을 받기 위해 4년 동안 몹시 고생했다. 그 대부분의 시간은 표준 규정을 충족하지 않는 공간의 넓이에 대해 공무원들과 논쟁하느라 소비했다. 교회 관계자 캐런 필립스는 "프로그램을 처음 시작한 아이들은 개조한 공간을 이용하지 못했습니다"라고 말했다. "워싱턴의 공무원들은 이도 저도 안 된다고 말하기를 좋아합니다. 나는 '당신들은 5쪽에 달하는 규정을 들먹이지만, 나는 아동 교육에 대해 이야기하고 있어요'라고 말했지요. 그 사람들은 상식적인 이야기에는 별로 관심이 없어 보였어요."

당연한 소리지만, 무슨 일을 하는 결정은 내려야 한다. 물론 모든 결정은 선택을 동반한다. 그렇지 않다면 결정을 내릴 필요도 없다. 그리고 거의 모든 결정에는 부정적인 영향이 따라온다. 가령 규정 외 공간에서는 헤드스타트 프로그램의 운영 승인을 받을 수도 있고, 혹은 그렇지 못할 수도 있다. EPA가 농약 유통을 금하든 금하지 않든 제조자나 소비자에게는 직접적 영향을 미친다. 그렇다고 선택을 하지 않는 행위가 옳은 것은 아니다. EPA가 아무런 결정을 하지 않아서 사람들이 해로운 음식을 먹을 수도 있기 때문이다.

브루킹스 연구소의 경제학자 찰스 슐츠는 어느 날 내게 이렇게 말했다. "정부의 문제점은, 정부가 아무런 손해도 끼칠 수 없을 것처럼 보인다는 것이다." 남을 돕는 일조차도 손해의 한 형태가 될 수 있다. 특혜로 오해받을 수 있기 때문이다. 또한 이런 이유로 정부는 아무 결정도 내리지 않는다고 슐츠는 분석했다. 혹자는, 결정을 하지 않고 지체하는 현상은 전국적인 불명예라고 지적했다.

관료들의 두뇌 중 적어도 '예'라고 말하는 부분은, 노보카인(국소 마취제) 때문에 기능이 정지되어 버린 것 같다. 아무 결정도 하지 않는 이유는 차고 넘치지만, 그들에게 '예'라는 말을 시키기란 높은 산을 오르는 일과 같다. 아비시니안 침례교회의 목사인 캘빈 버츠는 이렇게 말했다. "그 많은 사람이 더 이상 시도조차 하지 않으려 하니 정말 좌절스럽지요."

이 같은 현상이 일어나는 이유가 관료들이 우리를 싫어해서 그런 것은 아니다. 이 병폐는 본인들에게도 똑같이 적용되고 있으며, 그것을 무엇이라 이름 붙이건 최근 수십 년 들어 빠르게 진행되고 있는 게 사실이다. 뉴욕 교통국New York Transportation Agency에서 부위원장을 지내고 현재 정부 기관의 기술자로 있는 샘 슈워츠는 1974년에 이곳에 취직했다. 채용 결정에는 이틀이 걸렸는데, 목요일에 인터뷰를 해서 그다음 주 월요일에 출근하라는 연락을 받았다. 그로부터 20년 후, 같은 기관에서 채용을 하는 데 최대 5개월이 걸린다고 샘 슈워츠는 말한다. 채용 절차는 최상의 자격을 갖춘 지원자를 확실하게 가려낼 수 있도록 설계되어 있지만, 채용 기간이 너무 길어서 괜찮은 사람들은 이미 다른 데서 데려간다. 의사 결정에 관한 정부 기관의 이 같은 행태와 여타 저해 요인은, 결국 '패배주의적 풍조'의 만연으로 나타나고 있다.

정부는 눈앞의 위협에 적절한 조치를 취하지 못하기도 한다. 1992년 4월 13일 이른 아침, 시카고 강의 강물이 시카고의 중심가이자 상업 지역인 루프에 있는 지난 세기에 돌을 쌓아 만든 철도 터널을 뚫고 들어왔다. 미시간 호수에서 진로를 바꾸어 시카고 강으로 흘러든 1,000만 리터가 넘는 강물이 도시 중심가의 빌딩 지하로 들어와 보일러를 강타했고, 셀 수 없이 많은 전력 개폐기에 합선을 일으키고 컴퓨터를 고장 냈으며, 서류 양식을 젖은 종이뭉치로 바꾸어놓았다. 이 사태로 10억 달러를 웃도는 피해가 발생했다. 이 일이 있기 몇 주 전, 30년 동안 착실하게 근무한 시카고 교통국위원회 소속의 공무원인 존 라플랜트는 터널에 누수가 있다는 사실을 알아차렸다. 그는 강물이 바로 터널 위로 흐르고 있어서 파열이 일어나면 큰 재앙이 되리라는 사실을 인지하고 있었다. 그는 기술자들에게 지원을 요청했다. 빈틈없는 관리자답게 비용이 얼마나 들지도 물었다. 그들이 어림짐작한 비용은 대략 1만 달러였다. 그 후 존 라플랜트와 직원들은 평판 좋은 건설업자를 찾았고, 그에게서 시세가 7만 5,000달러라는 말을 들었다. 막대한 총 예산에 비해 그 정도의 비용은 새 발의 피도 안 되었지만, 추정액과 7배나 차이가 나서 존 라플랜트는 공사를 망설였다. 결국 그는 경쟁 입찰을 붙였다. 하지만 그로부터 2주 후, 채 공사가 진행되기도 전에 터널 천장은 내려앉고 말았다.

마치 관료들은 바람직한 문제 해결이 무엇인지 모르고 있는 것 같다. 터널의 누수를 바로 손보고, 할렘에 헤드스타트 프로그램을 허가하고, 젊고 유능한 기술자가 일자리를 찾을 때 즉각 채용하는 일처럼, 우리가 중요하다고 여기는 일이 그들에게는 별로 중요하지 않다. 일을 제대로 처리하는 것보다 일을 '어떤 절차로 처리하느냐'가 그들에게는 더 중요하다.

유토피아적 열망은 최근 수십 년 동안 우리를 자극해 세상에서 가장 두꺼운 시행 지침서를 만들게 했다. 가히 '법의 나라'라고 명명해도 될 정도다. 그리고 이것은 세세한 법 규정을 개발시켰고 무질서한 인간의 판단력은 배제하도록 했다. '절차'는 고대에도 있었지만, 그 목적이 새로워졌다. 절차는 한때 인간이 합리적인 결정을 하도록 이끌었지만, 지금은 그 자체가 목적이 되어버렸다.

세세한 규정이 정확성을 보장하듯, 절차는 책임감이라는 이름의 호사스러운 옷을 입고 위장을 하고 있다. 바로 우리가 법에 등을 돌린 이유가 규정 때문이듯, 절차에 대한 찬양은 공평한 배려를 배려 없는 관례로 변화시켰다. 그리고 이는 정부의 관행이 되었다.

결정을 피하려는 허례허식과 변명에 당신은 놀랄지도 모른다. 하지만 그 결과에는 놀라지 않을 것이다. 정부는 사실상 공표한 일은 아무것도 완수하지 않고 있다. 결근하는 직원도 해고하기 힘든 형편이다.

하지만 결정 회피가 어느 날 갑자기 나타한 현상은 아니다. 고대 이집트 왕의 궁정에서도, 갖은 비난을 받은 부시 행정부 후반기에도 관료들은 책임을 전가하면서 자신을 보호하는 법을 알아냈다. 현대에 와서 달라진 점이라면, 과거에 인간 본성의 불행한 약점이라고 생각되었던 행위를 오늘날에는 칭송하기로 했다는 점이다. 책임을 지지 않으려는 행태는 온갖 종류의 관행과 합의를 거쳐 이제 제도화되었다.

1883년 공무원법Civil Service Act이 제정된 후 미국에서 현대적 관료주의가 시작되었을 때, (아직 대통령이 아니었던) 저명한 정치학자 우드로 윌슨은 "책임감의 필수 조건으로 큰 권한과 자유재량"을 공무원에게 부여해야 한다고 강조했다. 그렇지 않으면 어떤 일도 제대로 할 수 없을 것이라고 했다. "권한이 적다고 느낄수록 직무를 장악하기 힘들고, 일이 중요하지 않다고 느끼며, 더 쉽게 태만해진다." 우드로 윌슨의 경고처럼 정부가 전체적으로 '태만에 빠졌다'고 넌지시 제안하는 일은 대수롭지 않은 과장일 뿐이다.

역사의 빛을 비추어보면 진상은 드러난다. 사람들은 절차상의 안전장치만 충분히 만들면 올바른 결정은 보장될 것이라고 착각했다. 하지만 우리는 정반대의 상황을 만들었다. 즉 결정이(만약 그들이 결정이란 걸 한다면) 부재하게 된 것이다. 공공 정책에 관한 결정에 아무도 책임을 지지 않으려 하기 때문에 책임이 따르지도 않는 것이다.

시카고 교통국위원회의 존 라플랜트에게는 7만 5,000달러를 들여 터널을 수리할 권한이 있었다. 모든 절차는 비상사태에 대비해 예외를 두고 있기 때문이다. 하지만 그는 자신의 결정에 책임을 지려는 마음이 없었다. 이러니저러니 해도 절차는 존재했다. 존 라플랜트가 세금을 소홀히 다루지 않아야 하고 개인적으로 아는 건설업자에게 특혜를 주지 말아야 한다는 절차 말이다. 개인의 재량을 저해하도록 설계된 체계 안에서, 존 라플랜트는 규정을 그대로 따랐다. 그리고 터널의 천장은 내려앉았다.

절차의 매끄러운 함정

절차는 우리에게 위안을 준다. 정해진 절차는 일을 제대로 수행할 수 있게 해준다. 또한 절차는 속임수나 특혜를 막는 수단이기도 하다. 이와 같은 절차의 개념은 문화에 깊숙이 뿌리내리고 있다. 민주주의도 하나의 절차다. 공익을 위한 의사를 결정해줄 대변인을 선출하려고 우리는 투표권을 행사하는 것이다. 헌법에 근거한 '정당한 법의 절차'는 정부가 우선해 준수해야 하며, 그것이 우리의 자유나 재산을 빼앗을 수도 있다. 절차에 대해 생각한 적이 있는 사람들은 대부분 적절한 절차에 찬성할 것이다. 기업에서는 조직을 체계화하기 위해서, 가정에서는 설거지와 쓰레기 배출 등의 집안일을 조정하려고 절차를 활용한다.

하지만 스스로를 위한 형식을 정하는 것과 법적인 절차를 따르는 것에는 다른 점이 있다. 우리는 절차를 관리의 도구로 이용하기 때문에 절차에 따른 변화나 예외는 항상 합리적 결과를 방해한다. 그러므로 우리에게 그 결과는 대단히 중요하다. 법 절차는 아주 다른 관습에서 비롯되었다. 이는 정부의 강압에서 시민을 보호하는 소중한 장치이기 때문이다. 현행범으로 체포된 도둑에게도 무죄 추정의 원칙을 적용해주는 법 절차는, 국가가 가정에 쳐들어와 사람들을 모함하지 못하게 보증하는 장치다. 헌법상의 정당한 절차는 비효율적인 것으로 악명이 높다. 하지만 그것이 바로 절차가 의도하는 바다. 대니얼 웹스터는 이러한 관념에 대해 "법은 유죄판결을 내리기 전에 경청한다"고 정리했다. 연방 대법관 펠릭스 프랭크퍼터가 "미국에서 자유의 역사는 절차의 역사다"라고 선언했을 때 그의 말은 정확했다. 적법한 절차는 정부의 강압에 제약을 가하는 식으로 개인의 자유를 보장한다.

　반면 터널의 누수를 고치는 일은 개인의 자유와 아무런 관계가 없다. 건강에 치명적일 수도 있는 농약 사용을 금지한다면 이는 분명 제조업자에게 영향을 미칠 것이다. 그래도 농약 제조업자는 어느 날 아침 일어났을 때, 정부의 불도저가 자기 집 앞에 쳐들어올 거라고 조금은 의심하고 있다. 농약 제조자는 모두에게 영향을 미치는 해로운 약품을 팔려고 한다. 정부는 농약을 팔도록 허락해야 하는지 하지 말아야 하는지 우리 대신 결정하는 대리인이다.

　하지만 현대의 절차는 다방면에 걸친 정부의 활동을 서로 구별하지 않고, 모든 결정 사항에 관여한다. 일반적인 결정도 엄격한 절차 아래 있으며, 형사재판에서 적법한 절차를 지키는 것만큼이나 진지하게 다룬다. 정부의 실제 목표는 나 몰라라 하면서 절차에는 거의 종교적인 집착을 한다.

　1980년대 말에 캘리포니아대학의 수석 연구원이었던 마이클 맥과이어 박사는 곤경에 처했다. 그가 소속된 연구소는 재향군인회의 지원을 받고 있었는데, 대지는 약 2만 제곱미터에 달했다. 어느 날 잔디를 깎으려고 보니 잔디 깎는 기계가 고장 나 있어서 마이클 맥과이어는 기계를 새로 하나 사기로 마음먹었다. 그는 어떤 서류 양식도 작성하지 않고 승인도 받지 않았다. 또 재향군인회 기계공에게 고장 난 잔디 깎는 기계의 부품을 가져가서 써도 좋다고 말했다. 정규 감사 과정에서 연방 회계 감사관은 잔디 깎는 기계가 어째서 바뀌었는지 물었다. 마이클 맥과이어가 사실을 말하자 고위급 연방 공무원들의 몇 차례에 걸친 조사가 시작되었다. 마이클 맥과이어는 이렇게 말했다. "저런 고급 공무원

들이 어째서 이런 데 시간을 할애하는지 이해할 수 없었습니다." 몇 달
이 지난 후 드디어 그들은 조사 결과를 발표했다. 그들은 어떤 고의는
없었지만 마이클 맥과이어가 정확한 절차를 모르고 있다고 결론지었
다. 마이클 맥과이어는 공무상 질책을 받았고 '백과사전 한 권 분량'이
되는 재향 군인회의 규정을 숙지하도록 지시받았다. 마이클 맥과이어
는 아직도 자기가 무슨 잘못을 했는지 확실히 깨닫지 못하고 있다. "제
가 연방정부의 고장 난 기계를 버리는 어처구니없는 실수를 저질렀나
봅니다." 간과하지 말아야 할 사실 하나는 마이클 맥과이어가 기계를
자신의 돈으로 구입했다는 것이다.

정부 기관에서 개인의 판단력은 위축되어 잠들어 있는 상태다. 실
제로 법은 절차에 따르지 않은 개인의 판단이 법에 어긋난다고 판결했
다. 1889년에 지어진 브루클린의 캐럴 스트리트 다리는 미국 최초의 접
이식 다리로, 중궤조中軌條를 따라 고와너스 운하 위로 앞뒤로 미끄러지
면서 계산자計算尺처럼 움직인다. 1980년대 중반에는 다리가 제대로 작
동되지 않아서 방치되었다. 차량이 지나다닐 수도 없어서 이웃 간을 막
는 장애물이 되었다. 1988년 시 정부는 350만 달러를 정비 예산으로 배
분했다. 조달 절차에 따라 입찰 기간 2년, 다리를 정비하는 데 적어도
5년이 걸린다는 예상이 나왔다. 하지만 다리 건조 100주년 기념일이 다
가오고 있었기 때문에, 관리 책임자이던 부위원장 샘 슈워츠는 해年가
가기 전에 기념행사에 맞추어 다리를 수리해야 한다고 생각했다. 슈워
츠는 계약 절차를 무시하고 수석 기술자를 불러 정비 계획을 세우라고
지시했다. 또 업무 계획에 포함되지 않은 건축물 장식들도 모두 보수하
라고 말했다. 규정대로 모든 일이 확실히 진행되는지 점검하는 감독 기

관이 있었지만, 슈워츠는 별다른 어려움 없이 예산을 배정받고 공사를 진행했다.

11개월 후, 2,500만 달러의 예산을 들여 다리 보수를 끝냈다. 주민 전체가 100주년 기념행사에 참석했고 모든 면에서 흠잡을 데가 없었다. 하지만 원래 예산의 70퍼센트로 7배나 일을 빨리 끝낸 추진력 탓에, 부위원장 슈워츠는 공식적으로 징계를 받았다.

슈워츠가 무시했던 절차(정부 기관 여섯 곳과 관련이 있으며, 거쳐야 할 단계가 35단계가 넘고, 그 어떤 일이든 시작하려면 적어도 2년이 걸리는)는 부정행위를 막고 완전한 중립을 구현하기 위해 존재한다. 이에 따르면 슈워츠가 자발적으로 책임을 지고, 100만 달러로 추정되는 예산을 절약한 것은 아무것도 아니다. 그는 그저 절차적 관행을 따르지 않은 사람이다.

누군가는 변칙 행위는 위험하다고 주장할 수 있다. 절차에는 부정행위를 방지하고 적정 가격에 업무를 수행하는 등 중요하고 실용적인 목적이 있기 때문에, 절차적 예외를 인정하는 것은 현명하지 않다고 생각할 수도 있다. 정부를 상대해본 사람은 모두 알고 있겠지만, 이러한 절차는 결코 실용적이지 않다. 정부의 비효율성은 전설에 남을 만큼 유명하다(이는 뒤에서 다시 다룰 것이다). 부정행위는 온갖 절차에도 불구하고 항상 일어난다. 슈워츠는 감시적인 절차를 피해가면서 아무런 문제 없이 업무를 수행할 수 있었다.

절차의 기반은 실용성이 아니라 정통성이다. 정통성의 해악은 부패와 특혜고, 정통성의 신조는 완전한 일률성이다. 정부가 하는 모든 일에 같은 절차가 적용되어야만 정부는 공평해질 수 있다. 그래서 현대 정부의 관리 지침은 '어디서나', '모든 사람에 대해' 공평하게 대하는 것이다.

이에 따르면 슈워츠와 기술자들이 자신들이 신뢰하는 건설업자 누구나와 협상할 수 있다면 이는 부당한 일이다. 일할 기회조차 얻지 못한 그 지역의 다른 건설업자들은 어쩌란 말인가? 미국 에너지국US Department of Energy, DOE의 법률자문위원회 부의장 에릭 피지는 이렇게 말한다. "재판정과 동일한 기준입니다. 모든 사람에게 동등한 기회와 계약상 공평한 대우를 부여하면서, 정부는 의사 결정권자로서 공명정대한 결정을 해야만 합니다."

당연한 것 아닌가? 정부는 모든 국민에게 공평하게 대한다는 대승적 목표를 달성하기 위해 비상한 노력을 해야 하며, 많은 사람들이 이를 원한다. 결국 우리는 '정부'에 대해 이야기하고 있는 것이다. 하지만 공평이나 일관성과 같은 개념은 절대적이어서 논리적으로 종점이 없다. 누구도 이런 식으로 말하지는 않을 것이다. "고장 난 잔디 깎는 기계를 연방법원 관할 사건으로 만들 생각은 추호도 없었습니다"라거나 "시카고 교통국 위원은 단지 터널 천장의 누수 때문에 입찰 절차를 걱정하지는 말았어야 했어요"라고 말이다. 어디에다 한계를 둘 것인가? 아무도 위험을 무릅쓰고자 하지 않는다면, 한계선을 긋는 사람 역시 아무도 없을 것이다. 절차에 책임을 돌리고 모든 잠재적 불만은 다른 절차를 추가해서 해결하는 것이 현 정부의 행태다. 이런 행태가 실제로 어떤 일을 초래하는지 알게 된다면 아주 놀랄 것이다.

비효율의 극한

마룻바닥이 내려앉았다고 가정해보자. 당신이 건물 주인이라면 기술자를 불러 조사를 의뢰할 것이다. 매우 신중한 사람이라면, 이름난 기술자 몇 명을 만나 문제에 대해 논의하고 견적을 물어봐서 결정을 내릴 것이다. 이 모든 일을 처리하는 데 2시간, 길어봤자 2~3일 걸릴 것이다.

모든 사람을 만족시키며 공평하게 일을 진행하려면 이보다 조금 힘이 든다. 뉴욕시의 방식은 이렇다. 최대 2년 정도 걸리니 의자를 젖히고 편히 앉기 바란다. 일단 관련 기관 공무원들이 '범위 조사 회의'를 소집하고, 조달청General Services Agency이 문제점과 정확한 해결책을 논의한다. 계약은 전적으로 입찰로 이루어지는데, 모든 입찰자들에게 반드시 동등한 대우를 해야 한다. 상세한 작업 계획을 짜는 담당자는 예측 불허의 사태를 피하기 위해 최선을 다한다. 기술자가 마룻바닥의 밑면을 들여다봐야 되는지, 아래층 천장의 타일을 뜯어내고 공사를 할 수 있을지 등, 모든 가능성을 미리 생각한다. 사전 구상을 하고 다시 모든 것을 기록하려면 엄청난 공이 든다. 하지만 모든 입찰을 엄밀히 비교하려니 달리 어떤 방법이 있겠는가? 이러한 상세한 계획을 세우는 데 3~4개월이 걸리며, 이 작업이 끝나면 관련 기관이 계획을 검토한다. 그리고 마침내 '제안 요청서'라는 최종 입찰 서류를 준비한다. 이 같은 일괄 제안서는 소규모 프로젝트일 때 대개 두께가 5센티미터 정도다. 이 또한 여러 차례 자세히 재검토한다.

이제 당신은 과거에 시의 공사를 맡아 훌륭히 수행한 평판 좋은 기술자에게 뉴욕시가 일을 맡기지 않을까 생각할 수도 있다. 하지만 안 될 일이다. 특정인에게 특혜를 준다고 여길 수 있기 때문이다. 그다음 절차는 뉴욕시에 등록되어 있는 기술자 명부에서 무작위 추첨을 통해 보통 8명을 선정해(별도의 명부에서 여성과 소수집단 출신 기술자 3~4명 포함), 이 운 좋은 자들에게 제안서를 보낸다. 이제 뉴욕시는 이 제안에 관심을 보이는 기술자들과 마주 앉아 협상을 시작할까? 절대 그렇지 않다. 인간적 요소 혹은 더 바람직하지 않은 요소가 면접 과정에 끼어들 수 있기 때문에, 시는 오로지 서면 제출 자료만 검토한다. 일자리가 급한 기술자는 이틀 동안 머리를 짜내 방대한 양의 서류 작업을 해서 다시 보낸다(여기에 더해 자신이 균등한 고용의 기회를 받았다는 증명을 하고, 취직 가능성이 높은 해외 일자리를 거절하는 작업도 포함해야 한다). 그럼 마침내 뉴욕시는 누구에게 일을 시킬지 결정을 할까? 아니다. 사실은 지금부터가 시작이다.

서로 다른 기관에 근무하는 공무원 3~5명이 제출된 자료를 검토하는 위원으로 임명된다. 그러고 나면 결정을 할까? 아직 아니다. 위원들은 그대로 결정할 수 없다. 위원 중 누군가가 우격다짐으로 검토 중인 제안을 반대할 수도 있고, 혹은 누군가 뇌물을 받았을지 어찌 알겠는가? 그래서 각 위원은 일단 논의 없이 제출된 서류에 점수를 매기고 나중에 총 득점을 확인한다. 혹시 위원들이 전화로 기술자들의 평판을 확인할까? 물론 그렇지 않다. 주관적 평가라는 오점 없이 모든 사람들을 공평하게 대해야 하기 때문이다. 적어도 이 단계에서는 서면으로 제출된 서류만이 고려 대상이다.

적어도 이 단계라니? 어쩌면 위원회 전체가 매수당했을지도 모르지 않은가? 그래서 고위 관계자로 구성된 다른 위원회에서 점수제로 산출된 평가서를 세심하게 재검토한다. 그러고 나면 시청의 계약 부서에서 이를 다시 한 번 심사한다.

그러면 이것으로 끝일까? 아니다. 이제부터는 보통 사람들이 하는 방식으로 할 수 있다. 이제 뉴욕시는 그들과 협상을 한다(아직도 기술자들이 어떤 프로젝트였는지 기억하고 있다면 말이다). 그 뒤로 시 회계 검사관과 시장의 승인 같은 단계가 더 남아 있다. 물론 프로젝트의 규모가 크면 계약 절차는 더 복잡해진다. 어떤 중요한 사안에 209단계의 절차가 딸린 차트를 본 적도 있다. 몇 년 전 한 보고서는 시의 절차를 이렇게 묘사했다. "엄청난 양의 서류로 넘쳐나고, 극단적으로 느리며, 지나칠 정도로 정중하다."

이런 과정을 거쳐 마침내 내려앉은 마룻바닥을 검사한다. 물론 입찰 과정에서 제외된 입찰자가, 절차상의 착오나 불공정성을 제기하지만 않는다면 말이다. 만일 누군가 이의를 제기하면 변호사들이 문제를 해결하는 동안 계약은 보류된다. "철저한 객관성이 목표입니다." 위원회의 부위원장이 내게 이렇게 말했다. "그렇지 않으면 부당한 요인이 끼어들 수 있거든요." 처음 일을 시작했을 때 그는 그렇게 교육받았다고 했다.

불신받는 계층

안전한 망치의 특징을 말로 묘사하기가 얼마나 힘든지 기억하고 있을 것이다. 몇 해 전, 연방정부는 33쪽에 달하는 설명서가 딸린 망치를 구입했다. 수개월 동안 초안을 작성했을 공무원이 배우자와 저녁식사 때 어떤 대화를 했을지 측은한 마음이 든다. "망치의 한쪽 끝이 다른 쪽보다 무겁다는 거 알아?" 어째서 그냥 망치를 구입하는 사람을 믿으면 안 되는 걸까?

공무원이 이런 쓸모없는 일을 떠맡음으로써, 미국인들은 점점 공무원을 혐오하게 되었다. 하버드대학 교수 스티븐 켈먼은 '계약상의 비능률'을 주제로 한 앨 고어의 연설을 돕기 위해 워싱턴에 초청되었다. 그곳에서 스티븐 켈먼은 연방정부판 점수 산정 위원회와 정보를 공유하지 않을 만큼 자신이 객관적이라고 뽐내는 공무원에게 말했다. "그 편파적인 제도 말인가?" 공급자들이 계약을 제대로 이행한 적이 한 번이라도 있었던가? 켈먼은 이렇게 말한다.

> 우리의 공공 분야 관리 체계는, 거기에 소속된 사람들이 스스로 뭘 잊었는지 더 이상 깨닫지 못하게 할 정도로 그들의 능력을 탈탈 털 수 있다.

많은 공무원들은 이게 자신들이 겪고 있는 일이라고 여긴다. 하지만 그들 스스로 선택한 직업이다. 그렇다면 그들은 과연 무엇을 할 수 있을까? 한 경험 많은 공무원은 이런 식으로 말했다. "당신은 기록상에 존재할 뿐입니다. 창가에 누구를 앉힐까 결정하는 일이 내가 한 가장 큰 결정이었던 때도 있었습니다." 혹자에 따르면 더 일반적인 반응은 "권력에 대한 환상을 지탱하도록 도와주는 허식에 기대서, 바쁘게 살고 있다고 착각하는 삶"이다. 크레이 리서치의 CEO 존 롤웨건은 클린턴 정부의 상무부 부장관 임명 승인 절차를 거치는 동안 심한 고통을 겪고 사의를 표명했다. 그는 자신의 경험을 다음과 같이 묘사했다.

내가 할 수 있는 한 가지 비유는 이렇다. 나는 공기로 숨을 쉬는 동물인데 어쩌다 바다 깊숙이 뛰어들어서 그곳에 적응할 만큼 빨리 아가미를 만들지 못했다. 그곳은 사뭇 다른 환경이었다.……정부에서 일하는 것 말이다. 말 그대로 그 안에 들어가기 전까지는 그곳이 어떤 곳인지 완전히 알 수 없다.

존 롤웨건은 부정한 일에 연루되는 난감한 처지에 처했다. 회사의 주식이 불법적으로 매매된 것이다. 하지만 그가 떳떳하다는 사실은 고려되지 않았다.

공무원 사회의 부패에 대한 집착은 인간의 판단력에 대한 혐오감만큼 강하다. 절차상의 모든 공무 행위는 저항하기 힘든 범죄의 기회라고 간주한다. 오직 계속되는 절차만이 공무원의 신분을 획득할 때 부여받은 '부패'라는 원죄를 억누를 수 있다. 절차는 공무원들에게 너희들은 신뢰할 수 없다고 계속해서 말한다. 그들의 숨소리마저도 불법의 원흉이 될 수 있으니 차라리 다른 절차를 추가하는 편이 좋을 것이다. 뉴욕 시 광역교통국New York Metropolitan Transit Authority의 규정 중에는 요금함 투입구에 낀 25센트짜리 주화를 운전기사가 마음대로 빼내지 못하게 하는 규정이 있다. 운전기사 쪽으로 튀어나온 동전 쪼가리의 유혹을 누가 알겠는가?

한 미국 대사는 그가 왜 고위 인사들을 관저에 초청해 대접하지 않고, 가격이 2~3배 비싼 지역 레스토랑을 이용하는지 구구절절 말했다. 대사 관저의 접대 절차는 악몽과 같다고 한다. 일단 요리에 들어가는 내용물 하나하나(토마토와 후식으로 나오는 박하조차도)에 대한 영수증이 없으면 환급을 받지 못한다. 반면 식당에 가면 아메리칸 익스프레스 카드의 명세서를 보내기만 하면 끝이다. 요리사(나 대사)가 불법으로 이득을 취할지도 모른다는 염려 때문에 모든 외교 활동이 방해를 받고 행사 준비는 걱정거리가 된다. 대사와 요리사가 스파이일 가능성도 있다. 그러니 다른 서류도 작성토록 해야 한다.

이들 절차(기술자 1명을 고용하는 데 2시간이 아닌 2년이 걸리는 절차)는 공문서를 다량 만들어낸다. 배포 양식과 결재 서류는 구슬이 주렁주렁 달린 묵주와 비슷하다. "그 양식은 점검했어. 이제 내 탓은 못하겠지? 다른 서류도 확인했고……." ('잔디 깎는 기계 사건'의 주인공인) 마이클 맥과이어는 재향군인병원에서 정신과를 책임지고 운영한 적이 있는데, 그곳에서 그는 근무 기록 카드의 머리글자를 체크해서 모두 제때 출근했는지 확인하라는 지시를 받았다. 박사는 거절했다. "얼굴도 모르는 직원이 제시간에 일하러 왔는지 어떻게 확인합니까? 게다가 다른 건물에서 일하는 직원도 많았습니다." 이로써 마이클 맥과이어는 또 한 차례 견책을 받았다.

조이스 멘델슨에게, 1992년까지 뉴욕 공립학교 교사로 지내면서 가장 힘들었던 부분을 물어보자 주저 없이 서류 작업이라고 대답했다. "서류 작업이 끝도 없어서, 나를 찰스 디킨슨 소설 속 등장인물 같다고 생각할 정도였죠." 교사가 그날의 수업 계획을 사전에 상세하게 적는 것이 서류 작업의 하나였다. 멘델슨은 그 작업이 교사가 창의적이고 융통성 있게 교육하는 데 역효과를 낸다고 믿는다. 게다가 그녀는 서류를 들여다보는 사람은 아무도 없다는 사실도 알고 있다. 그녀가 여러 번 '미키 마우스' 같은 단어로 항목을 채웠지만 아무 일도 일어나지 않았기 때문이다.

관료주의 사회에서는 합리적인 일 처리보다 일률적인 공평과 객관성이라는 수칙에 부응하는 게 중요하다. 사람들이 경계에 서서 그걸 비웃어도, 그 이데올로기만큼은 아주 진지하다.

1993년 8월 뉴욕시의 예산 편성 책임자 필립 마이클은, 신문에 공급자에게 특혜를 주었다고 비난하는 머리기사가 난 후 시의 조사 기관에서 사퇴 압력을 받았다. 그때까지 필립 마이클의 평판은 흠잡을 데가 없었다. 뉴욕 경찰국NYPD 선임 변호사와 시의 재무관을 지낸 후, 민간업체에서 일하다가 다시 공무로 복귀했는데 그동안 시장이 세 번 바뀌었다. 사건은 록히드Lockheed사의 자회사와 관련이 있었다. 이 회사는 7년 전 주차 위반 징수 논란의 영향에서 벗어나려고 구조 조정을 했고, 지금은 보스턴, 로스앤젤레스, 워싱턴 등 다른 도시에서 사업을 하고 있었다. 록히드사는 뉴욕시가 주차 위반 징수를 민영화한다면, 주차 티켓 수입에 더해 1억 달러를 보장하겠다고 시에 제안했다. 필립 마이클과 수석 부시장 노먼 스타이셀은 뉴욕시에 1억 달러의 수익이 추가로 발생한다면 좋을 것이라 생각했지만, 주차 위반 징수를 책임지는 위원은 동의하지 않았다.

조사 보고서의 내용을 보면, 대규모 회의에서 필립 마이클이 제안을 "공개적으로 찬성"했고, 자신이 시범 사업을 맡기 위해 까다로운 위원들과 협상을 할 때 '호의적 태도'를 취했다고 한다. 부정행위의 또 다른 증거는 한 공무원의 증언에서 나왔는데, 회의에 참석하러 가니 필립 마이클이 록히드의 대변인들과 이미 회의를 진행하고 있어서 깜짝 놀랐다는 것이다.

조사 보고서는 필립 마이클이 부패하거나 사리사욕을 추구하지 않았다는 걸 밝혀냈다. 필립 마이클은 아무것도 숨기지 않았으며, 그저 그 제안이 괜찮다고 생각했을 뿐이다. 그러나 모든 것이 완벽하게 중립이어야만 하는 무미건조한 세상에서 관점이 있다는 사실은 수상쩍은 것이다. 따라서 '공개적인 찬성'은 '비윤리적'이라는 말과 동의어가 되고 만다. 그리고 '호의'라는 말은 '열정'이라는 경멸스러운 단어의 동의어로 내몰린다. 조사 보고서를 검토한 데이비드 딘킨스 시장은 기자회견을 열어 필립 마이클의 처신이 "아주 좋지 않았다"고 입장을 밝혔다. 필립 마이클은 사퇴 압력을 받았다. 이 사건 때문에 (근본적으로는 주차 위반 징수 정책에 관한 두 위원의 의견 차 때문에) 데이비드 딘킨스는 뉴욕 시장에 재선되지 못했다. 필립 마이클은 코네티컷 소재의 대기업 이사로 갔고 지금의 삶에 만족하고 있다. 우리는 어째서 정부가 괜찮은 사람들을 데리고 있지 못하는지 의아할 뿐이다.

넓은 의미에서 '객관적 결정'이란, 오직 사실에 근거한 결정을 의미한다. 객관성은 사실에 근거한 판단이나 직관을 배제하지 않는다. 판사는 그 누구보다 객관적이어야 할 것이다. 벤저민 카르도조는, 판사의 역할을 법률의 규칙과 그 가르침을 분별하는 힘과 양심의 균형이라고 보았다.

정부에 팽배한 객관성의 정의에 따르면, 오직 로봇만이 그에 따라 일을 제대로 할 수 있다. 결정을 10여 차례 혹은 100여 차례의 이진법 계산을 한 후에나 내려지는 것으로 여긴다. 필립 마이클처럼 추진력을 발휘하는 것은 이단이나 마찬가지다. 관료의 백치화는 결국, 오직 모든 것은 순수하며 아무도 비난받아서는 안 된다고 생각하도록 만드는 데 성공했다는 사실을 확인시켜줄 뿐이다.

불신의 대가

이와 같은 체계에서 공익은 잘 지켜지고 있을까? 조달 업무를 예로 들어보자. 조달 업무는 물품과 서비스 구매가 주된 목적이라 간단하고 비교적 평가하기도 쉽다. 그럼에도 불필요한 절차로 인해 낭비되는 공금은 상상할 수 없을 정도로 많다.

잠재적 공급자에게 공평한 기회를 부여한다는 구실로 만든 절차상의 관례는, 이윤 추구에만 관심을 기울이는 대기업은 물론이고 대부분의 사람들을 짜증나게 한다. 소규모 계약업자인 데니즈 노버그는 의회에서 미국 하도급업자협회American Subcontractors Association를 대표해 업체들이 정부와 일하기 기피하는 이유를 이렇게 말했다. "서류 작업으로 부담이 가중되고, 일련의 규정은 헷갈리거나 종종 앞뒤가 맞지 않으며 공사와 아무런 관련이 없어요, 게다가 상식에도 맞지 않습니다." 심지어 뉴욕주의 900만 달러 규모의 차량 서비스 입찰에는 535개의 업체 중 오직 1개 업체만이 경매에 참여했다.

훨씬 높은 금액, 대개 현저히 높은 금액으로 입찰하는 게 일반적이다. 노버그는 절차상의 관례를 인내할 수 있는 업체는 "일반적으로 정부와 일을 할 때, 민간부문에서 비슷한 일을 할 때보다 입찰가를 10~30퍼센트 가량 높인다"고 증언했다. 그 이유로 "서류 작업이 적어도 8배는 많기 때문"이라고 덧붙였다. 이건 보통이다. 뉴욕시에서 승강기 설치

작업을 하면 민간 부문보다 3~4배는 돈이 더 든다.

　서류를 준비해서 회의에 참석하는 공무원에게 지급하는 비용도 만만찮다. 한 보고서는 계약가가 7만 5,000달러인 재고 PC 12대를 구매하는 간단한 일을 하는 데 진행 비용만 6만 5,000달러가 든다고 계산했다. 뉴욕의 어느 공립학교에서는 50달러짜리 자물쇠 하나를 고치는 데 '감독관의 감독관'으로 불리는 사람의 검사를 포함해 6개월간 10단계의 절차를 거쳐야 했다. 테리 골웨이 기자는 "이렇게 가다가는, 관료주의는 비능률의 절정에서 기능하지 못할 것"이라고 평했다. 연방정부의 각 기관은 매년 2억 8,900만 시간을 자체 조달 업무의 절차를 준수하는 데 쓰고 있다고 추정했다.

　상거래에 필수인, 쌍방 간의 정상적 협의를 배제하는 엄격한 절차는 정부가 결점이 있는 (혹은 적합지 않은) 물품을 정기적으로 구입한다는 뜻이다. 하버드대학의 케네디 행정대학원은 이러한 비효율성을 고통스럽도록 낱낱이 파헤치는 조사를 실시했다. 노스페이스North Face의 예를 보자. 방한 피복과 장비 제조사인 노스페이스는 방한복 세트에 대한 정부의 품질 규격을 준수하려고 했다. 하지만 그러다 보니 옷감의 조각들이 서로 맞지 않았다. 그리고 지퍼는 너무 길었다(아래로 축 늘어지게 해야 하나? 아니면 반대쪽으로 돌려서 꿰매야 하는 걸까?). 이 문제들을 바로잡고 나니 이번에는 재봉실이 터져서 옷이 분리되었다. 동정심이 일었던 시베리아의 밀 수확 일화와 비슷하다는 생각이 계속 든다.

　낭비되는 공금은 엄청나다. 뉴욕시는 한 해에 9,000여 건의 계약을 하며 그 비용은 60억 달러에 이른다. 연방정부는 총 2,000억 달러를 쓴다. 모든 정부 기관은 총 4,500억 달러를 쓰는데 이는 국민 총생산량의

10분의 1에 해당한다. 사실 얼마나 낭비되는지 정확히 알기란 불가능하다. 총 비용의 20퍼센트? 30퍼센트? 혹은 더 많을까? 얼마나 낭비되든지 간에, 미국의 모든 가정에서 상당량을 부담한다고 말하면 정확할 것이다. 오직 조달 업무에서 낭비되는 공금만 그렇다.

다시 한 번 우리는 오늘날 법 절차의 목적이 무엇인지 물어봐야 한다. 잠재적 해악을 억제하려고 절차적 방호벽을 치는 일이 실제 일을 해결해내는 것보다 중요시된다. 미국 대사가 대접하는 토마토 하나의 값도 내역을 보고해야 하며 버스 요금함에 낀 25센트짜리도 그냥 두면 안 된다. 심지어 그걸 누가 빼낼지도 확실하지 않다. 틈이 헐거워져서 저절로 빠지지 않을까. 생면부지의 공급자를 존중하는 일이 최고의 거래를 이끌어내는 일보다 중요하다. 적어도 문서상으로는 모든 일이 완벽하게 처리된다. 그리고 아무도 읽지 않는 양식과 서류는 수많은 파일함을 차지하고 있다. 최근에 시카고 시장 리처드 데일리는 직원들이 그의 서명을 받는 데만 한 해 4,000시간을 쓰고 있다고 불평했다. 이 시간은 정규직 사원 2명의 1년 근무시간과 맞먹는다. 이것이 그들의 책임이라고 말할 수 있을까? 그렇지 않다. 신화적인 중앙 권력은 모든 일이 문서화되어 명백해지기를 바라니까 말이다.

합리주의가 다시금 고개를 치켜들고 있다. 설자는 일종의 법규다. 그것은 '무엇'을 할지가 아니라 '어떻게' 해야 할지를 지시한다. 물론 절차가 얼마나 세부적이고 확고한지에 따라서 한결같은 방식도 유용할 수 있다. 하지만 일관성은 마룻바닥을 점검하거나 농약을 검토하는 데 수십 년이 지연되는 복잡하고 비효율적인 '루브 골드버그Rube Goldberg (미국의 풍자만화가 루벤 골드버그Reuben Goldberg의 이름에서 따왔다. 그는 자신의 삽화에 종종 비효율적이고 복잡한 기계 장치들을 그려넣었다) 절차'를 설명하지 못한다. 합리주의적 관료주의는 '절차상의 공평한 대우'를 항상 충족시켜야 한다는 생각만이 이를 설명할 수 있으며, 이는 막스 베버가 묘사했던 것이다.

절차상의 공평을 정당화하는 일이 목표를 달성하는 일보다 중요해졌다. 모든 가능성을 고려했나? 누군가 절차를 비판한 적이 있었나? 정부는 책무를 달성하는 것에는 몰두하지 않고 겉치장을 하느라고 바쁘다. 상부위원회는 절차에 한 치의 틈이라도 보이면 금세 알아채지만, 건물이 무너지는 것은 모른다.

막스 베버조차도 우리가 따르는 '절차상 공평'의 과함을 예상하지 못했다. 사법적인 중립성과 안전장치, 입법위원회와 투표권 같은 헌법체계의 소중한 기능은 일상적 문제에만 적용되고 있다. 정부가 하는 모든 일은 헌법상의 견제와 균형이라는 소우주가 되어가고 있다. 추측건대 누구를 채용할지 결정하고 모든 계약을 사법적으로 감시하는 국민투표를 하지 않는 한 이보다 더 주도면밀한 시스템을 상상하기는 어려운 일이다(실제로 50퍼센트가 넘는 연방정부의 컴퓨터 계약은 절차 위반을 이유로 항소되었다).

우리가 지금까지 논의한 정부의 자체 경영에는 시민의 규제나 강제력이 수반되지 않는다. 견실한 관리 도구인 절차는 정부에서 가장 실리적으로 운용해야 할 것이다. 하지만 공무원들은 결코 방침을 바꾸지 말아야 한다는 강박에 사로잡힌 것 같다. 우리는 어쩌다 이렇게 되었을까?

절차에서 책임감으로

규제 국가의 원래 모습은 이런 것이 아니었다. 1880년대의 엽관제도(선거에 승리한 정당이 관직을 지배하는 정치 관행)가 직업 공무원 제도로 교체되었을 때 그 목표는 대단히 실용적인 것이었다. 재능 있는 사람들을 채용하고 '세세한 항목을 만들려 하지 않고' 일반적 규칙의 틀 안에서 최선을 다하도록 두었다. 1883년 공무원제도개혁법Civil Service Reform Act 의 지지자인 코네티컷의 상원의원 조지프 홀리는 다음과 같이 말했다.

> 모든 폐해 혹은 잠재적인 폐해를 없애고 완벽한 시스템을 만들 수 있다고 생각하는 데서 만족하지 말자. 우리는 대략적인 선을 정할 수 있다. 통상적으로 "일반적 규정 아래 벌어지는 모든 일은 순전히 행정부의 책임으로 간주한다".

혁신주의 이념은 바람직한 행정의 근본 조건이 "절차를 바탕으로 조직된 정부 부서의 간섭에서 벗어나는 것"이라고 한다. 우드로 윌슨은 공무원 제도가 탄생하고 나서 곧바로 이렇게 썼다. "직업 공무원에게 불과 화덕 관리 같은 큰 재량을 준다면, 법 절차라는 수렁에서 정부를 해방시킬 것이다." 관료들에게 절차상의 보호는 필요 없었다. 직업적 중립성은 그 자체로, 엽관제도의 후안무치한 파벌정치에서 그들을 보호해주었다.

물론 새로운 관료제(직업 공무원제)는 공고했던 대로 돌아가지는 않았다. 직업 공무원제는 강바닥의 침전물처럼 절차를 첩첩이 쌓는 입법

기관의 오래된 관성 때문에, 이내 싹트기 시작한 규제 국가의 수렁으로 다시 빠져들었다. 이미 1920년대에 대법원장 샤를 에번스 휴스는 이와 같은 행정 절차는 "민주주의라는 요리사에게 관료적인 죽 한 그릇을 준비하라는 것과 다름없다"며 크게 반발했다. 검토와 감시를 재차 약속하는 것은 거역하기 힘든 타협의 유혹이었다. 그럼에도 절차에서 자유로운 중립적 전문가의 관점은 관료제의 이상으로 남았다.

뉴딜은 이러한 이상을 시험할 진정한 기회였다. 국가가 위기에 처하자 이를 해결하려고 우수한 인재들이 워싱턴으로 몰려들었고 루스벨트 행정부는 신참들에게 결정권을 주었다. 루스벨트 대통령에게 제출된 1937년 보고서를 보면 절차는 중요하게 묘사되지 않는다. "관료제의 핵심 동력은 목적 달성이어야 한다. 권력은 효과에 집중해야 하고 합리적인 결과를 도출하기 위해 전문가들이 지휘해야 한다." 미국 증권거래위원회의 의장 조 케네디의 후임자이자 뉴딜의 젊은 주역인 짐 랜디스는 이 같은 철학을 다음과 같이 표현했다. "혹자는 업무에 최적화된 사람들이 사안을 결정하도록 두라는 말이 아니냐고 묻는다."

의사 결정권을 부여받은 뉴딜의 관료들은 그것을 행사했다. 오늘날의 기준으로 보면 다수의 프로젝트가 거의 하룻밤 사이에 착수되었다. 공공사업촉진국Works Progress Administration의 성과 중 하나는 수백 개의 하수처리장을 지은 것으로, 덕분에 미국 전역의 대수층(지하수가 있는 지층)이 아직도 깨끗이 보존되고 있다. 이 사업은 총 350만 명에게 일자리를 주었다. 또 다른 사업은 남부에 있는 6개 주에서 병을 옮기는 쥐 700만 마리를 1년이 채 안 되어 박멸했다. '테네시 강 유역 개발 공사'는 남부의 시골에 싼 가격으로 전기를 공급했다. 현재 우리가 도시의 보물로 여기는 법원 청사와 우체국도 뉴딜 중에 지어진 것이다.

뉴딜을 추진한 개개인은 모두 중요했다. 어쩌면 우리가 아직도 그 이름을 기억한다는 사실이 그들이 이룩한 성과를 입증하는 셈이다. 몇 명을 언급하자면, 익스, 터그웰, 홉킨스, 랜디스, 코코런, 코언, 더글러스, 벌리 등이 있다. 비교 차원에서 현 정부의 장관 이름 몇 개만 떠올려 보라.

뉴딜이라는 혁신 정책을 비난하는 사람들도 적지 않았다. 루스벨트 대통령과 그의 참모들은 집권하자마자, 전문성을 이용해 원칙상의 중립을 달성하기보다는 자신들의 정치적, 사회적 시각을 반영하는 방침을 세웠다. 이른바 '행정 절대주의'를 강하게 거스르는 노력이 시작된 것이다. 반대론자들은 균형과 견제를 주장하면서 적어도 정책 시행에 앞서서 논의할 기회를 갖기를 원했다.

중요한 공공 정책을 앞두고 공정한 논의가 있어야 한다는 주장에는 반대하기 어려운 법이다. 왜 공무원들이 (국민과) 논의도 없이 결정을 내리는 걸 허용해야 하는가? 정부는 다시 절차상의 관례로 진로를 돌리기 시작했다. 제2차 세계대전 직후 '정부를 상대하는 모든 사람들의 권리를 위한 법안'으로 행정절차법Administrative Procedure Act, 'the APA'이 만들어졌다.

행정절차법이 도입한 절차는 사실 정당했다. 규정이 일반에 적용되기 전에 국민이 논평할 기회와 공고public notice를 요구한 것이다. 정치가 어떻게 준입법적인 조치에 책임을 질 것인가에 대한 문제였다. 즉 규정에 불만이 있으면 지역의 하원 의원을 찾으라는 것이었다. APA는 예외적으로 '임의적이거나 예측 불가'한 상황이거나 이와 법률적으로 유사한 상황이 아니라면 어떤 법원도 이러한 결정을 뒤집을 수 없다고 규정한다. 절차적인 요구가 전혀 없으면 '한낱 행정 업무' 혹은 기타 일상적 활동으로 치부되었다. 한 기관이 법원처럼 기능할 때를 제외하고, 다른 기관들은 대체로 뉴딜 때와 같은 권력을 유지했다.

APA를 따른 지 한 세대 만에 행정상의 재량이라는 뉴딜의 구상은 효력을 잃고 사라졌다. 뉴딜의 실행 조건인 공무원의 재량권 보장은 거대 정부의 상징으로만 기억에 남았다.

뉴딜에 관여했던 짐 랜디스는, 1960년 대통령에 당선된 존 F. 케네디를 위한 보고서를 준비하면서, 각 기관들이 자체적으로 정한 쓸모없는 규칙과 절차에 둘러싸인 현실을 발견하고 경악을 감추지 못했다. "현재의 긴급한 문제는 행정기구로서 책임져야 할 일을 책임지는 것이다." 랜디스는 정부 공무원들이 절차의 힘에 이끌린다는 사실을 알았기 때문에 행정 결정에 책임질 의지가 있는 리더들에게 도움을 요청했다.

정치인들과 공직자들은 관례를 과도하게 선호하는 경향이 있다. 어떤 기관이 책임을 지는 일은 지지자보다 적대자를 더 많이 만들 수 있으므로 항상 모험일 수밖에 없다. 따라서 제일 수월한 방법은 종종 책임을 지지 않는 것이다.

랜디스가 보고서를 작성하고 있을 즈음, 법적 절차 학파(혹은 법적 절차 이론으로 부른다)로 불리는 새로운 무리가 절차를 옹호하고 있었다. 이 학파는 정부는 "가능한 절차에 따라 재건되어야 하며, 국민과 정부는 대등한 입장에 있어야 한다"고 주장했다. 남부에서 발생했던 인권유

린과 매카시즘의 폐해는 정부 관료에 대한 이들의 불신을 고조시켰다. 이와 같은 불신은 1960년대 반체제 혁명을 거치며 그 기세를 강렬하게 키워갔다.

그들이 생각하는 이상적인 정부는 사법기관을 닮은 것이었다. 1958년 컬럼비아대학 법학 교수 해리 존스는 "정부는 마치 사법부처럼 공평하고 합법적이며 독단 없이 처신해야 한다"고 말했다. 예일대학 교수 찰스 라이히는 정부의 횡포가 너무나 심하니 그들이 그 어떤 조치도 취할 수 없게 해야 하며, 적법한 절차의 보호 없이 계약을 할당할 수 없게 해야 한다고 주장했다. 또한 정부는 공익을 위해 최선이라고 믿었던 일을 더 이상 행하지 말아야 하고, 사법부처럼 중립을 지켜야 한다고 말했다. '국민에게 권력을'이라는 화려한 구호는 이런 흐름이 저항할 수 없는 대세임을 보여주었다.

린든 존슨 대통령이 '빈곤과의 투쟁War on Poverty'의 슬로건으로 이용했던 법적 수단은 '시민 참여의 극대화'였다. 혹자는 이렇게 지적했다. "의사 결정에 참여하는 행위는 적법한 절차를 실현하기 위한 주요한 수단의 하나이며, 그 자체로 중요하다. 그것은 합리성에 기여하고 합리성은 다시 효율성에 기여한다." 그래서 의사 결정 기회를 주기 위해 뉴욕시는 지역제(토지 사용 구분, 공익을 위하고 사권私權을 제한함) 절차에 3단계의 공청회를 넣으려고 법을 개정했다. 이로써 환경성 검토 절차가 탄생했다.

법원도 더 많은 절차를 만들기 위해 운동을 벌였다. 이 역시 애초에 사법 절차를 모델로 삼은 것이었다. 워싱턴의 연방 항소법원 수석판사인 데이비드 바젤론과 동료 몇몇은 국민의 의견을 반영할 기회를 차단하는 국가 기관의 판결을 뒤집기 시작했다. 의견이 한 번 접수되면 관련 기관은 성심성의껏 응답해야만 했다. 만약 사안이 복잡하면 기관은 심리를 열어 대질심문을 해야 했다. 사법 기관은 그들이 모든 문제를 '면밀히 조사'했다는 것을 증명해야만 했다. 절차상의 요건이라고 분류는 했지만, '면밀한 조사' 조항은 법원이 마음에 들지 않는 판결을 항상 뒤집을 수 있다는 것을 뜻했다.

절차를 위한 절차

1971년에 대법원은 멤피스의 오버턴 공원의 일부를 통과하는 주州 간 고속도로 공사 허가 판결을 뒤집었다. 법원은 행정 기록이 너무 불충분해 대안을 찾아봐야 한다고 판결했다. 오버턴 공원을 갈라서 그곳에 고속도로를 내겠다는 계획이 썩 좋지 않았음에도, 이에 대한 연구와 논의는 20년간이나 진행되었다. 여기서 정부 기관들은 한 가지 명백한 교훈을 얻었다. 그들의 결정을 합리화하기 위해서는 엄청난 기록을 만들어야 한다는 것이다.

정부의 새로운 접근법은, 절차가 아무리 복잡해도 관료들이 철저히 객관적인 태도를 취한다면 결국 적절한 해결책을 찾아낼 것이라고 말하고 있다. 한 판결에 따르면 엄격한 절차는 '무의식적 선호와 무관한 편견을 해방'시킬 수 있다. 반면 (관료보다 더욱 중립적인 위치에 있는) 벤저민 카르도조의 관점에서 판결을 내릴 때 고려해야 할 요소를 따져보자. "삶의 경험, 만연하는 정의와 도덕률에 대한 이해, 사회과학에 대한 지식을 고려할 만하다. 그러나 종국에는 자신의 직관과 추측을 따를 것이다."

'공고와 답변'이라는 행정절차법의 단순한 요건은, 사법 명령에 의해 방대한 절차의 '기념물'이 되었다. 법원은 임의적이거나 예측 불가한 상황이 아닌 한, 기관의 판단을 감시하는 일을 하기는커녕 스스로에게 엄청난 권력을 부여했다.

물론 모든 판단의 밑바탕에 본질이 있다. 대법원은 오버턴 공원을 가로지르는 고속도로 건설을 분명 언짢아했다. 그러나 어떤 판사도 쉽게 반대한다고 표명하지는 않았다. 만약 뭔가 잘못되었다면 그것은 절차의 탓이다.

관료들은 객관성이라는 자격 요건을 갖추는 일에 새로이 집착했다. 1978년 시리얼용 곡물가공업계는 연방 통상위원회Federal Trade Commission, FTC의 위원장 마이클 퍼척이 편견을 갖고 있다며, 아동 광고에 관한 심리에 참석하지 못하게 해달라고 법원을 설득했다. 실제로 그는 아동용 텔레비전 채널의 광고를 비난하는 연설을 여러 번 했다. 하지만 FTC는 법원이 아니라 규제 기관이다. 위원장의 책임은 철학을 가지고 기관을 지휘하거나 공식적으로 입증된 재판을 관장하는 것 아닌가? 항소심에서 이 의견은 파기되었다. 하지만 그 근거는 퍼척의 견해와는 상관이 없었다. 오히려 곡물가공업계가 이 사안에 대한 퍼척의 태도를 입증하지 못했기 때문이었다.

상황이 가장 좋을 때도 본능적으로 위험을 기피하는 공무원들은 이제 절차적인 공정성을 앞세워 모든 일을 해결했다. 의심이 들 때는 다른 절차를 만든다. 비판하는 사람이 있으면 공청회를 연다. 그래도 비판하면 공청회를 다시 연다. 여전히 비판하는 사람이 있으면 새로운 연구를 지시하거나 대책위원회를 마련한다. 수년간 진행된 전화 접수 사항과 부적절한 소견을 제외하는 행위는, 편견이라고 주장하는 의의 제기로 확대될 수도 있다. 교육부의 한 규정은 특정 사안을 결정할 때 '전문적 관심'을 가진 관료의 참여를 금지한다. 우드로 윌슨과 짐 랜디스가 들으면 어이가 없을 것이다. 관료주의의 원래의 목적은 전문가적인 관점을 갖는 것이니 말이다.

정부가 실제로 얼마나 많은 일을 하는지에 관심을 가진 사람은 거의 없다. 또 의무적인 공청회에서 중요한 결과를 도출하거나, 세심한 환경 영향 평가 보고서가 환경문제에 득이 되는지 실이 되는지도 아무도 분석하지 않는다. 사람들은 절차가 공평한 결정을 해줄 것이라 생각한다. 절차를 도입하는 사람들에게 정부는 정부일 뿐이다. 결코 효율적이지는 않겠지만, 정부는 이제부터 전적으로 공평할 것이며 흠도 없을 것이라고 믿는다.

지난 세기에 변호사들과 판사들이 진정한 법을 '발견했다'는 블랙스톤의 글을 믿으며 경력을 쌓았듯, 최근의 법대생들은 복수의 절차야말로 정부의 운영 모델을 대표하는 것이라 배우고 있다. 최근에는 이런 제안도 있었다. 특정 심리 시 변호인의 도움을 받을 권리에 다른 변호인을 추가할 권리를 더해, 기존 변호인의 업무를 감시할 수도 있어야 한다는 것이다.

결국 우리는 100년도 채 걸리지 않아 절차라는 관례로 다시 돌아왔다. 현대 사회에서 관료주의를 만든 사람들은, 절차상의 지연과 변호사의 술수가 뒤엉킨 세상에서 정부를 해방시켜 효율적인 정부를 만들고

자 했다. 이제 우리는 옳고 그름에 대해 논쟁하는 대신, 바른 방식으로 일을 처리했는지 논쟁하는 세상으로 돌아왔다. 그리고 절차에서 정부를 해방시키려고 만든 관료주의는 하는 일이 아무것도 없다.

절차에 결정을 미루다

첫 번째 DNA의 가닥들처럼 적절하고 규제적인 해답은 맹렬하게 들끓는 여론과 정보를 수렴하는 과정에서 탄생한다.

이 같은 거의 원시적인 민주주의의 개념은, 특정 자유주의 이념에 도움이 되기도 하지만 정반대 이념일 때 더욱 빛을 발한다. 부시 행정부 당시 한 고위 공무원은 내게 이렇게 말했다. "효율적인 정부는 끔찍한 악몽이에요. 시간을 낭비해야 돼요……." 그는 과장이 좀 심한 사람 같았다. "정부의 단 한 가지 역할은 상비군을 유지하는 것이지요." 그는 절차는 정부를 마비시키기 때문에 지극히 유용하다고 넌지시 말했다.

EPA의 1,000여 명의 직원들은 농약 분석에 22년을 끌었다. 매일 아침, 출근하자마자 이 근면한 직원들은 빼어난 연구 자료들을 마주하고 끝없이 분석을 계속했다. 농약 제조업체는 물론 이런 상황에 만족한다. 그들은 심판의 날이 오기까지 앞으로 10년 동안은 농약을 팔 것이다. 이런 상황을 타개하기 위해 EPA에 들어간 농약 전문가 짐 아이댈러의 말을 들어보자. "결정을 하도록 압박하는 사람이 아무도 없어요. 농약 관련 정보가 쏟아져 들어올 뿐 아무 일도 일어나지 않습니다."

또 하나의 예로, 미국 식품의약국FDA의 사례가 있다. 루이스 자피 교수는 이를 두고 관료적 동맥경화증이라고 부른다. EPA의 상황과 비교해 한 가지 중요한 차이점은 있다. FDA의 승인이 필요한 제품 시판 업체가 자발적으로 조사를 신청한다는 것이다. 하지만 결과는 EPA와 같다. 다른 서방 국가에서 승인한 신약을 다시 미국에서 승인하는 데 평균 6년이 걸릴 정도로, FDA는 신약과 의료장비를 무척 신중하게 검사한다. 전직 FDA 법무 자문위원인 피터 허트는 FDA의 직원들은 책임을 질 필요가 전혀 없다고 한다. "직원들은 그저 '분명하지가 않군요. 그냥 검사를 다섯 번 더 해보세요'라고 말합니다."

FDA는 아무리 주의해도 지나치지 않다고 말한다. 하지만 신약을 거절할 때 환자가 치르는 대가는 당연히 따른다. 대학교수인 토머스 해즐럿은 간암 말기 판정을 받은 어머니의 치료법을 찾으려 했던 이야기를 들려주었다. 토머스 해즐럿은 일본에 있는 한 하버드대학 출신 연구원을 찾아가보라는 권유받았다. 그 연구원은 의약품 하나로 10년간 임상 실험을 해왔으며 간암 환자들의 생명을 최고 6년까지 연장시켰다고 했다. 하지만 FDA는 그의 어머니가 몇 달 안에 사망할 수 있는데도 이 의약품 승인을 거절했다. 결국 토머스 해즐럿은 어머니를 일본에 있는 병원에 입원시켜야 했고, 그의 어머니는 정든 집, 식구와 친구, 애완견, 소유물들을 두고 그곳에 갈 수밖에 없었다. 치료를 마친 어머니는 필요한 의약품을 구해서 돌아왔지만 미국 땅 어디에도 승인을 해줄 부서가 없었다. 결국 토머스 해즐럿은 매주마다 몇 번씩 어머니를 태우고 총 7시간을 운전해 멕시코 국경을 넘나들어야 했다.

FDA는 알려지지 않은 부작용이 있는 약품을 승인했다가 비판받는 위험을 무릅쓰지 않을 것이다. 이곳 관리자들은 미국 국민들이 어떤 위험도 용인하지 않을 것이라고 믿고 있다. 하지만 그러는 사이에 신약의 혜택을 받지 못하는 사람들은 죽어가고 있다. 혹자는 이렇게 지적했다. "아픈 사람을 두고, 이로운 기술을 거절하는 행위는 해로운 기술을 시장에 허용하는 거나 매한가지 아닐까요?"

신약 개발에 드는 평균 비용은(그중 3분의 2는 FDA의 요건을 충족시키는 데 쓰인다) 2억 3,000만 달러다. 잘못 기입한 액수가 아니다. 한 제약 회사는 암과 기타 질병 연구에 쓰는 돈보다 형식 갖추기와 문서 작업을 하는 데 더 많은 비용을 쓴다고 산출했다. 만일 연구 조사가 더 활발한 일본이나 독일에서 이 정도 비용을 쓴다면, 언젠가는 그들의 연구로 미국인들이 혜택을 보는 상황이 생길지도 모른다.

설사 그것이 진화의 속도와 비슷하다 하더라도, 어떤 조직의 목표가 진실을 찾는 것이라면 이것을 비판하기는 어렵다. 여러 번에 걸친 의견 수렴으로 모은 충분한 정보는 산더미 같은 서류 안에서 기회를 엿보고 있다가, 법원의 지시와 동시에 짓무른 눈을 한 수천 관료들 앞에 자신을 드러낼 것이다.

데이비드 바젤론을 비롯한 대부분의 판사와 변호사에게 가장 순수한 형식과 절차는 대립적 제도adversarial system로, 그 안에서 소송 전문 변호사들은 의뢰인을 대신해 최상의 변론을 한다. 한쪽이 일방적인 변론서를 제출하면 상대방은 그에 대응하는 변론서를 준비한다. 하지만 이러한 절차는 연방법원 판사인 헨리 프렌들리가 논평했듯 진실을 밝히기 위해 만들어지지 않았다. "대립적 사법 제도에서 변호인의 역할은 진실을 밝혀내는 것이 아니라, 그 어떤 합법적 수단을 써서라도 의뢰인의 주장을 진척시키는 것으로 지연이나 혼란을 야기하는 행위는 그의 권리일 뿐만 아니라 어쩌면 책임이기도 하다."

또한 헨리 프렌들리가 결론 내린 것처럼 대립적 제도는 결정에 효율적인 수단도 아니다. 논쟁 속 맹공격 앞에서 진실은 황급히 후퇴한다. 어떤 지점에서 한쪽 편이 수천 장의(혹은 수주가 걸리는) 진술을 들이대며 이기기로 작정하면 확실해 보이던 것까지 불투명해진다. 과학 연구와 그 견해도 절차상의 책략에 따라 퇴짜를 맞는 실정이다. 국립 과학아카데미National Academy of Sciences는 이러한 의사 결정 방식을 끝내자고 탄원했다. "갈등이나 대립적 절차는 과학적이고 기술적인 지식을 신중히 비교 평가하는 데 도움이 되지 않으며, 과학과 기술상의 의견 일치와 불일치를 왜곡하고 있다."

게리 브라이너 교수가 지적하듯 정부 기관들은 대개 상황 파악을 하지 못한다. "규제 기관들은 종종 상대방의 입장을 파악하지 못하고, 어쩔 수 없이 각 집단의 우선 사항이 무엇인지 추측합니다."

규제 기관은 어째서 과학 연구를 왜곡하고 절차를 질질 끌 뿐, 단호한 태도를 취하지 않는 것일까? 왜냐하면 그것은 그들의 철학이 아니기 때문이다. 규제 기관은 주로 절차상의 문제를 살피는 심판 노릇을 하지, 결정을 하지는 않는다. 물론 이러한 행태는 더 많은 책략을 부추길 뿐이다. 자신들을 그저 신탁을 받는 사제라고 여길 때, 이들은 상대하는 각 집단에 대해 절제를 하거나 혹은 논리적인 면에서 정직해야 할 이유를 느끼지 못하게 된다. 그러니 절차만이 중요한 것이다. 절차상의 규정만 잘 지키면 무엇을 하든 상관없다.

아마도 찰스 디킨스는 여기가 고향이라고 느낄 것이다. 그의 소설 『황폐한 집Bleak House』은 법정 판결을 조종할 수 있다고 장담하는 변호사들에 의한 절차적 음모와, 여기에 도사리는 냉소적이고 교활한 세상을 묘사하고 있다. 수십 년간 끌어오던 소송이 끝나도 진실은 결코 드러나지 않는다. 모든 단계는 영리한 법조인들에 의해 정해지며, 각 단계에서 펼쳐지는 그들의 논리는 흠잡을 데가 없다. 소설 속에 나오는 '잔다이스 대 잔다이스Jarndyce against Jarndyce' 소송이, 미국 정부가 22년 동안 검토만 하고 아무런 조처도 취하지 않은 농약 검사보다 더 어리석은 것 같지는 않다.

여론 수렴 과정의 극심한 갈등을 거친 기관의 결정이 타당하다고 환영받는 일은 거의 없다. 전직 FDA 자문위원인 피터 허트는 이렇게 결론지었다. "공공 정책은 논란이 있을 수밖에 없다." 하지만 그는 "공개 토론을 장려하는 데 실패한, 안전과 관련된 주요 결정"을 하나도 떠올리지 못했다. OSHA는 의류업계의 면진cotton dust에 대한 기준을 만들 때, 10만 5,000장에 달하는 증거를 받고도 사실에 기반한 견고한 합의를 이끌어내지 못했다. 그 신중한 FDA는 여전히 결함과 알려지지 않은 부작용이 있는 제품을 승인하고 있다. 과학 분야도 다른 분야와 마찬가지로 판단력이 필요하다. 실수는 늘 있기 마련이다. 끝도 없이 조사한다고 판단력이 향상되는 것은 아니다. 균형감각을 상실하면 오히려 잘못된 판단을 할 수도 있다.

공정하다는 이 모든 평판에도 불구하고, EPA 판결의 80퍼센트, OSHA 위생 기준에 대한 판결의 96퍼센트를 포함해, 대부분의 판결은 상급법원에 재심사가 요청되었다. 수년간의 요식적 서류 작업 끝에 법원에 제시된 엄청난 양의 기록은 "쓸모없다"고 헨리 프렌들리 판사는 판결했다. 법원은 일반적으로 산더미 같은 기록물은 무시하며, 양측에서 관심을 끌만한 주장을 하면 그것을 기반으로 검토하고 판결을 내린다.

예를 들면 1984년에 대법원은 미국 운수부Department of Transportation 가 차량 내 자동 안전벨트를 장착하지 않아도 된다고 한 결정을 뒤집었다. 운수부는 사용자가 어차피 안전벨트를 풀어버린다는 증거자료를 충분히 확보하고 있었고, 대통령이 이 문제에 관심이 없자 규정을 폐기하기로 결정했다. 하지만 입법기관에 의해 선출되지 않은 대법원 판사들은 운수부의 결정을 "독단적이며 예측하기 어렵다"고 해 동의할 수 없다고 판결했다.

실제로 법원의 판결은 분별이 있는 편이다. 아마도 소수의 사람들이 전반적인 상황을 보며 사건을 살필 수 있어서 그런 것 같다. 그렇다면 정부 기관들에는 어째서 끝도 없는 절차가 필요한 것일까? 공무원들이 상식적 판단을 먼저 내리는 게 더 효율적이지 않을까? 그렇게 하려면, 절차를 세세히 만들수록 최상의 해결책이 나올 것이라는 핑계를 버려야 한다. 모든 결정은 자신의 관점에 따라 달라진다. 농약 제조자에게 올바른 일이 환경운동가에게는 그른 일일 수도 있다. 철학자 아이자이어 벌린은 "늑대의 사유는 양의 죽음이다"라고 말했다. 정부의 역할은 결정을 내리는 것이므로, 존재하지도 않는 진실을 찾는다는 환상에 젖어 이를 회피해서는 안 될 것이다.

올바른 답을 구한다는 생각은, 희망적이지는 않아도 합당한 소리로 들린다. 그래서인지 관료들은 끝없는 정보의 불빛을 바라보느라 눈이 부셔 꼼짝도 할 수 없다. 그들은 세상의 압력에 못 이겨 마지못해 고개를 돌리고, 반쯤은 눈이 먼 채로 광명이 있을 법한 곳을 바라본다. 그렇게 다 함께 앞으로 돌진하다가 '결정'과 부닥친다. 셜록 홈스가 와도,

실제로 누가 결정을 내렸는지 알아낼 수 없을 것이다. 그 누구도 아닌 '절차'가 결정을 내렸으니 말이다.

이러한 행태가 변치 않는 정부의 특징은 아니다. 1982년 가을, 타이레놀 캡슐에 든 청산가리가 7명의 목숨을 앗아가는 사건이 시카고에서 발생했다. 곧이어 다른 중독 사건도 일어났다. FDA는 40만 가지 제품에 영향을 미치는 '부정 조작 방지 포장tamper-resistant packaging'이라는 규정을 만들어서 한 달 안에 위기를 극복했다. 미국 보건 복지부 장관 리처드 슈바이커는 그 규정에 관해 이렇게 말했다. "우리는 과잉 대응도 미온적 대응도 하지 않을 것입니다." 그는 다음과 같이 인정했다. "이것이 100퍼센트 확실한 안전장치는 아닐 겁니다. 위조품을 얼마든지 만들 수 있기 때문이지요. 그러나 다행히도 대부분의 사람들은 그렇게 멍청하지 않습니다." 이처럼 실용적이고 신속한 대처는 최근의 규제법 역사에서 극히 드문 일로, 국가적 위기 상황이 아니고서는 접할 수 없는 광경이 되었다.

1971년에 행정법에 탁월한 영미 법률가들이 모인 학회에서 디플록 경卿은 이렇게 결론지었다. "영국은 미국의 끔찍한 사례를 관찰해서 이를 반면교사로 삼아야 합니다."

끊임없는 기다림

시민들은 대개 이런 과정에 관여하지 않고 절차상의 책임이라는 안온한 소리만 들을 뿐이다. 정부의 태만에 화가 나지만 눈을 감고 절차라는 순수한 선율을 들으면 위안을 얻을 수도 있다. 당신에게 특별한 목표가 있다면 정부는 그것을 절차에 추가할 것이다. 대다수 사람들은 공무원들이 타이태닉 갑판의 현악단처럼 절차를 찬양하느라 결정은 까맣게 잊었다는 사실을 인식하지 못한다.

킹스카운티 병원은 뉴욕에서 가장 가난한 지역의 중심가에 위치하고 있다. 건물은 다 허물어졌고 시설은 낡았다. 사람들은 전염병에 대한 기본 보호 장치도 없는 커다란 병동에서 서로 밀치락달치락해야 한다. 샤워 시설이 없는 구역도 있고, 침상 10개에 화장실이 하나밖에 없는 층도 있다. 주로 소수민족을 위한 이 병원의 의료 서비스는 무안할 정도로 질이 낮다. 결국 1984년에 뉴욕시는 5억 달러의 예산을 책정해 병원을 개축하기로 했다. 서로 조정하기는 어렵지만 공사 규모에 맞추어 7~8곳의 업체와 계약을 맺을 예정이었다.

1994년 2월까지 1억 2,000만 달러가 투입되었다. 하지만 두 채의 작은 행정 시설만 들어섰을 뿐, 본 건물의 굴착 공사는 시작하지도 않았다. 그사이 건설 업체의 수는 7군데에서 110군데로 비정상적으로 늘어났다. 병원 이사회의 임원인 루스 블룸은 "우리는 중소 업체에 참여 기회를 주면 좋겠다고 생각했습니다"라고 말했다. 이 의견을 반영하기 위해 절차는 변경되었고, 『뉴욕타임스』는 이를 "사회적, 정치적으로 무관한 목적"이라고 논평했다. 블룸은 덧붙여 말했다. "이 일 때문에 교착상태에 빠지리라고는 예측하지 못했지요." 병원 대리 기관의 새 대표 브루스 시걸 박사는 이 문제에 대해 이렇게 말했다. "병원 완공을 최우선 목표로 삼지 않는 순간 온갖 문제가 발생합니다. 제 생각에 이 병원 사업이 위험한 비탈길에 서 있는 것 같습니다."

정부의 기관은 모두 이런 상태에 있다. 병원 건설 프로젝트가 어정쩡한 차별 철폐 조치로 방향을 전환하자 병원도, 중소 업체를 돕는다는 미명까지 모두 방해받고 말았다.

눈앞에 확실한 목적이 없으면 절차는 그저 돌고 돈다. 수년간의 지체 끝에 1992년 4월에야 킹스카운티 병원 공사에서 굴착과 토대를 담당할 건설 업체가 결정되었다. 최저가로 입찰한 회사는 크로스베이라는 업체였다. 그런데 두 번째 최저가 입찰 회사인 블랜드포드는 크로스베이가 절차상 규정인 입찰참가자격 사전심사에 상응하는 자격이 부족하다는 증거를 들고 나왔다. 게다가 크로스베이에 수상한 전력이 있다고 내비쳤다. 굴착 회사가 청렴한지를 두고 법정에서 다투는 바람에 1년이 넘게 굴착이 미루어졌다. 재판 결과 크로스베이는 공사에서 밀려났다가 다른 법원의 판결로 다시 복귀했지만 또다시 밀려났다. 마침내 블랜드포드가 계약을 따냈다. 하지만 비밀로 붙인 사실이 1993년에 발각되었다. 그리하여 1994년에 입찰 경쟁이 다시 시작되었다. 추측건대 이번에는 복음주의 교회의 신도 같은 굴착 회사를 찾길 바랐을 것이다. 도대체 이 프로젝트의 목적은 무엇이었을까? 병원 건설? 아니면 건설 업체 구원하기? 어째서 입찰 업체들에게 다른 경쟁 업체의 자격을 두고 소송할 권리가 있을까? 평판과 정직은 실용적인 면에서 중요하다. 그렇다고 깨끗함이 비즈니스 세계에서 흔한 건 아니다.

그렇다면 얼마나 깨끗해야 깨끗하다고 말할 수 있을까? 표면상의 도덕성은 정부 관료를 평가하는 최근의 경향이다. 과거의 죄를 낱낱이 들추어내고 절대 용서하지 않는 쪽으로 절차는 바뀌어왔다. 존 F. 케네디 대통령 때는 취임한 지 6개월 안에 주요 임명 절차가 끝났다. 그들은 새로운 행정부에서 일하느라 분주했다. 클린턴 대통령 때는 취임 1년이 지났는데도 수백 개의 공석이 남아 있었다. 절차는 확인을 요구하며(예를 들어 지난 15년간의 해외여행을 모두 상세히 기술하기), 이 모두를 승인한다는 것은 새로운 법을 통과시키는 것과 다름없다. 대통령이 특정 직위에 임명하는 사람에게는 보통 평판이 따른다. 어쩌다 그 집안에 비밀이 있거나 면세로 기저귀를 샀다고 해서, 괜찮은 사람을 몰아내고 지명자를 보류시키는 일은 정말 필요한 일일까?

절차에는 우선순위의 개념이 없기 때문에, 현대의 정부에서 우선순위를 정하기는 어렵다. 종종 중요하고 긴급한 프로젝트는 절차상의 이해관계와 엮여 정체된다. 1993년 뉴욕의 라가디아 공항에 눈보라가 내리자 콘티넨털 항공의 DC-9 항공기는 이륙을 중단할 수밖에 없었고 결국은 롱아일랜드 해협에 처박혔다. 30미터 정도만 더 나갔으면 수많은 사람이 목숨을 잃을 수도 있었다. 2년 전에도 항공기가 활주로에서 미끄러져 27명이 사망했다. 라가디아 공항의 활주로는 약 2,130미터로 일반적인 민간 공항 활주로의 70퍼센트 정도의 길이였으며, 공항을 운영하는 항만관리위원회는 6년 안에 약 140미터를 연장하려 하고 있었다. 여기에 반대하는 사람은 아무도 없었지만 바다와 관련한 사업에는 환경문제가 따르기 때문에 찬성하는 사람도 없었다. 현실적 문제가 아니라 절차와 관련한 불안이 사업의 결정을 좌우했다. 항만관리위원회는 환경영향평가보고서를 피하기 위해, 사전에 유해한 영향을 어떻게 완화시킬지 환경 기관과 조율하느라 몇 년을 소비했다. 여기에 차후 발생할지도 모를 사적 분쟁을 막기 위해 지역 주민과 협상하는 데 다시 3~4년의 시간을 썼다. 결국 공항의 안전보다는 미래의 비판자들을 진정시키는 일에 우선순위를 두었다.

맨해튼의 반대 쪽인 뉴어크 항에서 항만관리위원회가 해마다 행하던 준설 작업을 EPA는 거의 4년간 중지시켰다. 오염물이 함유된 토사를 어떻게 처리할지 조사한 뒤 결론을 내기 위해서였다. 그곳의 토사에는 소량의 다이옥신(1조분의 10보다 적은 양)이 섞여 있었다. 무시할 양은 아니었지만 체르노빌 수준도 아니었다. 결정을 기다리는 일이 꼭 바람직하지도 않았다. 『뉴스데이』의 사설은 이렇게 논평했다. "그동안 이 얕은 항구에 있던 퇴적물은 선박 프로펠러에 의해 섞여 해양 생물이 흡수했다. 해양 생물들은 이런 유해 물질에 노출되어 있다."

대중의 참여를 이끌어내기 위해 계획된 절차도 역시 마찬가지다. 1991년에 (내가 활동하고 있는 단체를 포함한) 시민 단체 연합은 도널드 트럼프가 맨해튼 웨스트사이드에 가지고 있는 약 29만 제곱미터의 버려진 철도 차량 정비소의 개발안을 채택하도록 그를 설득했다. 사회를 개선해보려는 결연한 의지로, 이 특별한 연합과 도널드 트럼프는 3단계로 된 뉴욕의 지역 승인 절차를 밟았다. 결론적으로 우리는 12번의 대규모 공청회를 포함해, 100번이 넘는 공식 회의에 참석했다. 나도 뜻을 피력했고, 모든 사람들이 기본적으로 같은 입장을 되풀이했다. 이렇게 치열한 18개월이 지나고 절차가 끝나가려는 마당에, 계획에 반대하는 사람들이 소송을 제기했다.

반대하는 이유를 알고 싶은가? 수천 시간의 모임 끝에 그들은 절차에 대해 불평했다. 구체적으로 말하자면 특정 법률 문서의 초안이 다른 것보다 6주나 늦게 제공되었다는 게 이유였다. 거의 2,000장에 달하는 환경영향평가보고서가 완전하지 않다고도 했다. 결과적으로 우리 연합이 이기긴 했지만 이 프로젝트는 소송 때문에 다시 18개월이 지연되었다.

이런 현상은 참여민주주의의 본래 취지가 아니다. 뉴잉글랜드 주민과의 대화에서 마틴 샤피로 교수는 참여민주주의는 모든 사람의 의견을 수용하는 것이 아니라, 꼭 논의해야 할 사안에 대해서 충분히 논의하는 것이라고 지적했다.

정부의 이런 절차는 우리의 일상을 방해하고, 될 일을 안 되게 만든다. 현대 사회에서 문서화라는 절차는 중요하기 때문에 우리는 양식을 작성한다. 하지만 결국 양식 작성이라는 걷잡을 수 없는 해일이 온 나라를 삼켜버렸다. OSHA의 MSDS양식(글렌게리 공장에서 먼지가 두껍게 쌓였던)을 작성하는 데 연간 5,400시간을 쓴다(시간당 20달러씩, 윈텍스앤조이 세정제의 위험성을 목록으로 작성하는 데 10억 달러 정도 든다). 미국 농무부는 학교 급식 제도 보고를 월 1회에서 연 1회로 변경했을 뿐인데 900만 달러를 절약했다. 어떤 환경 규정은 아주 세세한 기록을 요구한다. 오직 1만 4,000개의 기업이 화학물질의 99.5퍼센트를 취급하고, 나머지 60만 개의 기업은 그중 0.5퍼센트만 취급한다. 그러나 그와는 상관없이 모든 기업은 동일한 양식을 작성해야 한다. 상세한 규정으로 된 '균일한 절차'는 불균일한 결과를 낳고 있다.

이런 절차에 의료업계가 가장 큰 타격을 받았다. 아스피린 한 알, 간단한 검사 하나에도 양식을 작성해야만 한다. 달리 어떤 방법으로 모든 것이 규칙대로 돌아가는지 확신할 수 있단 말인가? 결국 병원들은 운영 예산의 25퍼센트를 절차적 요구 조항을 준수하는 데 쓴다. 의료 관리의 위기 속에서 의사, 간호사, 사무직원이 대부분의 시간을 서류 작업에 소비한다면 이는 불안의 원인이 된다. 서류 작업의 목적은 예산의 낭비를 막기 위한 것일 텐데, 절차 그 자체가 예산을 낭비하고 있는 것이다. 40퍼센트에 달하는 의사가 다시는 같은 직업을 택하지 않을 것이라고 말하는 주된 이유는 점점 늘어나는 서류 작업이 번거롭기 때문이다. 일반 내역으로 환급하고 규제하는 일은 어렵지는 않겠지만 이런 시스템에서 세부 조항까지 증거 서류를 갖추기는 힘들 것이다.

어쩌면 정부를 끔찍이 싫어하는 누군가가, 완벽한 정부를 만들라고 개혁가를 풀어놓은 것 같다. 그리고 그들은 유토피아적 민주주의(단 하나의 진실한 답 찾기, 모든 사람의 관심사 들어주기, 모든 서류를 구비하기)라는 허황된 생각에 현혹되어 정부의 역할이 무엇인지 망각해버린 것 같다.

절차와 부패

부패 근절을 위해서는 무슨 대가라도 치러야 한다는 사람들이 있다. 겹겹으로 쌓인 절차는 대중의 신뢰를 짓밟는 행위에 보호막이 되어준다. 그런데 정말 그럴까?

이 사건은 1986년, 한 밀고자의 제보로 폭로되었다. 퀸스 자치구장 도널드 매니스와 브롱크스 민주당 대표 스탠리 프리드먼 같은 뉴욕의 유명 정치인 둘과, 뉴욕시의 공무원인 제프리 린데나우어가 가담한 뇌물 사건이었다. 주차 위반 딱지를 발급할 때 쓰는 휴대용 단말기와 기타 상품의 공급계약을 따기 위해 100만 달러에 가까운 뇌물이 뿌려졌다.

하지만 뇌물을 받은 사람 중 그 누구에게도 계약을 결정할 권한이 없었다. 공들여 만든 세세한 보호 장치가 개인의 재량권을 없애버린 것이다. 계약은 뉴욕시 산하 관련 기관에서 심사와 추천을 받아 선발된 관료들의 투표로 진행된다. 각 단계마다 상당한 양의 증빙서류를 첨부해야 함은 물론이다.

컬럼비아대학 총장 마이클 소번이 이끄는 조사단은 사건 보고서에 이렇게 썼다. "문서를 보면 그 누구도 심사위원회에 부당한 영향을 끼칠 수 없도록 견제와 균형의 체계가 잡혀 있음을 알 수 있다. 그러나 되짚어보면 제프리 린데나우어는 이 체계를 교묘히 이용했다." 린데나우어의 수법은 간단했다. 절차상 참석해야 하는 모임에서, 교묘한 방법으로 이 계약이 괜찮아 보이는 이유를 넌지시 언급한 것이다. 그가 했던 단 한 가지 중대한 거짓말은 실제 사용 중인 휴대용 단말기를 봤다는 말뿐이었다.

린데나우어는 계약을 맺을 권한이 없었다. 만일 있었다면 더 쉽게 잡혔을지도 모른다. 사실 여기서 문제는 누구에게도 계약을 허락할 권한이 없다는 것이다. 개인의 책임을 배제하는 체계에서는 약간의 부추김도 큰 영향력을 발휘한다. 시장을 포함해 모두가 그 계약 건에 찬성했다. 하지만 대중은 그 누구에게도 책임을 물을 수 없었다. 임무를 소홀히 한 사람이 아무도 없었던 것이다. 사람들은 모두 절차를 따르려고 열심히 노력했다. 철학자 해나 아렌트는 일찍이 히틀러 치하의 나치 독일에 대해 언급하면서, 모든 사람이 죄인이라면 어느 누구도 죄인이 아니라고 말한 적이 있다. 뇌물 사건에 대한 뉴욕 시장의 대처는 비슷한 사건에 직면한 어느 정치 지도자의 반응과 다를 바 없었다. 그는 결국 더 많은 절차를 만들었다.

우리가 가진 최악의 공포를 저울에 달면, 짐작컨대 정부 고위공직자의 부패는 죽음의 아래쪽 그리고 부정직함의 조금 위 어디쯤을 가리킬 것이다. 1977년 브루킹스 연구소의 허버트 코프먼의 말처럼, 누군가 절차의 간소화를 주장하면 우리는 빛보다 더 빠른 속도로 "더욱 엄격하게 관리해야한다"고 강력히 요구할 것이다. 코프먼은 경고했다. 속임수는 "대의정치의 근본을 갉아먹는다. 그렇기 때문에 우리는 그것을 온전히 보전하려고 많은 것을 감수한다". 그는 마지못해 속임수를 없앨 수는 없다는 걸 인정했다. 하지만 세세한 절차적 견제와 균형이 없으면 의심할 여지 없이 부정이 만연할 것이라고 결론 내렸다.

하지만 아무에게도 권한이 없다면 책임은 누가 지는가? 마이클 소번의 위원회가 관찰했듯 부패와 권력 남용은 "대낮의 밝은 빛을 피해 일어난다". 보통 계약 1건당 여섯 기관의 승인이 필요하고 엄청난 양의 서류를 만들어 내는 뉴욕시의 계약 절차에도 불구하고, 사기를 치고 슬쩍 빠져나가기는 어렵지 않다.

끝없는 절차가 만들어내는 서류더미는 아무것도 만족시키지 않는다. 스티븐 켈먼은 전직 연방 감찰관의 말을 인용했다. 그 감찰관은 "아무리 부패가 싫다고 해도, 규정에 따라 문서 작업은 어쩔 수 없이 해야 한다. 하지만 서류더미에서 쓸모를 찾기란 힘들다"라고 말했다.

후기 로마 제국은 불미스러운 일이 생기면 그 해법으로 더 많은 절차를 만들었다. 오늘날과 마찬가지로, 실상을 파악하지 못한 관료들은 책상에 쌓인 서류더미에 충실히 서명을 했고, 이것은 예측 가능한 결과를 불렀다. "황제와 관리는 문서에 압도당해서 읽지도 않고 서명을 했고, 그런 식으로 중앙 기관의 급사들은 불법적인 일을 성사시킬 수 있었다."

1988년의 미국 국방부 스캔들은 현대의 절차 시스템에서 조작이 얼마나 쉬운지를 보여준다. 관료들로 구성된 위원회가 평가 기준으로 삼는 정보를 사들인 입찰자들은 10억 달러에 상당하는 계약을 따냈다. 스티븐 켈먼은 "계약권을 곧바로 따내는 방법이 없기 때문에, 계약자들은 보다 나은 제안을 위해서 내부 정보를 어느 정도 사들인다"고 지적했다. 사들인 정보를 무기로 그들은 공식 조달 절차를 '합법적'으로 통과할 수 있는 제안을 해서 계약을 따낼 수 있었다. 부패한 계획이었지만 가장 나은 제안을 했기 때문이다. 스티븐 켈먼은 세세한 연방 조달 절차가 법을 따르게 하는 것이 아니라, 일종의 '마지노선'처럼 단지 부정행위를 다른 분야로 전환하는 결과를 낳는다고 했다.

모든 절차는 마지노선처럼 그릇된 안도감을 준다. '어떻게 잘못된 일이 일어날 수 있겠어?' 같은 태도에서 부패가 만연한다. 한 보고서는 "역설적이게도 과한 통제는 통제를 거의 하지 않은 것과 효과가 같다"고 결론 내렸다. 복잡하고 불필요한 요식행위는 "계약 체결 과정 전체를 가렸고, 부패를 방지하고자 한 원래 목적을 위태롭게 만들었다".

1988년 FDA는 한 뇌물 수수 사건에 휘말렸다. 복제약 제조사인 파파마수티컬은 절차로 인한 지연을 줄여보려고 뇌물을 증여했다. 제약사는 약품의 승인이 아니라 검사를 앞당기려고 했다. 비효율성을 피하기 위한 절차가 범죄의 동기가 되어 버린 것이다.

하버드대학 케네디 행정 대학원의 연구를 보면, 1970년대까지 홍콩에는 부패 친화적 풍조가 만연했다. 실제로 '부wealth'와 '공직official position'을 뜻하는 광둥어 단어는 같다. 홍콩 경찰국은 부패와 금품 수수로 악명을 떨쳤고 시경국장은 엄청난 부를 축적했다. 부패를 근절하려고 많은 시도를 했지만 새로운 시경국장이 절차 간소화를 구제책으로 꺼내들기 전까지는 성공하지 못했다.

개인적인 책무가 새 시경국장의 목표였다. 그는 총독에게 공무를 방해하는 '번거로운 절차'와 '관료적 월권행위'를 없애자고 설득했다. 정부와의 거래가 쉬워지면서 뇌물 수수의 기회는 크게 줄어들었다. 그 뒤 홍콩은 악한을 잡는 데 매진했다. 정부를 상대하는 사람들은 보다 간단한 절차만 밟으면 되었다. 정부에서 일하는 사람들은 결정을 내리고 책임을 져야 했으며 겹겹의 절차 뒤에 숨을 수 없었다. 홍콩에서 부정행위 자체를 몰아내지는 못했지만 부패가 만연한 풍조는 몰아낼 수 있었다.

우리는 부정행위가 관료의 전유물이 아니라는 사실을 잊는다. 어느 사회든 법은 부정행위에 대항하는 수단이다. 하지만 그 어느 사회도 시민을 악한으로 전제한 뒤, 복잡하고, 모욕적이고, 정신을 멍하게 하는 절차를 모든 일에 강요하는 것을 가장 효율적으로 여기지는 않는다. 꼬리에 꼬리를 무는 위원회, 무작위 추첨, 합리주의에 입각한 세세한 점검과 재점검, 나무를 낭비해 양식과 보고서를 찍어내는 일들은 사기행각을 숨길 때 말고는 아무짝에도 쓸모없다. 우드로 윌슨은 정확히 이런 맥락에서 "개인에게든 대중에게든, 의심은 그 자체로 결코 유익하지 않다"고 말했다.

성문법은 인간의 책임을 허용하는 시스템이다. 이를 위해서는 모든 사람을 악한으로 전제하는 대신, 미꾸라지 한 마리를 잡는 데 힘을 모아야 한다. 미국 사회는 반대로 하고 있다. 감사 기관들은 재원이 부족하고, 감사는 허용 기간보다 보통 2~4년이 더 걸린다. 만일 겁을 줘서 공무원을 정직하게 만들고 싶다면 "신뢰는 모든 관계의 버팀목"이라는 우드로 윌슨의 충고와는 반대로 '고발·사기·수모국' 같은 기구를 만드는 것이 지금 고집하는 끝없는 절차보다 예산도 적게 들고 효과도 더 좋을 것이다.

플라톤은 선한 사람들에게는 책임을 강요할 법이 필요 없으며, 악한 사람들은 늘 법을 피해갈 것이라고 말했다. 절차가 부패를 근절한다고 믿는 것은 정직한 사람들을 모욕하는 길이며, 악한 사람들의 악행과 범죄 연루를 덮어주는 길이다. 추문은 이런 곳에 생긴다. 하지만 그 이유가 꼭 부패한 관료 때문만은 아니다.

부정행위가 판치다

어떤 절차든 그것의 주목적이 한쪽의 권한과 의지를 없애는 것이라면, 거기에는 당연히 부작용이 따른다. 그럼에도 정부는 마치 우둔한 거인처럼 항상 꾸물거린다. 저쪽을 보는 사이에 주머니가 털리고, 이쪽을 보는 사이에 오염 물질이 쏟아져나온다.

정부가 뭐든 쉽게 할 수 없을 때 사람들은 자연스레 이를 악용한다. 장사치들은 세세한 계약 규정에도 맹점이 있음을 잘 알면서도 정부의 규정에 동의하는 양 처신한다. 계약 내역에 결점이 없어도, 절차의 세세한 정의는 그 자체로 늘 빠져나갈 틈을 허용한다. 그들은 낮은 가격으로 '입찰'을 해서 아주 비싼 변경지공승인으로 (보통 사용하는 은어를 써서) '회복'한다. 미국 국세청Internal Revenue Service, IRS 캘리포니아 사무소는 소프트웨어 공급 계약을 따내려고 몇몇 IRS 현장에서 낮은 단가로 입찰

했던 공급자에게 막대한 요금 청구서를 받고는 깜짝 놀랐다. IRS는 청구서를 수차례 받았고 대금을 지급하기로 합의했다. 하지만 '현장'이란 도대체 어디를 뜻하는 것일까? 공급자는 현장은 IRS의 사무실이 아니라 컴퓨터라고 해명했다. 즉, 컴퓨터가 놓인 곳은 어디든지 현장인 것이다. IRS는 소송보다는 지급을 선택했다.

앞서 살펴봤듯 미로처럼 뒤엉킨 뉴욕시의 계약 절차는 가장 견실한 입찰자를 쫓아버린다. 한 정부 기관에서는 전체 계약의 75퍼센트에 1~2개의 업체만 참여했다. 남아 있는 '닳고 닳은' 업자는 봉인된 봉투 두 장을 들고 경매장에 나타난다. 하나는 경쟁 입찰 봉투이며, 다른 하나는 복권 당첨 증명서나 다름없다. 특히 다른 입찰자가 없다면 그날은 운 좋은 날이다. 결국 우리 같은 납세자들이 그 입찰자가 해변에 콘도미니엄을 장만하는 데 도움을 주는 셈이다.

절차는 쉽다. 워싱턴의 변호사가 안락의자에 기대(감독 기관이 업무를 9개월쯤 지체시킬 걸 알면서도) 한패인 자에게 검사를 몇 번 더하고 관련 문의를 철하라고 시키면서, 연방 하품을 하는 장면이 떠오른다. EPA는 농약 하나에 4,000개의 문의를 받았고, 데이비드 바젤론 판사의 판결로 EPA는 이에 모두 응답해야 했다. 에너지국의 법률 자문인 에드워드 피지는 "이런 요구들은 공무원을 시간에 과도하게 쫓기게 만듭니다. 그들은 정신도 못 차릴 지경이에요"라고 말했다.

절차는 현상 유지를 위한 비밀 병기가 되었다. 수년간의 조사 끝에 오클랜드 항은 1984년에 항구 준설 작업 허가를 받았다. 뉴어크 항의 토사처럼 유해물로 분류되지는 않았지만, 토사를 옮길 장소를 찾는 게 가장 큰 문제였다. 먼저 항만 가까이 있는 앨커트래즈 섬 근처를 지목했지만 지역 주민이 반대하자 주정부는 의견을 철회했다. 그다음으로는 바다에서 약 24킬로미터 떨어진 지점을 제안했는데, 이번에는 어업계와 환경단체에서 환경 평가 절차가 불충분하다며 소송을 제기했다. 소송에 휘말리면 공사가 한없이 지연되리라고 판단한 오클랜드 항만 관계자들은 해변에서 약 48킬로미터 떨어진 곳에 토사를 조금씩 옮기면서 다른 장소를 물색하고 있었다. 한편, 환경 평가 절차를 이유로 어민 단체에서 소송을 제기했고, 같은 이유로 인근 행정구역의 제소도 잇따랐다. 항만 관계자들은 하는 수 없이 내륙 지방을 물색하다가, 새크라멘토 강의 제방에 토사를 사용하기로 새크라멘토시와 합의를 하고서야 그것을 옮길 수 있게 되었다. 그러자 강의 하류 지역에서 절차의 부적절성을 이유로 들어 제소를 했다. 결국 6년이 넘게 공사는 연기되었고 오클랜드 항만 측은 토사를 옮길 시한을 흘려보냈다.

그러다가 1993년에야 준설 작업에 대한 제한적인 허가가 내려졌다. 1994년 중반을 기준으로 연구비에 2,500만 달러가 들었고, 절차에 대한 평가도 계속되고 있다. 가장 최근에는 골프장 하나를 깎아내 토사를 옮긴 후에 골프장을 새로 짓자는 안이 나왔다.

로버트 케이건 교수는 이 경우를 두고 '대립적 법률 만능주의'가 정부의 역할을 어떻게 약화시켰는지 보여주는 사례라고 설명했다. 나는 약간 달리 생각한다. 절차와 맞서 싸울 수는 없다. 적어도 어떤 확신을 갖고 싸울 수 없다. 절차는 너무 모호하며 정해진 마감 시한도 없다. 늘 누군가가 공평을 내세우며 불만을 제기할 수 있는 것이다. 만약 오클랜드 항의 싸움이 토사 매립의 합법성에 달려 있었다면, 그들은 법정에서 시비를 가릴 수 있었다.

환경성 검토 절차는 책임 있는 의사 결정을 보증하기 위해 만들었다. 그 대신 절차는 그 권한을 민주적으로 선발한 관료들에게 위임했고, 절차상 트집을 잡거나 소송을 통해 기관을 위협과 궁지에 몰아넣는 민간단체와 주변 이웃에게 권한을 전가해버렸다. 사우스캐롤라이나주 찰스턴의 시장인 조 라일리는 다수의 환경 검토 절차에 대한 강한 불만을 내게 전했다. "절차는 많은 사람을 부추깁니다. 그들은 이길 필요도 없고 입증할 책임도 전혀 없지요. 주장만 하면 됩니다. 그렇게 18개월 동안 입장을 고수하면 계획은 무산됩니다."

정부는 절차에 권한을 빼앗기고도 불만이 없어 보인다. 오버턴 공원을 지키려는 시민 단체의 요구로, 대법원이 멤피스에 고속도로 건설을 불허했을 때 의회는 들고일어나지 않았다. 게다가 환경 영향 평가서가 의사를 방해하는 방책으로 악용되었다고 항의하지도 않았다. 의회가 볼 때 결과는 완벽했다. 환경문제를 건드리는 것보다 더 나은 방법이 있겠는가? 법정에서 상대방과 끝장날 때까지 싸우는 것보다는 훨씬 나을 것이다. 하지만 국민이 원하는 정부의 역할이 이런 것일까?

위기감이 희박할수록 절차의 부당한 이용은 쉬운 편이다. 예를 들어 무능한 연방 공무원을 해고하기는 너무 어려워서 대부분의 관리자들은 시도도 하지 않는다. 미국 회계감사원Government Accounting Office의 최근 보고서는 "이런 일에 관리자의 시간과 노력을 들일 필요는 없다. 다른 관리자에 의해 성공적으로 증명된 손쉬운 접근법은, 문제 자체를 무시하고 다른 직원에게 기본적인 업무를 배정하는 것"이라고 말한다.

세세한 절차가 사람과 책임 사이에 높은 장벽을 세우는 동안, 사람들이 책임에서 벗어나는 것을 보고 있자니 놀라울 뿐이다. 존 네즈빗은

14년 동안 검사 시보로 일한 끝에 부서의 최고 책임자가 되었다. 존 네즈빗의 상급 부서에는 비서가 1명 있었는데(존스라고 부르자), 그녀의 근무 실적은 최하위였다. 상급 부서 책임자는 도저히 같이 일을 할 수가 없어서 질 낮은 방책을 썼다. 존 네즈빗을 포함한 하급 부서의 두 책임자에게 존스를 보낸 것이다. 결국 이들은 문제를 정면 돌파하기로 했고 존스에게 제시간에 출근하라고 지시했다. 그럼에도 그녀는 정시에 출근하지 않았다. 그들은 출근 시간을 기록하기 시작했다. 인사고과 때가 되었고, 그들은 존스가 근무 수행 성적으로 '최저'를 받아 마땅하다고 판단했다.

존스는 자신의 인사고과에 중재재판을 요구하고 변호사를 선임했다. 또 차별이라며 그들을 제소했다. 공무원 조직이라는 특수한 세계에서는 관리자가 자신의 판단이 타당한지 공청회에서 입증해야 하는 부담을 진다. 같이 일한 사람들이 모두 알듯, 존스는 자신의 일을 하지 않았다. 결과는 어떻게 되었을까? 최저 등급의 대가로 존스는 원래보다 적은 급여를 받는 게 고작이었다. 그녀를 해고할 권한은 아무에게도 없었고, 있다고 해도 해고하는 데 수십 년이 걸릴 수도 있었다.

중재재판이 끝난 몇 달 후, 존스는 긴급 신청 건으로 신참 변호사를 돕는 임무를 맡았다. 임무를 맡고 불과 1시간 뒤 변호사가 사무실에 들어서자 존스는 일은 하지 않고 사적인 통화를 하고 있었다. 변호사가 지금 당장 일을 마쳐야 한다고 말했지만 존스는 여전히 수화기를 잡고 있었다. 몇 분 후에 당당한 모습으로 변호사의 사무실로 걸어 들어온 존스는 변호사에서 삿대질을 하면서 다시 한 번 자신을 방해하면 그때는 "가만있지 않겠다"고 말했다. 변호사는 격분해 인사 부장에게 항의했고 존스에게는 경고 처분이 내려졌다. 이에 더 화가 난 변호사는 징계를 요구했다. 인사부에서 이를 받아들여 절차에 따라 조사관을 임명했고 존스에게 유급휴가 명령이 내려졌다. 조사관이 이 사건에 개입하기 시작한 것은 사건이 벌어진 지 9개월 후였다. 같은 사무실에 근무하던 직원들은 부아가 치밀었다. 업무를 게을리하고도 유급휴가라니 화가 날 만도 하다.

이 기간에 같은 사무실의 어느 변호사는 다른 법률 회사에 인터뷰를 하러 갔다가 그곳에서 존스를 만났다. 연방정부에서 근무 행태를 조사하며 그녀에게 급여를 지급하고 있는 동안, 존스는 다른 곳에서 일을 하고 있었던 것이다. 이처럼 절차의 힘을 깨달은 사람은 보상을 받을 수 있다.

이러한 행태는 사회 전반으로 퍼지고 있다. 맨해튼의 어퍼 웨스트 사이드 지역에 포스터가 하나 나붙었다. 임대료 없이 아파트를 같이 쓸 신용 좋은 사람을 찾는다는 포스터였다. 포스터에 써 있는 상세한 계획을 보니 임대계약을 하고 이사를 한 후 임대료를 내지 않겠다는 것이었다. 뉴욕시의 절차에 따르면, 집주인이 퇴거 명령을 할 수 있으려면 적어도 18개월은 걸린다고 부연했다. 그러니 절차에 감사하라. 당신은 임대료 없이 살다가 다른 곳으로 가면 그만이다.

1993년에 뉴욕시 125번가에서 쓰레기차가 뉴욕시의 수송 버스를 들이받은 사건이 있었다. 사고 후 한 달 동안 18명이 뉴욕시를 제소했는데, 그들은 버스에서 부상을 당했다고 주장했다. 사고는 버스 기사가 요금함에 낀 25센트에 한눈을 팔다가 일어난 것이 아니다. 요금함에는 요금이 없었고 버스 안에는 승객이 없었다. 버스는 고장이 나서 주차된 상태였다. 하지만 18명의 제소인들은 그 사실을 몰랐다. 그들은 모두 버스에 타고 있었다고 주장했고, 경찰이 오기 전에 절뚝이며 집으로 돌아갔다. 이런 종류의 사기는 종종 성공한다. 뉴욕시가 사실을 증명하기보다는 웬만하면 합의를 본다는 것을 사람들이 알기 때문이다.

절차를 들먹여서 보상을 받는 일은 아주 흔하며, 일반적으로 받아들여지고 있다. 재벌들도 상대를 꼼짝하지 못하게 하는 수단으로 법 절차를 이용하면서 비슷한 술수를 쓴다. 물론 사기를 치는 건 아니다. 다만 법을 사적으로 오용하는 것일 뿐이다.

여기서도 절차는 원래 의도와 다른 결과를 낳았다. 모든 일을 책임감 있게 처리할 수 있도록 돕는 것이 절차의 목적이다. 하지만 그러기는커녕 절차가 상황을 조작하는 도구로 쓰이고 있으며, 강탈의 도구로 사용되고 있다.

모순적인 절차

오직 절차에 헌신함으로써 우리는 의문을 갖지도 않고 모순을 받아들였다. 그것은 마치 쇠약한 환자의 피부에 붙은 거머리처럼 생명력을 서서히 앗아간다. 가장 명백한 모순은 공평함과 효율성이라는 미명 아래 엄청난 낭비를 하는 행위일 테다. 관료들을 무력하게 만든 후에 더 나은 결과를 기대하는 것도 모순이다. 감사를 통해 근본적인 예방 조치는 하지 않고 공무원을 모두 사기꾼으로 취급하는 행태도 이치에 맞지 않다. 산업 유해 물질을 완벽하게 분석한다는 이유로 국민을 독극물에 무방비 상태로 노출시키는 행위도 모순이다.

절차가 거의 모든 것을 결정하는 상황에서 정부는 아무것도 이룰 수 없다. 뉴딜이 가능했던 이유는, 신설된 모든 기관이 세세한 절차가 없는 상황에서 일했기 때문이다. 같은 시기에도, 40년 역사를 가진 주간 통상위원회Interstate Commerce Commission는 축적된 세세한 절차에 따라 비효율적으로 일했다. 뉴욕의 주지사 넬슨 록펠러는 대규모 건축 계획을 위해 도시개발공사Urban Development Corporation라는 새로운 기관을 설립한 뒤, 폭넓은 권한을 이용해 다른 기관의 절차를 무효로 만들면서 지나친 관료주의를 피해갔다. 데이비드 오즈본과 테드 게블러의 『정부혁신의 길Reinventing Government』은 냉정한 현실을 강조하지 않고 유연성의 철학을 가르치고 있다. 이 책은 현대 정부가 토대로 삼고 있는 절차적 관행을 버려야만 유연성을 가질 수 있다고 말한다.

하지만 오늘날 정부에는 이를 실행할 수 없도록 만드는 모순이 존재한다. 절차는 방어적인 수단이므로 절차가 많을수록 정부가 할 일은 적어진다. 우리는 활동적인 정부를 바라면서도 세세한 절차가 정부의 강압에서 우리를 보호해주기를 바란다. 또 환경 분야에는 정부의 개입이 필요하며 실제로 이를 강력히 촉구하고 있다. 하지만 동시에 무수한 절차를 거치지 않으면 정부가 아무런 조치도 취할 수 없을 정도로, 절차는 정부를 강력하게 제어하고 있다.

절차는 천상에나 존재하는 개념이어서 이해하기도 어렵고 바꾸려는 엄두도 나지 않는다. 절차는 안개와 같아서 목표를 주시할 수 없게 한다는 사실을 우리는 알고 있다. 그렇다면 어떻게 이 상황에서 벗어날 수 있을까? 그 효과적인 첫 단계는 집중일 것이다. 공공의 목표를 달성하는 길이, 끝없이 구불구불한 다른 공공의 목표가 되어서는 안 된다. 당초의 목적지를 잃어버려서는 안 된다는 뜻이다. 하지만 가치를 재정립하기 전까지는 결코 절차의 안개는 걷히지 않을 것이다. 절차와 결과 가운데 어느 것이 더 중요할까? 이에 답하려면, '공평하고 책임감 있는 정부에는 절차가 필수적'이라는 핵심 가정을 다시 한 번 살펴봐야 할 것이다.

절차적 공평이 공평하지 못한 현실

맨해튼 북부 할렘 지역의 아비시니안 침례교회는 매년 저가 주택 100여 개를 짓는 비영리 주택 조합을 운영하고 있다. 몇 년 전 이 조합은 교회 맞은편의 건물 두 채를 수리하려고 뉴욕시와 교섭을 했다. 시는 그들의 의견을 환영했지만 절차상 교회와만 협상을 하면 특혜로 간주된다고 전했다. 그로부터 약 6개월 후, 뉴욕시는 제안요청서(일반적으로 RFP라고 한다)를 내밀었다. 하지만 캘빈 버츠 목사의 생각에 조건이 현실적이지 않았다. "주거용 건물로 만들려면 더 많은 일을 해야 했지만, 뉴욕시는 아무 말도 없었습니다. 그들은 이미 RFP를 준비해놓은 것이지요." 결국 다른 지역의 개발업자가 입찰에 참가해 계약을 따냈다. 버츠 목사는 "당연히 개발은 제대로 되지 않았습니다. 시는 또 다른 곳을 알아보겠지요".

버츠 목사는 경쟁 입찰에 반대하지 않았다. 하지만 "시는 평판과 신뢰성 같은 가치도 고려해야 합니다. 우리는 1년에 100여 채가 넘는 건물을 짓습니다. 시는 우리가 어디 있는지도 알고요. 교회의 역사는 180년이나 되었습니다. 우리가 어디로 가는 것도 아니고, 제대로 일을 못하면 우리한테 와서 따질 수도 있습니다. 어째서 이런 요소는 고려 대상이 되지 못하는 걸까요?" 절차가 없다면 할 수 있는 일이 무엇이냐고 내가 묻자 목사는 잠시 망설이더니 나지막하게 말했다. "만약 우리가 뉴욕시와 마주 앉아 통상적인 협상을 할 수 있다면, 지금보다 2배는 쉽게 집을 지을 겁니다. 게다가 비용도 훨씬 적게 들 거라 장담합니다."

절차는 일률적 공평에 헌신한다. 그러나 과연 아비시니안 침례교회와 무명의 입찰자가 동일하다고 가정하는 행위는 정말로 공평한 것일까? 도대체 누구에게 공평하다는 것일까?

공평함에 대한 기계적 헌신과 정부가 책임을 다하는 것이 항상 같은 것은 아니다. 버츠 목사가 동네를 개발하도록 정부가 도와주었으면 하고 많은 사람들이 바랄 수도 있다. 막스 베버가 묘사한 것처럼, 완전무결한 공평이라는 미명하에 감시의 눈초리로 모든 결정을 내리지 않고 말이다. 자신의 동네에 헌신적인 사람과 외지 사람을 동등하게 대우해야 할까? 이 질문에 답하려면 가치판단이 요구된다. 이치에 맞는 가치판단은 오직 이것 하나뿐 아닐까? 민주주의의 목적은 이 같은 차이를 제거하는 것이 아니라 반영하는 것이다.

스티븐 켈먼은, 일을 제대로 수행한 공급자가 공적을 인정받지 못하고 가산점도 없이, 무조건 개별적으로 입찰을 하는 상황이 공평한 시스템의 모순이라고 지적했다. 일을 잘하는 업체와 그렇지 않은 업체를 동일하게 취급하는 것은 공평한 걸까? 그리스의 역사가 폴리비오스는 이렇게 말한 적이 있다. "착한 사람과 나쁜 사람을 똑같이 귀히 여긴다면 그 정부는 판단력이 없는 것이다."

정부는 누구에게나 공평해야 한다고 혹자는 말할 것이다. 그러나 사실 기본적 공무를 빼면, 사람을 차별하는 게 마치 정부의 목적처럼 보이기도 한다. 실제로 의회는 사람들을 위해 어떻게 대단한 일을 할까 매일 고심하고 있다. 예를 들어 의회는 부유한 주택 보유자들이 해안가에 집을 지을 때 보상을 해줘 우리를 놀라게 했다. 또 도저히 이해할 수없는 이유로 20억 달러를 사탕수수 생산자에게 보조금으로 지급했다. 아일랜드 사람들에게 이민 혜택을 준 사정은 조금 이해가는 바가 있다. 해외 원조금은 조금씩 나누어 배분하지만, 적어도 최근까지 이라크에는 한 푼도 주지 않았다. 이 모든 것은 공평하다고 볼 수 없으며 법정이 아니라 투표로도 바로잡을 수 있다.

이런 사례들은 헌법에 부합할까? 정부는 적법한 절차 없이 사람들을 강압할 수 없지만 저가 주택을 짓는 일은 강압이 아니다. 공익을 위해 정부가 해야 할 일일 뿐이다. 절차는 법원이 아니며 정부의 일을 하는 수족이어야 한다. 또 전문적이고 효율적으로 일을 해야지, 뜬구름을 잡으려 해서는 안 된다.

정부는 달라져야 한다. 물론 정부가 규정을 적용할 때는 모두에게 공평해야한다는 점에서 일률적인 공평이 요구된다. 그러나 다시 말하지만 공평이란 도대체 무엇일까? 규제 당사자에게만 공평하면 되는지, 혹은 그것이 공공의 이익을 위해서도 공평한지 물어야 할 것이다. 규제 과정의 공평은 일방적인 개념이 아니다. 예를 들면 농약 제조자와 정유 공장은 우리의 밥상과 공기를 오염시키고 있다. 리처드 스튜어트 교수가 "서로 뚜렷했던 개인과 정부의 영역이 뒤섞여버렸다"고 했듯이 절차는 현실을 반영해야 한다.

절차에 실용주의를 불어넣는다고 민주주의 전통과 결별해야만 하는 것은 아니다. 논의 중단까지 몇십 년이 아니라 몇 달만 걸리는 건 불공평과는 관계가 없다. 법원이 증거를 제한하거나 법원에 제출할 준비 서면을 각 2부씩으로 제한하는 행위도 위헌이 아니다. 뉴딜에 관여했던 짐 랜디스가 말했듯 "일정이 미뤄지는 것이나 적법한 절차가 부족한 것이나 피차 마찬가지다". 농약이나 벤젠 때문에 피해를 보는 사람들은 바로 우리다. 그러므로 우리에게 결정권이 있다.

절차적 공평은 허울만 근사할 뿐이며 실행하는 데는 문제가 있다. 현실과 너무 동떨어져 있다는 뜻이다. 항구 준설 작업을 할 때 환경에 미치는 영향만 논의하는 것이 아니라, 진술서가 트집 잡힐지 어떨지까지 논의해야 한다. 업무 태만인 직원에게 관리자는 절차를 들먹이며 방어적인 입장을 취할 수밖에 없다.

오늘날 우리가 이상적으로 삼는 절차적 공평이 공익에도 공평한가? 그렇지 않다. 아마 정부를 이용해 자신의 기회로 삼으려는 개인에게는 공평할 지도 모른다. 하지만 정부는 누구를 위해 일하고 있는 것일까? 안면부지의 공급자 아니면 모든 납세자? 어쩌면 이것조차 투표로 정해야 할지도 모른다.

리처드 스튜어트 교수는 "사람들은 실제로 절차적 규제에 대한 존경심을 잃었다"고 말한다. 그렇지 않다면 어떻게 이렇게 느리고, 비용이 들고, 모순적이며, 위선적인, 그중에서도 가장 나쁜 진정한 공평을 파괴하는 공평을 자랑거리로 삼을 수 있을까?

책임감 회복하기

샘 슈워츠가 100주년 기념일에 맞추어 캐럴 스트리트 다리를 보수 했다고 역사에 남을 것 같지는 같다. 그래도 그는 그 일을 해냈고, 이를 위해 규정을 어겼다고 불쾌해할 것도 없다. 샘 슈워츠가 책임을 지는 위험을 무릅쓰지 않았다면 그 일을 해내지 못했을 것이다. 그 덕분에 공사는 마무리되었다. 행동을 하게 만드는 핵심 요소는 절차가 아니고 책임감이다.

최근 수십 년 동안 절차를 종교 수준으로 올려놓고서, 우리는 책임 지는 사람들이 더 많다면 사회가 더 나아질 것이라 믿었다. 하지만 책임은 집단적 개념이 아니다. 프리드리히 하이에크가 지적했듯 책임을 널리 공유하는 일은 책임을 지지 않겠다는 것과 같다.

우리는 개인적 판단을 배제해야 한다는 합리주의자들의 주장을 도용했다. 냉전이 절정에 달했을 때 변형된 권력집중제를 현명하게 받아들이지 못한 것이다. 인간의 선택이라는 위험에서 벗어나 절차에 따르는 정부를 바란 것은, 우리가 전통적으로 갖고 있던 정부에 대한 두려움과 잘 들어맞는다. 관료의 생각을 배제하고, 오직 정부가 규제에 따라 임무를 수행한다는 생각은 정말 완벽해보인다. 이 생각은 사실 지나치게 완벽한 것이다. 이러한 사고는 비현실적이며, 아이자이어 벌린이 경고했듯 "그러한 정부를 만들려는 결연한 노력이 거대한 규칙과 의례적 절차를 세워서, 우리를 고통, 환멸, 태만으로 이끌었다".

짐 랜디스에게 효율적인 정부란, 최고의 사람들을 데려와 그들에게 리더의 책임을 부여하는 것이다. 하지만 우리는 그와 반대로 하고 있다. 부정적인 면에 집중하고, 절차라는 지하세계에서 방어적 형식주의에 사로잡혀, 존 롤웨건의 말을 빌리면 숨 쉴 "아가미를 만들 수 없는" 견실한 사람들을 몰아내는 정부를 창조해내고 말았다.

우리는 애초에 절차가 왜 존재했는지 기억해내야 한다. 절차는 오직 책임에 복무하기 위해 존재하는 것이다. 절차는 태만과 지연을 허용하기 위해 개인에게 주어지는 신용카드가 아니며, 관료에게 주어진 투명 방패도 아니다. 극단적으로 말하자면, 적법한 절차는 범죄자를 위한 무기가 아니다. 미국을 건국한 이들은 이렇게 말하지 않았다. "뭐든지 마음대로 한번 해보시라. 우리는 뒷짐 지고 있을 테니." 건국의 아버지들이 염려한 것은 정부의 권한을 무책임하게 사용하는 것이었다. 중요한 것은 책임이다. 절차는 오직 책임에 이르는 하나의 수단에 불과하다.

제3장

적대적인
사람들의
나라

뉴욕시에서 공중 화장실 찾기는 어렵다. 지하철 화장실은 대부분 공공 기물 파손과 범죄를 이유로 수년 전에 폐쇄되었고, 박물관에서 볼일을 보려면 사용료를 내야 한다. 식당 화장실은 고객이 아니면 사용하기 어렵다. 공중 화장실 찾기가 곤란해지자 도시의 모퉁이와 후미진 골목에서 악취가 풍기기 시작했다. "상황이 심각하다고 말할 필요조차 없었어요." 민간 재단인 J. M. 캐플런 기금의 이사 조앤 데이비슨이 말했다.

1991년 캐플런 기금이 뉴욕시 도처에 간이 화장실 6개를 시범적으로 설치하려고 소박한 모금을 제안했을 때, 사람들이 보내준 뜨거운 성원에 데이비슨은 적잖이 놀랐다. 파리에서 들여올 예정이던 코인식 간이 화장실은 주민과 관광객들에게 편의를 제공하고 있었다. 이 화장실은 수년간 개선되어서 믿기 어려울 정도로 좋았다. 사용하고 나면 자동으로 세척과 살균이 되었고, 15분 만에 자동으로 문이 열려 노숙 장소로 쓸 수도 없었다. 직경이 약 150센티미터밖에 되지 않아 번잡한 거리에서 통행을 막지도 않을 것이다. 게다가 파리시에서 화장실을 빌리는 동안 화장실 외벽에 광고를 유치한다면, 예산에 쪼들리는 뉴욕시는 돈을 한 푼도 들일 필요가 없을 것이다. 뉴욕 시청은 일을 추진하기로 했다. 할렘에서 시청 구간에 간이 화장실을 설치하고 4개월간의 시범 기간을 거치면, 설치 효과를 시험할 수 있을 것이다.

그때 예기치 않은 일이 발생했다. 화장실 안에 휠체어가 들어가지 않는다는 것이었다. 뉴욕의 차별금지법은 공공시설에 장애인의 접근을 막거나 저지하고 거부하는 행위를 불법으로 규정한다. 시청 장애인 복지과의 책임자 앤 에머먼은 간이 화장실 설치 제안에 대해 명백한 차별이라고 표현했다. 진보적 의제의 옹호자이자 30년 경력의 시 수석 변호사 빅터 코브너가 시범 설치를 할 수 있도록 법 개정을 추진하자, 장애인 권익을 위해 일하던 한 로비스트는 빅터 코브너가 "법을 어기려고 공모를 꾸미고 있다"며 비난했다. 그가 민주적 절차에 따라 법 개정을 추진하고 있었다는 사실은 개의치 않았다.

장애인이 접근 가능한 화장실을 건물이나 식당 근처에 설치하겠다고 제안했지만 "모든 사람들이 같은 화장실을 이용해야 한다"는 규정이 있다는 이유로 거들떠보지도 않았다. 공개 토론회에서 어느 배짱 좋은 사람이 간이 화장실로 혜택을 볼 사람들(시각, 청각 장애인을 포함해)에 비해 휠체어 사용자가 얼마나 많을지 질문하면, 정치적으로 온당하지 못한 질문을 한다고 야유를 퍼부었다. 적어도 장애인들에게 그들의 권리가 위태로운 상황에 있는 것은 사실이었다. 어떤 권리가 있을 때, 그 권리가 정말로 옳은 것인지 혹은 타인의 생각이 어떠한지는 중요하게 여기지 않는다.

런던과 파리에는 휠체어가 들어가는 화장실이 이미 도입되어 있었다. 이 모델은 크기가 커서 인도가 아주 넓은 지역에만 설치할 수 있고, 자동 세척도 되지 않았다. 또 휠체어 사용자라는 이용자 특성 때문에 30분 사용 후에 자동으로 문이 열리게 만들어서, 매매춘이나 약물을 사용하는 장소로 전락하는 경우가 많았다. 압력단체는 휠체어 사용자를 위해 큰 화장실을 설치하지 않으면 그 어떤 화장실도 설치할 수 없다고 강력히 주장했다.

좋은 정부단체Good-Government Groups와 편집위원회Editorial boards들은 이기적이고 고집 센 압력단체에 분노했다. 일반인들을 "일시적으로 심신의 능력을 지닌" 사람들로 지칭하는 장애인 압력 단체의 지도자들은 우리를 근시안적이며 편협하다고 비난했다. 그들에게 타협안은 일고의 가치도 없었다. 정치인들은 늘 하던 대로 비위를 맞추려고 꽁무니를 사리고 있었다.

법적인 논쟁의 소지는 있지만, 최종적인 해결책은 참으로 분별이 없는 것이었다. 하나는 일반용, 다른 하나는 휠체어 사용자 전용에 상근 안내원 1명이 포함된 조건으로, 2개의 간이 화장실을 세 지역에 나누어 설치한다는 것이었다. 하지만 앤 에머먼을 비롯해 장애인의 권리를 지지하는 사람들은 여전히 분노했다. 그들의 철학은 철저한 '주류화'로 모든 사람이 동일한 법적 권리를 가져야 한다는 것이었다. 따라서 장애인도 (장애인 전용이 아닌) 일반 화장실을 사용할 수 있어야 하고, 그렇지 않을 경우는 화장실을 설치할 수 없다고 주장했다.

이 시범 기간은 뉴욕에 간이 화장실의 수요가 얼마나 많은지를 입증했다. 일반 화장실 이용도는 한 달에 평균 3,000번으로 파리보다 2배 높았다. 휠체어 전용 화장실은 이용이 거의 없었지만 상근 안내원의 급여로 비용이 나갔다. 이 기간 동안 사람들은 서로 적대적이 되었고, 장애인 권익을 위해 싸워온 진보적인 사람들마저도 자신들의 지지자들이 무분별한 과격분자라고 생각하게 되었다.

이런 상황에서 정부는 대체로 타협을 위한 흥정을 한다. 거의 모든 정부가 이런 면에서는 비슷하다. 공유재산을 분배하거나, 새로운 제도를 만들거나, 보조금을 줄 때도 다수를 희생시켜가며 한 집단에 더 많은 혜택을 준다. 사람들은 투표로 선출되거나 임명된 지도자들이 득과 실을 비교해서 공익을 위한 결정을 해주기를 기대한다. 하지만 뉴욕시는 이러한 능력이 부족했다. 다른 공공의 목적에 우선해 장애인의 이익을 향상시키고 권리를 보장하는, 안전한 길을 선택했기 때문이다.

두말 할 나위 없이, 권리는 우리 도처에 있다. 현대 미국 사회에서 권리라는 말은 공직 사회에서 뿐만 아니라, 직장이나 학교, 복지 사무소, 공공 보건 분야 등 어디서나 두루 사용되고 있다. 아동과 노인을 위한 권리, 장애인의 권리, 정신 질환자의 권리, 25세 이하 40세 이상 근로자의 권리, 알코올 및 약물 중독자의 권리, 노숙자의 권리, 반점 올빼미와 퍼치과에 속하는 담수어의 권리도 있다.

사람들은 권리를 애플파이처럼 지극히 미국적인 것으로 여긴다. 미국이야말로 시민들이 권리를 행사하는 나라인 것이다. 헌법에서 가장 잘 알려진 부분은 권리장전으로, 정부는 우리가 무엇을 말할지 강요할 수 없으며, 적법한 절차에 의하지 않고 '생명과 자유와 재산'을 박탈할 수 없다. 권리는 기본적인 것이다. 하지만 불과 수십 년 전까지만 해도 권리를 이렇게까지 부르짖지 않았다. 권리는 사회의 근본원리였고 우리 생명을 방어할 수 있는 것이었지, 사람들이 일상을 살면서 늘상 생각하는 것은 아니었다. 권리는 자유의 동의어로, 이래라저래라 지시하는 정부의 강압에서 우리를 보호해주었다.

미국에서 권리는 늘 새로운 역할을 부여받았다. 부당한 일이 생기면 언제든지 피해자를 돕기 위한 새로운 권리가 만들어진다. 이러한 권리는 여태까지의 권리와는 다르다. '권리를 가진 자'가 권리를 '보호 장치'로 여기기도 하지만, 그것이 규정 만큼 그를 보호해주지는 않는다. 우리는 종종 이 점을 간과하지만, 이 같은 권리는 보조금의 새로운 형태다. 개인의 권리는 다른 사람의 수고에서 비롯된다. 하지만 그 수고의 대가는 알 수 없다. 가령 장애인이 일반인과 똑같은 대우를 받을 권리는, 뉴욕시 간이 화장실의 사실상 금지라는 의도하지 않은 결과를 낳았다.

권리를 나누어주는 행위는 혜택 받지 못한 불리한 처지의 사람들이 소유권을 주장하는 방편이 되었다. 무상 토지 분배는 그 한 예다. 사람들이 과거에 부당한 대우를 받았다는 증거와 직면하자, 입법자들과 법원은 이를 명시하고, 새로운 권리를 나누어주는 공을 차지하려고 서로 다투었다. 뉴욕시의 인권위원회 부위원인 롤런도 아코스타는, 두 살 난 아들이 관객을 방해할 수 있다는 이유로 영화관 입장을 거절당하자 손쉬운 해결책을 찾아나섰다. 인권위원회는 아동의 영화관 입장 금지는 연령 차별이라고 판결했다. 1993년에 로드아일랜드의 한 판사는 비만인 직장인의 권리를 찾아주었다. 또 남녀평등주의자이며 법률학자인 마쓰다 마리는 특이한 억양 때문에 차별받는 사람들의 권리를 옹호했다. 이제 남들과 다른 억양 때문에 놀림을 받는다고 느끼는 사람들은 제소를 할 수 있게 되었다. 연방정부는 1990년에 뉴욕시와 비슷한 목적으로 포괄적 장애인 법인 미국 장애인법Americans with Disabilities Act, ADA을 제정했다. 부시 대통령은 백악관 남쪽 잔디밭에서 법안에 서명하면서 이렇게 말했다. "배척이라는 치욕의 장벽은 이것으로 무너질 것이다." 법안은 사실상 그 누구의 반대도 없이 통과되었다. 어찌 되었건 권리에는 예산이 적게 들거나 한 푼도 들지 않는다. 그것은 단지 공평의 문제일 뿐이다. 혹은 우리가 그렇게 생각하고 있을 뿐인지도 모른다.

하지만 권리는 형평성뿐 아니라 모든 사람의 관점에서 바라볼 틈도 남기지 않는다. 법철학자 로널드 드워킨이 지적했듯, 권리는 비장의 무기다. 권리는 제약 없는 권력을 한 집단에 주고, 다른 사람들에게 버텨내라고 한다. 영화관에서 두 살배기가 울기 시작하거나 사탕을 달라고 떼를 쓰면 영화를 보던 300명의 관람객들은 어떻게 해야 하는가? 아이들에게 이런 권리를 주는 건 옳지 않다. 이렇듯 권리는, 권리를 가장 현명하게 사용하지 못할 사람들에게 지배력을 넘긴다. 이들은 흔히 자신이 당한 부당한 대우를 바로잡는 데 평생을 바친 장애인 권익 보호운동가와 같은 열렬분자들이다. 결점은 많지만, 적어도 정부는 균형 잡힌 결과를 도모하려고 애쓴다.

권리에 대한 지배력이 넘어감과 동시에 권리를 가진 사람들은 법적, 도덕적 우월성을 주장했고, 다른 사람들 위에 군림하면서 봉건시대로 역행했다. 권리를 가진 사람들은 '우리의 권리를 보장하라' 면서 민주주의의 제약과 상관없는 싸움을 한다. 우리는 몸을 움츠린다. 말문이 막힐 뿐이다.

존 F. 케네디 대통령이 취임 연설에서 "국가가 여러분을 위해 무엇을 해줄 수 있는지 묻지 말고, 여러분이 국가를 위해 무엇을 할 수 있을지 물어보십시오"라고 말하며 국민에게 감동을 준 것이 30년밖에 되지 않았다. 30년이 지난 지금, 우리가 무엇을 할 수 있을지는 묻지는 않고 오직 우리의 권리가 무엇인지에만 정신이 팔려 서로 다투고 있는 것이다. 도대체 무엇이 잘못되었나?

권리를 향한 돌진

알렉시 드 토크빌은 생산적인 개혁이 일어나는 시기가 종종 사회에 가장 위험한 때임을 알아차렸다.

나쁜 정부에게 가장 위험한 순간은 지금까지의 방식을 고치려고 할 때다. 단지 어떤 악습이 개선되었다는 사실만으로 주목을 끌며, 사람들은 더 분노한다. 고통은 감소되지만, 사람들의 감정은 더욱 격화된다.

아주 옛날 일 같이 느껴지지만 미국의 몇몇 주에서 흑인차별법을 폐지한지는 40년 징도밖에 안 되었다. 차별이라는 딪에 갇힌 여성들도 성취감 대신 일손을 더는 가전제품을 제공받았다. 아무리 열렬한 성차별주의자라 해도 샌드라 데이 오코너 대법관이 1952년에 최우등으로 스탠퍼드 법대를 졸업하고도 샌프란시스코에서 직장을 구하지 못한 이야기를 들으면 지독하다고 느낄 것이다.

1950년대 미국인들의 꿈은 목장 딸린 집과, 후미에 테일핀이 달린 자가용을 갖는 것이었다. 이는 퇴폐나 향락과는 거리가 멀었다. 그들은 낙관적이었고 활기에 차 있었다. 지난 20년간 미국은 대공황과 제2차

세계대전이라는 역사의 악한을 이기며 분투해온 참이었다. 사람들은 성실히 일했고 결속력 강한 공동체라는 온당한 가치를 열망했다.

하지만 사회 전반적으로 우리는 부당한 대우를 받는 사람을 알아보지 못했고, 우리 주변 사람들도 소홀히 보아넘겼다. 인종차별은 수세기 동안 허용되었다. 성차별이라는 말은 1950년대에는 거의 이해할 수 없었던 용어로, 그 역사는 1,000년을 거슬러 올라간다. 정신 질환자들은 보호시설에 가둔 채 망각했다. 지적 장애라고 알려진 아동들은 지역 학교에서 별다른 지원을 받지 못했다. 휠체어에 의지하는 사람들은 보통 집에서 쇠약해져갔고, 동성애자들은 자신들의 정체성을 철저히 비밀로 했다. '환경'이라는 말이 지금과 같은 뜻으로 사용되지는 않았지만, 호수와 강은 더러워지고 있었다.

그러자 몇몇 사람은 주변을 둘러보며 어째서 담대하고도 계몽된 사회에서 이런 일들이 벌어지는지 묻기 시작했다. 인종차별과 태만 같은 사회의 기준틀은 너무나 오랫동안 허용되었기 때문에, 이것을 철폐하기 위해서는 강력한 힘이 필요했다. 하지만 알렉시 드 토크빌이 경고했듯, 그 기세는 개혁을 몰고 온 그 가치마저도 파괴할 것 같았다. 사람들은 자유와 권리를 혼동했다. '우리 모두는 자유로워야 한다'는 말은 '나에게 이것을 해주어야만 해'로 대체되었다.

합의라는 단어를 잘못 사용한 탓에 균형 맞추기도 어려워졌다. 우리가 애초에 왜 합의를 하려고 했는지조차 잊은 것 같다. 일에 우선순위를 매기는 것은 왠지 미국적이지 않다고 생각되었다. 조치가 취해지지 않는다면 변화의 힘은 그와 동등한 힘으로 역행할 것이며 러시 림보(극우파 방송인, 정치평론가) 같은 조력자가 있다면 굳이 힘들일 필요도 없을 것이다. '투쟁하자'는 말은 점점 '권리를 위해'라는 말과 한 짝이 되어 가고 있다.

'권리 혁명right revolution'은 이런 생각을 바탕으로 시작된 게 아니다. 백인은 누구나 누리는 자유를 흑인에게도 부여하려고 힘쓰면서 시작되었다. 1954년 연방 대법원은 '브라운 대 교육위원회Brown v. Board of Education' 소송에서 '분리되었으나 평등하다'는 공립학교의 흑백 분리교육은 위헌이라는 기념비적인 판결을 내렸다. 이 판결에 따라 다른 공공시설과 관련한 판결도 곧 내려졌다. 그러나 연방 대법원의 편결 후에도 남부의 여러 주는 실행을 거부했다. 가령 버지니아주의 프린스 에드워드 카운티는 인종차별법을 철폐하고 공립학교와 지역 수영장을 모두에게 개방하기보다는 폐쇄하는 쪽을 택했다.

이에 의회는 1964년에 공민권법Civil Rights Act을 제정했다. 그중 가장 논란이 많았던 제2장은, 개인이 운영하는 대중식당과 극장, 호텔에서 인종차별을 금지했다. 법원의 금지 명령에 따라야 했던 남부의 한 숙박업소는, 흑인이 머물다 자리를 뜨면 그가 사용한 홑이불을 태웠다. 정부의 정책에 반대하던 한 남부인은 홑이불을 걸치고 다녔다. 남부의 일부 지역은 전쟁터나 마찬가지였다.

지금 생각하면 이상하지만, 가게 주인은 서비스를 제공하는 일을 집에 초대할 손님을 고르는 일과 비슷한 특권으로 여겼기 때문에 흑인에게 봉사하는 걸 거절했다. 법의 역사라는 관점에서 보자. 공민법 제2장의 제정은, 각 주들이 자신들의 권리가 우위에 있다고 주장하면서 남북전쟁을 일으킨 것과 유사한 헌법상의 전환을 의미했다. 모두에게 식당문을 열어주는 일은 쉽지 않았지만 법 집행은 그다지 어렵지는 않았다.

손님이 누구든 돈만 쓰면 장땡이니 말이다. 1970년대에 들어 공민법 제2장에 따른 충돌은 거의 사라졌다.

공민법의 시행으로 직장 내 차별 문제는 좀더 복잡해졌다. 각 개인은 모두 달라서, 능력과 태도를 평가할 때 주관적인 판단이 요구되기 때문이다. 승진에 따른 연공서열도 애매해졌다. 흑인이나 여성을 가장 낮은 직급에 배치하면 공평한 걸까? 경력이 20년인 백인을 승진시키는 것은 공평한 걸까? 흑인을 면접하지 않고 채용을 거절하는 기업처럼 차별이 쉽게 드러날 때 법원은 쉽게 제동을 걸 수 있었다. 하지만 그렇지 않은 경우에 법이 어찌해야 하는지 생각하는 사람은 거의 없었다.

공민법에 성차별 철폐 조항이 들어간 이유는 거의 농담에 가깝다. 공민법의 제정을 방해하려는 의도로 버지니아주의 하원의원 하워드 스미스가 풍자적 회유 안을 제안한 게 통과된 것이다. 여성의 권리를 위해 압박을 가한 사람은 아무도 없었다. 그런데도 여성에게 가장 중요한 법이 오늘날 존재하는 이유는, 그 누구도 스미스의 안을 묵살하지 않았기 때문이다.

공민법 제7장은 사람들에게 무엇을 하라고 요구하지 않는다. 권리장전처럼 부정어로 작성되어 있고, 인종, 피부색, 성, 종교, 출신 민족에 근거한 차별을 금한다. 하지만 이 조항은 사람의 신분에 따라 채용을 하지 않는 행위를 금한다는 뜻이지, 그에 반하는 권리를 부과한다는 뜻이 아니다. 단지 흑인이나 여성이라는 이유만으로 일자리를 가져야 한다고 주장할 수는 없다는 뜻이다.

공민법 제7장의 입법을 지지했던 사람들은 이 조항의 방어적 역할을 중시했다. 상원의원 해리슨 윌리엄스는 특권 부여가 아니라 평등이

이 조항의 목적이라고 했다.

어떻게 평등이라는 말이 특정한 인종과 종교에 호의를 베푸는 뜻이 될 수 있단 말인가? 평등에는 한 가지 의미 밖에 없다. 그리고 그 뜻은 합리적인 사람에게는 자명하다. 평등이 특혜를 뜻한다고 믿는 사람은 상식적인 판단을 모독하는 것이다.

상원 의원이었던 휴버트 험프리는 공민법 제7장이 그 누구에게나 긍정적으로 작용하는 법은 아니라고 분명히 말했다.

공민법 제7장에 따라, 고용주는 특정 인종, 종교, 피부색, 출신 민족을 일정한 비율 이상 채용해야 한다고 누군가 말하면, 나는 법 조항을 한 장씩 씹어 먹을 것이다. 왜냐하면 공민법 제7장에는 그런 조항이 없기 때문이다.

특권에 대한 상원의원들의 경계심은, 오늘날에는 거의 잊혀진(사실 1960년대 말 이전에 이미 잊혀진) 권리에 대한 두려움을 반영한다. 그들은 의회의 전통적 권한이었던 입법권에서 자신들이 꽤 벗어났다는 사실을 알고 있었다. 권리는 정부가 공권력을 행사할 때 사용하는 언어가 아니다. 권리는 우리가 무엇을 말할지, 어디에 갈지, 누구와 친구가 될지를 정부가 강요하지 못하게 하는 보호물이었다. 올리버 웬들 홈스 2세는 이렇게 말했다. "권리는 개인의 자유에 간섭할 수 있는 한계를 설정하는 것이다."

정부의 임무는 권리가 아닌 법적 의무로서 시행되었다. 미사여구를 빼고 말하면, 뉴딜의(사회학의 원칙을 특정 사회 문제에 적용하는) 사회 공학은 모두 (복지, 사회 보장, 일자리 정책 등) 넓은 의미에서 권리 없이 진행되었다.

사실 그 경계는 쉽게 흐릿해진다. 만약 어떤 사람이 당신에게 의무를 지고 있다면, 당신은 자연스럽게 권리라는 표현을 쓸 것이다. 철학자라면 권리와 의무는 동전의 양면과 같은 것이라 말할 것이다. 하지만 의무는 한정되는 경향이 있다. 비용 문제나 사람들의 발언을 강요하는 문제는 입법기관의 권한에 자연적으로 제한을 가하기 때문이다. 대부분의 사람은 권리를 제약 없는 권한이라 이해하고 있다. 그리고 그 권한은 무형자산처럼 권리자에게 속한다. 권리에는 자선을 행하는 특성이 있어서 아무 대가도 없이 정의를 보장한다. 반면 권리를 내세우면 대가는 곧 명백해진다.

공민권운동에서 권리라는 용어를 차용한 것은 놀라운 일이었지만 적절하기도 했다. 왜냐하면 공민권운동은 모든 분야의 사람들이 박탈당해왔던 헌법 차원의 권리(자유로울 권리)를 촉발시켰기 때문이다. 공민권법은 마치 방패처럼 인종차별주의자의 간섭에서 자유를 보호했다. 반면 그 반대(편협한 자들이 자유를 이용해 다른 사람들의 권리를 제약하려고 시도하는 행위)의 경험을 하는 데는 존 C. 칼훈(미국의 10~11대 부통령, 노예제도의 옹호자)도 필요없었다.

공민권법은 수세기에 걸친 고용 차별이라는 장애물에 거대한 틈을 냈다. 자발적이든 혹은 집단 소송 때문이든, 흑인과 여성은 과거에 결코 허락되지 않았던 산업 분야로 진출했다. 1980년에 가장 뚜렷한 장벽이 허물어지자 차별을 철폐한 회사가 흔해졌다. 그러나 누구도 편견이 없어졌다고 말할 순 없었다. 가령 마틴 루서 킹 박사는, 법이 인종차별 정책을 철폐할 수 있지만 "인종통합정책이라는 목적을 민주적으로 이루려면" 법이 아니라 정신적 태도가 바뀌어야 한다는 사실을 알고 있었다. 그럼에도 새로운 권리의 법제화는 사회에 급진적인 변화를 초래했다.

수세기에 걸친 차별이 공민권법의 시행으로 붕괴되기 시작하자 개혁가들은 자신들이 기적을 보고 있다고 생각했다. 세기의 전환기에 법을 과학의 한 영역으로 만들려 했던 진보주의자들처럼, 1960년대와 1970년대의 개혁가들은 법의 작동 방식을 통째로 바꾸어야 한다고 주장했다. 그렇다면 불평등을 일거에 제거하는 방법으로 권리라는 용어를 사용하지 않았을까? 개혁가들에게 인종차별이라는 사안의 특수성은 중요해 보이지 않았다. 권리는 여성을 위해 사용해도 될 것 같았다. 그리하여 개혁가들은 권리라는 엄청난 파괴력을 가진 힘을 자신들의 목적에 맞추기 시작했다. 그러자 새 권리로 무장한 사람들은 느려 터진 민주 사회의 절차를 생략하고, 단숨에 법정에서 사적인 문제를 해결할 수 있게 되었다.

새로운 권리

가장 영향력이 있었던 사람은 예일대학의 교수 찰스 라이히였다. 1964년에 그가 쓴 『새로운 권리The New Property』라는 책에서 찰스 라이히는, 국민에게 힘을 실어주는 간단한 원칙을 다음과 같이 제시했다. 정부가 결정을 할 때는 근본적으로 그 결정에 영향을 받는 사람들의 권리를 고려해야한다는 것이다. 이렇게 되면 해고 위기에 처한 공무원, 정부 일을 하는 건설업자, 주정부의 허가를 받은 전문직 종사자는 더 이상 정부 관리들의 심사 대상이 되지 않게 된다. 모든 사람이 권리를 갖고 있을 것이니 정부는 이를 존중할 수밖에 없다. 또 찰스 라이히는 "부wealth를 분배하는 일이 정부의 역할이므로 정부는 권력을 잡아서는 안 된다"고 강력히 주장했다.

찰스 라이히는 입법기관들이 "공익을 지나치게 단순히 여기고 있다"며 이는 "개인의 독립성을 약화시킬 수 있다"고도 했다.

개인의 입장에서는 어떤 특정 권력이 아니라 모든 종류의 권력이 두려움의 대상일 수 있다. 이것이 공익 국가의 교훈이다. 자유란 다수를 따르지 않고 불합리한 행동을 할 권리를 말한다.

찰스 라이히의 주장에는 놀라운 모순이 깔려있다. 그의 주장에는 자유주의자의 자유와 사회주의자의 이점이 한데 모여 있다. 국가가 공익에 대한 합리적 판단을 내리지 않는데 어째서 공익 국가가 필요할까? 국민 개개인의 이기적인 요구를 우선시하는 그 어떤 권리에도 따라야만 한다면 정부는 어떻게 판단력 있게 혜택을 분배할 수 있을까? 권한의 주종 관계가 바뀌었다. 이렇게 되면 정부는 조카에게 끌려다니는 부자 삼촌처럼 굴어야 할 것이다.

찰스 라이히는 이듬해 발표한 후속 글에서, 정부의 보조, 즉 금전상의 원조가 개인에게 가장 중요하다는 자신의 생각을 피력했다. 이 문제에 대한 언급은 모호하지 않았다. "상당수의 사람이 정부의 원조에 의지하고 있다"는 것이었다. 그 해결책 또한 모호하지 않았다. 상속권을 빼앗긴 사람들을 위한 새로운 '권리 규정'을 만들자는 것이었다. 찰스 라이히의 제안은 자기 결정이라는 새 시대의 도래를 알렸다. 권력은 복지 정부의 감독자들에게 옮겨갈 것이었다. 그의 견해는 감탄할 만한 것으로 거의 유토피아에 가까웠다. 하지만 누가 한계를 정할 것인가? 찰스 라이히는 자신이 화톳불을 지피고 있다는 사실을 알았다. 그는 이렇게 선언했다. "지금은 변호사들이 절실히 필요할 때다."

찰스 라이히는 원하는 바를 이루었다. 오늘날에는 일상적인 만남(교사와 학생, 고용자와 노동자 간의)에도 변호사가 관여하는 일이 많다. 이러한 현상은 천천히 진행되었고, 이제 멈추기 어려워졌다. 마치 흰개미 떼가 집을 갉으며 지나듯이, 권리가 우리 사회의 권한 계통을 약화시키기 시작했다. 책임감(교사가 학급을 어떻게 운영할지 혹은 사회복지사가 자신의 분야에서 어떻게 판단을 내릴 건지)이라는 전통적 방벽은 약화되었다.

어느 세대에나 불공평한 일이 있고 이를 개선하기 위해 노력한다. 하지만 1960년대 중반이 독특했던 이유는 권리를 반사적으로 나누어 줬기 때문이다. 권리는 하나의 유행이 되었다.

의회는 차별에 맞서며 나아갔다. 나이보다 능력에 근거한 고용을 촉진하기 위해 1967년에 의회는 연령차별금지법Age Discrimination of Employment Act, ADEA을 제정했다. 덕분에 나이로 차별을 받는 40세 이상 직장인에게 소송할 권리가 생겼다. 돌이켜보면, 이는 교착상태에 빠진 차별에 대한 타개책 같은 것이었다. 백인 일색의 요새를 뚫고 들어가려는 소수자와 여성을 차단하고, 나이 많은 백인 남성을 돕는 일이 어떻게 차별 타개에 도움이 될 수 있는지 누구도 의문을 갖지 않았다.

지난 30년 동안 직장 내 차별에 대항할 권리를 증대시켜온 의회는 미국 내 직장인의 70퍼센트를 보호하는 데 성공했다. 많은 주에서 관련 법안을 제정했고, 사실상 차별을 이유로 누구든 제소할 수 있게 되었다. 혹자는 그들이 도대체 누구에게 보호를 받고 있는지 궁금해할 것이다. 많은 사람들이 다방면에 걸쳐 잠재적 권리를 갖고 있다. 가령, 허리 통증 같은 육체적 질환이 있는 중년의 아시아 여성은 네 가지 보호를 받는다. 에런 윌다브스키는 모든 종류의 보호를 다 적용하면, 그 비율이 미국 인구의 총 374퍼센트가 된다고 산출했다. 오직 의회의 직원들만이 고용차별에서 보호를 받지 못한다.

연방 대법원은 찰스 라이히가 주장한 권리의 개념을 받아들였다. 1970년에 '골드버그 대 켈리Goldberg v. Kelly' 소송에서 헌법상 복지 수당은 권리이므로 적법한 절차 없이 중단할 수 없다고 판결했다. 적법한 절차라는 게 별것 아닌 것 같지만, 이제 정부는 항상 법원의 눈치를 보며 스스로 철두철미하게 일하는지 체크해야 했다. 적법한 절차란 권리권자에게 소유와 권리를 주는 걸 의미했다. 정부에게 그것은 형식주의와 방어를 뜻했다. 결국 모든 판단에는 증빙서류가 덧붙여야만 했다.

소년 법정은 크게 바뀌었다. 초기의 개혁가들은 청소년 범죄자를 위해 성인 범죄자들을 다루듯 가혹하고 엄격한 절차를 배제하고, 그들을 기소하지 않고 관리할 수 있는 느슨한 시스템을 만들었다. 1935년에 제인 애덤스는 이 제도를 이렇게 묘사했다.

소년 재판이 열렸고, 아이는 기소하는 이도 변호하는 이도 없이 판사

앞에 홀로 섰다(판사와 관계자들은 그를 대신해 그저 무슨 조치를 취해야 할지 판단하려 애썼다).

하지만 20건의 사건 중 19건이 더 좋은 결론에 이른다 하더라도 이해와 융통을 허락하는 시스템은 여전히 권한을 남용할 가능성이 있다. 1964년, 15세의 제럴드 골트는 음란 전화를 건 혐의로 애리조나의 집에서 체포되었는데, 어떤 자초지종도 듣지 못했고 변호사와 상의할 기회도 갖지 못했다. 그는 그저 음란 전화를 걸었다고 자백했다. 골트는 최고 6년형을 선고받고 소년원에 보내졌다. 이는 터무니없이 가혹한 처벌로, 성인이라면 50달러의 벌금과 최고 60일의 구금에 처해졌을 것이다. 확연히 부당한 처사에, 연방대법원은 형사 법원의 적법한 절차가 소년 재판에도 적용되어야 한다고 주장했다. 대법원은 이렇게 선언했다. "헌법에 따라, 소년이라는 신분 때문에 (일반적 법 절차를 밟지 않는) 불법 재판이 정당화될 수는 없다."

하지만 불법 재판의 부정할 수 없는 폐해가 곧 힘들게 싸워 얻은 소년 법정을 버리고 형식주의적 시스템으로 복귀해야 함을 뜻하지는 않는다. 어째서 사건의 부당함만 바로잡으면 안 되는 것일까?

학교와 연관된 일에서 적법한 절차를 따진 적은 없었다. 하지만 권리의 흐름 속에, 법 절차는 너무 쉽게 소년 재판과 공립학교 문제에 개입했다. 아이오와주 디모인에 사는 5명의 학생은 베트남 전쟁 반대 시위를 할 때 검은색 완장을 찼다는 이유로 정학을 당했다. 1969년 연방대법원은 확고한 어조로 이렇게 선언했다. "학생들은 적법한 절차를 통해 자신들의 권리를 확인하지 않았다."

1975년에는 오하이오주 콜럼버스에서 3~4명의 학생이 정치와 관련된 연좌 농성을 하다가 구내식당에서 소동을 벌였다는 이유로 정학을 당했다. 처벌은 그 사건을 목격한 학교장이 내렸다. 연방 대법원은 찰스 라이히의 주장과 같은 근거를 들어 정학 처분을 뒤집었다. 그 주장은 "학생에게는 교육 받을 권리가 있다"는 것이었다. 또 교장이 전 과정을 목격하기는 했지만, 적법한 절차에 따라 그들의 입장을 듣지 않았음을 지적했다. 대법원은 적법한 절차를 얼마나 오래 동안 진행할지는 사건의 이해관계에 따라 다르며, 반드시 재판과 같은 수준의 보호를 할 필요는 없다고 설명했다.

하지만 어느 정도의 절차가 필요한지 학교장이 어떻게 판단할 수 있을까? 교장의 사무실에서 회의를 한 번 하는 것이면 충분할까? 사정을 한 번 들으면 될까? 목격자가 선서를 하고 반대 심문을 하면 끝일까? 당시에는 연방 대법원에 전화해서 적법한 절차의 만기를 물어볼 수도 없었다. 징계 결정을 내려야 할 교사와 교장은 장차 일어날 헌법 판결의 윤곽을 대강 짐작할 수밖에 없었다. 그리고 같은 해, 학교 행사 때 펀치(과일즙에 설탕, 양주 따위를 섞은 음료)에 술을 탔다는 이유로 16세 학생 2명에게 3개월간 정학 처분을 내린 아칸소 지역의 학교 관계자들에게, 대법원은 학생들에게 정당하게 재판받을 권리를 주지 않았으므로 개인적으로 제소당할 수 있다고 판결했다.

정해진 것이 없어 상황에 따라 판단해야 하는 적법한 절차와, '학생의 헌법상 권리를 위반했다는 사실을 알거나 혹은 당연히 알았어야 할' 학교 관계자를 학생이 제소할 수 있는 권리가 맞서자, 학교 관계자들은 예상대로 반응했다. 거의 하룻밤 사이에 전국의 학교는 빈틈없는 절차적 보호 장치를 마련했다. 이들은 변호사의 선임을 허용(가끔은 제공)했고 서면 증거물을 작성하기도 했으며, 제삼의 목격자 심지어 별도의 학생 목격자를 요구하기도 했다. 범죄자들은 필시 학생이 가진 절차적 보호 장치의 일부라도 갖고 싶었을 것이다. 무엇이 올바른 판단인지 고심하던 교사들은 이제 자신들의 결정이 학생들의 권리에 어떤 영향을 미칠지에 온 정신을 다 기울였다.

법은 대체로 장애가 있는 사람들을 무시해왔다. 심각한 장애로 고통받는 사람들의 불행을 잊으려 하는 사회 구성원들의 경향 때문일 것이다. 일상에서 장애인들은 모욕감을 느낀다. 휠체어에 의존하는 사람에게 15센티미터 턱에 걸리는 일은 매 순간 장벽처럼 느껴질 것이다. 장애인을 위한 첫 조치인 1968년의 법은 일반적인 권리를 부여하지 않았지만, 신축 혹은 개조하는 공공건물에 한해서 휠체어 사용자를 배려하도록 했다. 이 법은 알래스카 상원의원 에드워드 L. 바틀릿의 보좌관이며, 휠체어에 의존해야 했던 휴 갤러거의 분투로 제정되었다. 장애인 서비스에 보조금을 제공하자는 1973년의 재활법Rehabilitation Act은 한 가지를 제외하고는 종래의 법안과 비슷했다. 의회가 법안에 투표하기 전에, 인권 사무국의 보건교육후생부Department of Health, Education, and Welfare, HEW 변호사들은 다음과 같은 조항을 끼워 넣었다.

연방정부의 재정 지원을 받는 활동이나 제도에서 유자격 장애인이 장애인이란 이유만으로 참가하지 못하거나 혜택을 거부당하거나 차별대우를 받지 않는다.

재활법 제504조로 알려진 이 항목은 곧 지탄의 대상이 되었다. 이 조항의 표현은 확고했다. 여기서 '혜택' 혹은 '차별'이 무엇을 뜻할까? 글자 그대로 읽어보면 1만 6,000개의 학교, 7,000개의 병원, 6,700개의 요양 시설 및 건강 관리 기관, 2,600개의 고등 교육 기관, 수천 개의 도서관과 모든 교통 시설을 재활법에 맞추어 다시 지어야 한다는 말이다. 뉴욕시의 지하철 운송 체계를 변경하는 데만 최고 40억 달러가 지출될 것으로 예상되었다. 어떤 통계는 전국적으로 1,000억 달러가 넘는 비용이 들 것으로 추정했다.

의회는 이 새로운 권리에 따르는 비용은 한 푼도 언급하지 않고 법을 제정했다. HEW의 장관 데이비드 매슈스가 지침을 마련하려고 의회에 문의했지만 무시당했다. 의회는 다른 속셈이 있었다. 재활법 제504조에 관한 격렬한 논란은 10년 이상 지속되었으며, 대중교통 수송 체계의 변경은 법 문구를 개정할 때까지 수년간 계속되었다.

'504 클럽'을 비롯해 휠체어 이용자들로 구성된 조직들이 광범위하게 적용되는 차별 반대법을 관철하기 위해 결성되었다. 1987년에 뉴욕시는 공공시설뿐만 아니라 신축 혹은 개축하는 개인소유의 아파트에서도 휠체어를 이용할 수 있도록 법을 만들었다. 화장실의 문지방은 출입이 용이하도록 개소하고, 휠체어가 회전할 수 있는 공간을 마련해야만 했다. 벽이 움푹 들어간 곳에 설치하는 풀먼Pullman 부엌과 좁은 통로는 비좁은 도시 아파트의 전형적 배치였지만, 이제 불법이 되었다. 이와 같은 법의 기본 철학은 어느 주택이든 휠체어 이용이 쉬워야 한다는 것이었고, 혹시라도 휠체어 이용자가 그곳에 살고 싶어 할 때를 대비해야 한다는 것이었다. 건축가인 리처드 굴드는 200만 채의 아파트를 개조할 바에야, 수십억 달러를 들여 모든 휠체어 이용자에게 주택을 무료로 공급하는 게 더 저렴할 것이라고 봤다.

공민권운동의 슬로건을 차용해 4,300만 미국인을 차별에서 보호하겠다고 약속한 장애인 압력 단체는 1990년에 미국 장애인법을 통과시키는 데 성공했다. 이 법으로 장애인들은 모든 기관을 제소할 수 있게 되었다. 미네소타주 미니통커시는 지역 하키장의 득점 기록자 부스에 휠체어가 드나들 수 있도록 고치라는 통보를 받았다. ADA는 직장 내 문손잡이도 불법으로 규정하고 있는데, 양손을 다 쓸 수 없는 사람이 손잡이를 돌릴 수 없기 때문이다. 거기에 양탄자의 두께도 0.6센티미터 이상이면 불법이다. 마찰저항이 너무 커서 휠체어 사용자가 힘들기 때문이다.

그동안은 지적 장애아도 무시되어왔다. 다른 아이들이 공립학교에 다닐 때, 지체아들은 집에 있거나 정신 질환자 보호시설에 수용되었다. 1972년 펜실베이니아 지적장애아협회Association of Retarded Children가 제기한 소송은 지적 장애아도 다른 아동과 같이 학교 교육을 받을 권리가 있다는 법원의 판결을 받아냈다. 입법기관의 주목을 끄는 일은 어렵지 않았다. 그 과정을 지켜본 사람은 이렇게 말했다. "개혁가들은 윌로우브룩과 펜허스트 같은 정신 질환자 보호시설의 비참한 대우와, 장애아를 학교에서 배제했다는 그럴듯한 이유를 들며 근본적인 변화를 주장했다."

1975년 의회는 장애아교육법Education for All Handicapped Children Act(현재는 장애인교육법Individuals with Disability Education Act, IDEA로 명칭이 바뀌었다)을 제정했다. 이 법은 장애아에게, 장애아의 특수성에 맞춘 "특별히 고

안된 교육을 부모나 보호자의 비용 부담 없이 받을 권리"를 선사했다. 특별한 절차도 제공되었다. 즉 부모의 공식적인 개입 없이는 그 어떤 결정도 내릴 수 없도록 했다. 1850년대에 '아무런 교육도 받지 못한' 개척자들에게 의회가 준 특혜도 한번 돌이켜보자. 관료들은 전문가적 관심을 가지고 사안에 객관적으로 개입해 올바른 결정을 내릴 권한을 박탈당했다.

정부의 역할에 대한 우리의 혼란은 극에 달했다. 우리는 정부가 사회의 병폐를 고쳐주기를 바랐다. 하지만 정부가 그 역할을 수행할 때는 불신을 했다. 의회는 권리를 이용해 이런 딜레마를 해결했다. 정부의 권력을 특별 이익집단에게 주면서 말이다.

시민의 제소권을 급진적으로 향상시키는 데는 법원도 보조를 맞추었다. 1960년대 후반에서 1970년대 초에 내려진 일련의 판결을 보면, 연방 대법원은 제소인이 '법적인 이권(가령, 새로 생기는 고속도로 때문에 개인의 재산권이 침해를 받는)'을 가진다는 아주 오래된 규정을 정부가 하는 어떤 결정에도 제소할 수 있는 권리로 바꾸었다. 특별 이익집단은 새로운 실체적 권리 없이도 소송을 통해 정책을 통제하기 시작했다.

심지어 동물에게도 권리가 있다. 멸종위기종보호법Endangered Species Act에 의하면, 멸종 위기에 있는 종은 잡아들이거나 죽일 수 없다. 완공을 거의 눈앞에 둔 테네시주 텔리코 강의 댐 공사를 반대하는 사람들은 법 제정과 거의 동시에, 강이 호수로 바뀌면 서식지가 위협받을지도 모르는 담수어를 발견했다. 연방 대법원은 물고기의 권리가 걸려 있어 댐 공사를 막을 수밖에 없다는 결론에 도달했다. 공사비가 헛되이 낭비될 상황이 되자, 의회는 담수어를 멸종 위기 종에서 제외하는 특별법을 제정했고 결국 댐은 완공되었다. 담수어는 이런 배신행위를 견뎌내고 자신들의 적응력(특별 이익집단에서는 흔하지 않는 특성이다)을 증명하면서 몇 킬로미터 떨어진 강 하류에서 순조로이 지냈다.

권리를 향해 돌진하느라 잊혀진 것은 인종간의 통합이라는 원래의 목적이었다. 몇몇 흑인 지도자들은 자신들의 투쟁이 권리라는 바다에서 목적지를 잃은 채 표류하고 있음을 알아차렸다. 줄리언 본드가 신랄하게 비평했듯, 아프리카 노예 매매의 피해자들은 항의를 제기하는 사람들 때문에 자신들이 이제 한쪽으로 밀려났음을 알게 되었다.

오늘날 보호를 받는 계층은, 마흔 넘은 백인 남성, 왜소한 사람, 약물에 중독된 사람, 왼손을 사용하는 사람, 비만한 사람, 종교를 믿는 모든 사람을 포함하는 대다수의 미국인으로 확대되었다. 어쩌서 우리가 이런 상태에 이르렀는지, 어쩌서 민권운동의 길이 이다지 혼잡해졌는지 말해줄 학자는 어딘가에 틀림없이 있을 것이다. 우리 사회는 모든 사람을 충족시킬 수 없다. 왜소하고 나이 든 백인 남자가 맨 앞줄로 걸어 나오면 그때는 25년 전의 불 코너(공민권운동을 탄압하고 인종 분리 정책을 주장한 사람)와 보안관 짐 클라크(댈러스의 군 보안관으로 흑인의 투표권 운동을 방해한 사람)가 그랬던 것처럼 우리의 공민권은 위협에 처할 것이다.

돈을 찍어내듯, 25년 동안 특별 이익집단에 권리를 분배한 행위는 공민권 운동을 약화시켰을 뿐 아니라, 그 바탕에 깔린 가치마저 깎아내렸다. 배제된 집단을 사회로 불러들이려던 목적은 사회에서 앞서기 위한 수단으로 변질되었다. 게다가 승자도 없다. 계속되는 대립이 보통 그

렸듯, 행복을 제공하는 수단으로서 법은 무능해졌고 표면적 승자는 정의와 성취가 아니라 고립과 비난을 얻었다.

이는 시민의 평등권이라는 권리가 아주 유효하다고 판명된 분야에서조차 사실로 증명되고 있다.

사람을 분열시키는 법

공민권법이 제정된 지 30년, 이제 우리는 직장에서 협조하고 이해하는 모습을 보여야 한다. 법은 이를 위해 제 몫을 다하려고 애썼다. 사람들은 다 함께 노력하면서 서로를 알아가야 한다. 하지만 법에 따른 인종차별 폐지 정책은 마틴 루서 킹의 희망처럼 정신적인 통합으로 이어졌을까? 조화로운 세상이 눈앞에 와 있는 걸까? 우리는 흑인과 백인, 여성과 남성이 서로 이해하는 신세계에 살고 있는가? 아니면 혹자들이 지적했듯 고립과 불신이라는 깊은 수렁에 빠져있는 걸까?

우리 시대는 차별에 너무 집착하고 있다. 성공한 사람들마저도 분개한다. 엘리스 코즈는 자신의 책 『특권층의 분노The Rage of a Privileged Class』에서 인종에 대한 편견 때문에 승진이 안 된다고 생각하는 성공한 (법률 회사의 파트너나 기업의 경영진 등) 흑인들이 느끼는 흔치 않은 분노에 대해 이야기한다. "할 수 있는 일은 다 했습니다. 법을 어기지도 않았고, 좋은 학교도 나왔고, 죽어라 일도 했습니다. 도대체 저들이 바라는 것이 무엇일까요?" 한 흑인 판사는 무덤덤한 말투로 "전문직에 종사하는 흑인은 10배는 더 일해야만 백인과 같은 지위를 누릴 수 있지. 누구나 아는 사실이야"라고 내게 말했다.

이 같은 느낌은 정확히 백인 전문직 남성들의 감정과 같으며, 그들은 흑인이 승진하는 이유가 인종적인 측면 때문이라고 믿고 있다. 이 문제는 대학교수가 되려는 백인 남성의 아픈 곳을 건드린다. 왜냐하면 얼마 없는 교수 자리가 종종 소수자나 여성에게 돌아가기 때문이다. 그중 한 사람은 "10년 넘게 공부하고도 괜찮은 일자리를 구하지 못한 친구가 흔합니다"라고 말했다.

공민권 운동은 사람들을 화합시킬 것이라 생각했다. 하지만 그러기는커녕 사람들은 산꼭대기에 올라갔다가 의식도 못한 채 그 반대편으로 미끄러졌다. 현 시대 정치와 관련된 글을 읽다보면, 글쓴이가 남녀평등주의자든, 흑인이든, 보수적인 백인이든, 억눌려 있는 악의가 일터를 화약고로 만들고 있다는 생각이 든다.

이런 현상은 점점 증가하고 있다. 차별 대우에 대한 배상 요구는 1969년보다 2,200퍼센트 증가했고, 소송은 도처에서 취업 장벽을 허물며 전성기를 맞고 있다. 평등권과 관련된 배상 요구는 이제 연방법원의 민사소송 업무량의 10퍼센트를 차지하는데, 이는 우리가 차별에 지나친 집착을 보이고 있다는 증거다. 이러한 것들은 소위 '올바른' 요구로, 법조인이라면 통과의례처럼 거치는 분야다. 연방법원 판사로 임명되기 전까지 차별 관련 소송을 전문으로 변호했던 데니 친은, 경험상 담당 변호사는 전 고용주를 제소하려는 직원의 십중팔구를 거절한다고 말했다.

직장에서 사람들은 피해망상적인 생각 때문에 말을 아낀다. 멍청하지 않고서야 절대 생각나는 대로 말하지 않는다. 사람들은 쉽게 오해를 하고 말의 내용을 일부만 인용하기도 한다. 그렇다고 "타인의 청렴

결백함과 진의에 성급히 의문을 제기하고, 별일 아닌 일상의 행동과 말에서 인종적, 성적으로 빗대어 말하는 사람에 대한 자신의 두려움"을 인정하는 식으로 차별 금지법 전부를 폐품으로 만들려고 한 리처드 엡스타인 교수에게 동의할 필요는 없다. 물론 대부분의 사람은 리처드 엡스타인처럼 행동하지는 않는다. 그럼에도 단 한 사건만으로, 또는 어떤 일화에 얽힌 사건만으로도 일터 전체에 찬물을 끼얹을 수 있다. 고용 변호사는 보통 자신의 기업 의뢰인에게 되도록 적게 말하라고 조언한다. 이 분야에서 20년간 일한 변호사는 "누구에게도 있는 그대로 말해서는 안 됩니다"라고 조언했다. 관리지침서는 관리자에게 지침이나 증인 없이는 업무평가를 하지 말라고 지시한다. 그렇지 않으면 "아주 위험하다"고 그들은 말한다.

　변호사들만 신중히 행동하는 것은 아니다. 헌법상 언론의 자유가 보장된 이 나라에서 이제 정직성은 용인되지 않는다. 일상적인 활동에서 소송이 가장 빈번한데, 그중에서도 '의도된 자가 명예훼손' 소송이 많다. 어떻게 사람들이 스스로를 비방할 수 있는지 굳이 머리를 짜내기 전에 그들의 논리를 일단 들어보자. 부정적인 직무 평가가 미래의 고용인에게 노출될 수도 있기 때문이라는 것이다. 이 문제는 해결책이라도 있다. 직원들이 전부 칭찬만 하면 된다. 하지만 지나치게 친절한 것도 불법이다. 평등고용추진위원회Equal Employment Opportunity Commission는 현재 여성과 흑인을 과도하게 낙관적으로 평가했는지 조사하고 있다. 그들의 논리는 허위 칭찬이 직원들의 개선 여지를 막는다는 것이다.

　새 직장을 구할 때, 전 고용주에게 긍정적인 추천을 받으려다 놀랄 수도 있다. 추천서는 빠른 속도로 과거의 유물이 되고 있다. 고용주들이 추천서를 거의 써주지 않는 이유는 극찬하는 내용이든 부정적인 내용이든 소송에 휘말릴 가능성이 있기 때문이다. 이런 식이라면 우리는 입을 꿰매야 할지도 모른다.

있는 그대로를 보여주는 추천서가 없으면, 고용주는 친구의 친구를 통한 입소문에 의지한다. 그렇지 않고서는 어떤 사람이 쓸 만한지 알기는 어렵다. 말단 직원을 고용할 때도 이 방법을 쓰는데, 최근의 한 연구 조사는 그 이유를 설명해준다. 브루클린의 레드 훅 지구에는 공장단지와 저소득층 공영 주택이 같이 있지만, 그곳 주민들은 공장에서 일자리를 구할 수 없었다. 기존 직원들은 대부분 흑인과 라틴아메리카 계통으로 인종적인 문제는 아니었고, 교육 문제도 아니었다. 단지 기존 직원들의 친구나 가족을 고용하는 게 아무 연고 없는 사람들을 고용하는 것보다 훨씬 나았기 때문이었다. 그런 이유로 근처 공영 주택에 사는 사람들은 대물림되는 가난과 실직의 고리를 끊어보려고 애를 썼지만, 직장을 구할 수 없었다.

모두가 입을 다문 직장에서 가장 피해를 보는 사람들은 소수자를 비롯한 차별법이 보호하고자 한 계층이다. 자기도 모르게 차별을 해서 제소를 당할 수 있다는 우려는, 종종 가장 적합한 비주류 계층 지원자를 밀어내는 투명 막과 같이 작용한다. 한 일류 대학 연구실의 책임자는 자신의 부서는 젊은 흑인 남성을 고용하지 않을 것이라고 딱 잘라 말했다. "나중에 적합하지 않다고 판단해도 절대로 해고할 수 없을까봐 그렇지요." 또 다른 대학은 전국에서 소수집단에 해당하는 교수를 찾았는데, 후보를 둘로 좁힌 후 그중 1명만 채용하고 다른 1명은 고심하다가 채용하지 않았다. 그 이유는 다음과 같다. "지원자가 흑인이어서 종신 재직권을 줘야 했기 때문입니다."

위험 회피 현상은 인사상의 문제 때문에 변호사가 관여하는 일을 원치 않는 작고 모험적인 기업에서 가장 많이 일어난다. 골칫거리를 좋아할 사람이 어디 있겠는가? 따라서 소수집단 출신 직원들은 큰 기업의 사무실에서 지루하고 소모적 업무를 처리하는 소모품이 되며, 그들만의 특별한 실력을 보여줄 기회를 갖지 못한다.

공민권법이 직장 생활에 미친 영향도 아마 마틴 루서 킹이 원했던 대로는 아닌 듯하다. 쌍방의 자발적인 양보가 없어지자 서로간의 이해는 사라졌고 즐거움마저 빼앗겼다. 그 누구의 성공에도 도움이 되지 않았다. 말하기를 겁낸다면 어떻게 좋은 안이 샘솟을 수 있고, 잘못을 바로잡을 수 있으며, 어떻게 업무를 효율적으로 처리할 수 있단 말인가? '시민정의를 위한 랜드협회The Rand Institute for Civil Justice'는 직원들 사이의 상호작용의 감소를 측정하지 않았지만 법이 이에 끼친 막대한 영향은 측정했다. 이 기관은 차별과 연관된 미국 내 소송과 차별의 발생 빈도가 높아지면서 전체 고용률이 2~7퍼센트 감소했다고 밝혔다.

어쩌다 우리는 이렇게 민감해졌을까? 어째서 고용주나 동료들이 차별 대우를 하지도 않는데 이를 두려워해야 할까?

차별이 무엇인지 다시 생각해보자. 차별은 악의가 목적이다. "당신이 나를 승진시키지 않는 이유는 인종에 대한 편견 때문입니다." 하지만 어떻게 그 사실을 증명할 수 있을까? 법은 타인의 성격이 싫다거나, 비용을 절약하려 한다거나, 혹은 불공평하게 대하는 행위는 불법이 아니라고 여긴다. 만약 그것이 편견에서 비롯된 것이 아니라면 말이다. 하지만 법원이 편견인지 아닌지 어떻게 알 수 있단 말인가?

편협한 고용주는 아마 다른 사람들도 차별할 것이며 그러한 행동이 (승진의 기회도 주지 않고 여성을 모두 계산원으로 배치한 슈퍼마켓 체인점의 최근 사례처럼) 강력한 증거라고 말할 수도 있다. 차별 금지법의 개척자인 주디스 블라덱은 "여성 1명을 차별하는 사람은 보통 여성 모두를 차별한다"라고 말했다. 1960년대와 1970년대의 전례 없던 집단소송은 정확히 이런 같은 전형을 보여주었다.

하지만 이런 유형의 집단소송은 거의 사라졌다. 이제는 1대1로 대결한다. 연방 소송이 22배나 증가한 이유는 해고당하거나 일시 해고된 개인의 소송이 주를 이루기 때문이다. 그들 대다수는 차별을 입증하려 하지 않는다. 또한 공공연한 혐오감이나 차별을 표현하는 일도 드물다.

편견은 분명히 존재한다. 하지만 거의 무작위적인 특성을 가지며 1대1로 차별을 제기할 때는 신뢰하기 어렵다. 폭행을 하거나 계약을 깨는 행위는 법적인 기준으로 쉽게 잴 수 있다. 반면 성희롱을 당했다는 주장은 때때로 사회의 도덕관에 대한 시각차 때문에 논의는 되지만, 폭력적인 언어사용이나 난폭 행위가 수반되어야 한다.

1명이 제기하는 차별 소송은 보통 해고나 승진에서의 누락이 주를 이룬다. 어떤 사람은 사람들과 잘 지내지 못한다. 업무 실적에 대해 아주 다른 시각이 존재하며 눈에 보이지 않는 태도와 같은 문제에 있어서는 더욱 그렇다. 훌륭함과 적당함에는 커다란 차이가 있고, 기꺼이 돕는 태도와 무관심, 재차 확인하는 태도와 건성건성 확인하는 태도도 그렇다. 어떤 관리자는 가장 나쁜 점을 파악한다. 모두가 알듯, 직장에서는 의견 충돌이 생기는 법이다.

법원은 차별이 있었는지 찾으려고 이 모든 것을 어떻게 살펴볼까?

사건이 재판으로 진행되면, 재판정은 인기인 선발 대회가 되어버린다. 배심원단은 직원들의 역량과 평판에 대한 열정적인 진술을 듣고 고용인이 악의적인 동기가 있었는지 추론해야 한다. 고용인은 자신의 현명함과 직원의 약점을 보여주려고 하면서 자신을 변론한다. 오래전의 여담도 종종 중대하게 다루어진다. 해고된 한 여성 관리자는 자신의 자리에 다른 여성이 배치되었는데도 성차별을 이유로 제소했다. 핵심 증거는 무엇이었을까? 그 관리자가 전에 남자 직원을 해고한 적이 있는데 누군가 "음흉한 년"이라고 욕을 했다는 것이었다. 데니 친은 이렇게 말한다. "변호사들은 부당성을 근거로 사건을 맡습니다. 즉, 해고의 사유가 좋지 않다면 차별이 있었다고 생각하는 거지요."

사람을 불순하다는 이유로 매도하는 행위는 법의 역사에서 암흑 같은 시기를 몰고 온 적이 있었다. 중세의 이단자에 대한 재판은 종종, 일부만 들었거나 곡해된, 정치적으로 정당하지 못한 표현에 달려 있었다. 예를 들면 1554년 장 오흘렉의 이단 재판에서는 "사제에게 바친 돈은 병든 영혼에 아무런 도움이 되지 않았다"라는 말을 한 적이 있었는지가 관심사였다. 또 1692년 매사추세츠주 세일럼에서 행해진 마녀재판의 주 관심사는 엘리자베스 고드먼이 '스티븐 굿이어라는 남자를 실신시킬 요량으로 사납게 노려보며 주문을 외웠는지'였다.

차별에 대한 오늘날의 주장도 이와 비슷해서 고정된 닻처럼 신뢰할 수 있는 측면이 별로 없다. 대부분의 고용주는 좋은 직원을 해고하지 않는다. 일시 해고된 사람들은 기분이 상하고 화가 나서 고용주의 해고 동기 중 가장 악의적인 경우를 상정한다. 특히 가게 주인과 손님에게 매일 고통받는 흑인에게 차별은 하나의 손쉬운 결론이다. 관리자가 악의적인 동기를 가졌다고 우기기만 하면 된다.

백악관은 최근 난감한 문제에 부딪혔다. 한 부주방장이 승진에서 누락되자 자신이 흑인 여성과 결혼했기 때문에 받은 차별이라고 주장했다. 몇 년 전 글렌게리 벽돌 공장은 경기가 좋지 않아 연공서열에 따라 직원 3~4명을 일시에 해고했다. 해고된 직원 중에는 장애인이 있었고, 글렌게리는 그 뒤로 제소를 당했다. 이 사건은 글렌게리 벽돌 공장이 장차 장애인을 고용할 때 어떤 영향을 미칠까?

하버드대학의 케네디 행정 대학원은 차별 소송이 갈취의 한 형태로서 어떻게 행사되는지 사례를 조사했다. 한 연구 조사를 보면 정부 기관에 근무하는 어느 소수집단 출신 비서는 한 번에 몇 달씩 출근하기를 거부하고, 어쩌다 출근할 때도 제멋대로 나타났다. 그래서 몇 번에 걸친 주의를 받았다. 그해 말에 비서는 승진을 요구했고, 관리자에게 극찬하는 추천서를 써주지 않으면 그를 인종 차별로 제소하겠다는 암시를 주었다. 관리자는 비서가 제소를 했을 때 필수적으로 따르는 심리와 절차를 거칠 수 없어서 어쩔 수 없이 동의했다.

차별은 이제 직장 내에서 의견 충돌을 뜻하는 말이 되었다. 그리하여 법조계에 새로운 산업이 생겨났다. 직장을 잃었다고요? 전화번호부를 펼쳐보세요. 상해 광고를 하던 변호사들은 이제 해고된 직장인을 찾아다니고 있다. 돈벌이를 할 생각으로 말이다. 제기된 주장에 따라 고용주가 10만 달러 이상을 뜯길 수도 있기 때문에, 이것이 합의에 이르는 강력한 유도장치 역할을 한다. 심지어 차별 철폐를 위해 가장 헌신한 사람 가운데 하나는 내게 이렇게 말했다. "직장 내에서 발생하는 분쟁은 무엇이든 대부분 차별 대우에 따른 배상 요구로 이어질 수 있습니다."

이와는 반대로 관습법은 신뢰할 수 없거나 불평불만이 있는 사람들이 손쉽게 주장하는 요구를 제거하는 방향으로 발전해왔다.

공기 중에 퍼진 독처럼

이런 상황에서 사회적 혜택을 보기란 어렵다. 우리는 사회적 잔해에 둘러싸여있다. 주위에 떠도는 편견을 뽑아 없애려고 법이 우리 영혼 깊은 곳에 손을 뻗칠 때 법은 맹목적이 된다. '당신은 아주 편협해'라고 하면서 가슴을 멍들게 한다. 하지만 어떤 요구나 주장을 제기해서 우리가 손상을 입은 것은 아니다. 피해는 그보다 훨씬 전에 발생한다. 타인의 동기에 이의를 제기할 권리를 부여받았을 때, 자유롭게 영향을 주고받는다는 전제는 이미 파괴된 것이다. 무심코 한 말이나 하찮은 일로 제소를 당할지도 모른다는 두려움은 공기 중에 퍼진 독과 같다.

권리권자는 권리로 인해 자부심이 충족되는 게 아니라, 수렁에 빠진 듯한 복잡한 감정을 느끼게 된다. 고통과 실망감은 법적 권리에 따른 필연적 산물로, 법은 권리권자에게 편견 없는 세상을 약속하지만 이 말은 그가 일상적인 인간관계에서 그것을 성취할 힘이 없음을 의미한다. 권리를 향한 집착이 성공한 흑인들의 삶에 어떤 영향을 끼치는지 알려면 엘리스 코즈의 책을 읽으면 된다. 흑인 학사들은 권리 추구의 이점에 대한 토론은 해도 거기에 드는 사회적 비용은 거의 언급하지 않는다. 셸비 스틸 교수는 인종 특혜는 "사기 저하로 이어질 수 있다"고 말했다. "특혜를 베푼다는 것 자체가 열등을 내포하고 있기 때문이다."

분노에 찬 권리권자는 곧 다른 집단을 겨냥한다. 제임스 Q. 윌슨은 "우리는 학대받는 사람들을 대변해 압제자들을 증오하는 식으로 우려를 표명한다"고 지적했다. 우리는 그렇게 사회와 지배계급을 향해 분노를 표출한다. 백인은 적이다. 남성은 적이다.

증오는 재빨리 쌍방 관계로 발전한다. 어떻게 한쪽을 줄기차게 미워하는데 그에 상응하는 대가가 없을까? 흑인은 적이다. 여성은 적이다. 흑인들이 과도한 특혜를 받는다는 이유로 백인들이 제기하는 역차별 주장은 차별 범주에서 가장 큰 영역을 차지한다. 마음속에 권리를 품고 있으면 모든 인식의 차이가 분노를 불러일으켜서 부당함을 느낀다. 업무 성과가 저조한 듯하나 해고되지 않고 일하는 동료를 보는 것보다 좀더 짜증나는 상황에 처한다. 권리라는 이름의 독이 만연한 분위기에서, 사람들은 그것이 특혜가 아닐까 하고 의심하기 시작한다.

셸비 스틸의 표현에 따르면, 특히 '희생자 집중 아이덴티티victim-focused identity'의 태도를 취하는 사람의 증오는 쉽사리 내부 집단으로 향한다. 최근 애틀랜타의 젊은 흑인 여성 공무원은 흑인 여성 관리자가 자신의 피부색이 더 옅은 것을 트집 잡는다고 주장했고, 이를 차별이라며 제소했다. 그 분쟁은 탁구 경기처럼 주거니 받거니 하면서 차별 혐의 소송의 위신을 떨어뜨렸다. 증언은 이런 식이었다. 피부색이 더 짙은 관리자는 종종 "피부색이 덜 어두운 흑인에게 차별을 받는다고 느꼈고" 그래서 그는 다시 "햇볕 좀 쬐이고 오라"면서 부하 직원을 역차별했다. 정식으로 차별 혐의가 제기되자 관리자는 이렇게 말했다고 한다. "흑인 사회를 요따위로 궁지에 몰아넣다니, 얼굴 색깔만 좀 밝으면 다인 줄 아는 년!" 편견을 쓸어내리려는 집착이 이 나라를 편견이 더 많은 곳으로 만들었다.

　의회는 이와 같은 분위기를 진정시키기는커녕 계속 동요하게 만들고 있다. 1991년 의회가 직장 내 차별을 근절하기 위해 제정한 공민권법은 차별에 다른 정신적 피해를 인정하고 변호사의 수임료를 인상했으며, 처벌의 수위를 강화해 소송을 부추겼다. 1991년에는 "사람에 대한 협박, 폭행, 고의적 상해 금지 원칙만큼 차별 금지의 원칙도 중요하므로 국민 개개인의 소송을 장려"한다는 법의 목적을 공표했다. 의회는 각 피고용인을, 소중한 권리의 정당성을 입증하기 위해 대리 임명한 "민간 법무장관으로 생각한다. 법은 일터에서의 공평한 기회가 차별에 의해 오염되지 않도록 보증하며, 이는 미국 사회 전체의 이익과 관련된다. 그 어떤 작은 승리도 공공의 이익을 향상시킨다".

　의회는 편견과 싸워 승리하기란 현실적으로 불가능하다는 사실을 알아채지 못했다. 하원은 보고서에서 "만일 차별하는 데 비용이 든다면 사람들은 차별을 하지 않을 것이다"라는 경제학자 하이데 하르트만의 이론을 인용했다. 차별을 하지 않는다고? 솔직하게 업무 평가를 하지 말라는 말인가? 현명한 판단력으로 인사 결정을 내리지 말라는 뜻인가? 협박, 폭행, 고의적 상해는 증거를 보고 법정에서 쉽게 판단을 할 수 있다. 하지만 인간의 영혼을 정밀하게 들여다보는 컴퓨터 단층 촬영기기는 아직 발명되지 않았다.

　사람들은 대학이 미래를 볼 수 있는 창문이라고들 한다. 그 말이 맞다면 그 미래는 그리 유쾌한 모습은 아니다. 차별에서 벗어나려고 권리에 집착하는 행위는 미국 전역의 대학에서 정치적 정당성이라는 재앙을 만들어냈다. 재앙에서 벗어날 방법은 농담뿐일 텐데, 이를 시도한 많은 사람들은 후회를 했다. 예일대학에서 '동성애자 주간gay week'을 풍자한 한 학생은 퇴학을 당할 뻔했다. 냇 핸토프는 자신의 저서 『그대가 아닌 나를 위한 언론의 자유Free Speech for Me but Not for Thee』에서 스탠퍼드대학의 미국 원주민학생연합Native American Students Association 회장의 말을 인용했다. 그 회장은 사람들의 얕잡아보는 행위를 견디다 못해 이렇게 말했다고 한다. "감정이 소통을 막는 상황에 이르면, 그건 도를 지나친 겁니다."

헨토프의 말처럼 강요된 정중함으로는 학생들을 이해라는 신세계에서 화합시키기 어렵다. 각 집단의 구성원들은 비슷한 견해를 가진 동류의 사람에게 끌린다. 요즘은 흑인 전용 기숙사가 상식이다. 동양인 기숙사와 동성애자 기숙사도 각각 존재한다. 어빙 리드 박사는 1953년 해밀턴 칼리지를 졸업할 당시 그곳에 존재하는 단 1명의 흑인이었다. 1993년 그가 40번째 동창회로 학교를 찾았을 때 한 흑인 학생이 '소수집단 기숙사'를 구경하고 싶지 않느냐고 물었다. 어빙 리드는 그의 제안을 거절하면서 이렇게 말했다. "분리정책은 피부색에 비논리적으로 반응하는 것이고, 나는 그것을 증명하기 위해 평생을 바쳐왔네. 그런데 지금 학생들이 먼저 나서 자신들을 분리시켰다고 내게 자랑스럽게 말하다니……. 흑인에게 모두 한곳에 살아야 한다고 강요한다면 학생은 기분이 어떨 것 같은가?"

30년 전인 1964년에 미국은 공민권법을 제정했고, 그로 인해 사람이 만든 장애물을 많이 제거할 수 있었다. 그 법은 편견을 없애지는 않았지만 격퇴할 기회의 장은 마련했다. 그로부터 겨우 30년이 지난 지금, 우리는 다시 예전의 적개심을 쌓아올리는 과정에 있다. 우리 사회에서 차별은 치료해야 할 상처다. 하지만 동물을 치료하듯 신경 써서 돌보아 천천히 낫게 하는 대신, 우리는 서로의 상처를 물어뜯고 있다. 결국 상처는 점점 더 커지고 있다.

교훈은 명확하다. 법에는 한계가 있다. 마틴 루서 킹은 우리에게 다음과 같이 설파했다.

> 인종차별의 폐지는 법적 장애물을 무너뜨리고 물리적으로 사람들을 화합시킬 것이다. 하지만 그들이 하나가 될 수 있도록 무엇인가 마음과 영혼을 울려야 한다. 인종차별의 철폐는 당연하고 옳은 일이기 때문이다. 진실한 통합은 강요할 수 없는 의무에 기꺼이 따르는, 진실한 이웃에 의해 성취될 것이다.

법이 인간의 영혼을 정화시킬 것이라고 장담해서는 안 된다. 그것은 불가능하기 때문이다. 법은 오랜 시간에 걸쳐 변화를 위한 소통과 방법의 장을 마련할 수 있다. 그렇지만 법이 그보다 더 많은 것을 하려 든다면 법은 사회를 분열시킬 것이다.

권리의 만연

여러분은 장애인에게 비행기내 비상 탈출구 옆자리에 앉을 권리가 있다고 생각하는가? 만일 그 사람이 탈출하는 데 다른 사람들보다 5분이 더 걸린다면? 모든 사람이 평등하려면 그 방법밖에 없다고 말하는 장애인 대변자들은 미국 연방항공청의 상충되는 법 때문에 재판에서 졌다. 하지만 장애인들은 여전히 자신들의 권리가 침해되었다고 주장한다. 그들의 표현에 따르면 장애인들을 "비행기 뒷자리에 앉도록 강요했다"는 것이다.

간이 화장실 논란이 있었을 당시, 뉴욕대학 교수의 일부는 다수의 집단보다 한 집단의 요구에 더 가치를 두는 일에서 파생될 수 있는 도덕적 문제에 대해 곰곰이 생각했다. 그들이 제기한 문제는 다음과 같다. 모든 버스에 휠체어 리프트를 장착해야 한다면 버스 회사는 추가 비용 때문에 버스를 10퍼센트 가량 적게 구입할 것이고, 결국 버스의 숫자가 줄어들 것이다. 그렇게 되면 브롱크스에 사는 할머니는 우범 지역에서 추운 날씨에 30분이나 더 버스를 기다려야 한다. 교수들은 누가 이 할머니의 권리를 지켜주는지 궁금해했다.

이 같은 상황은 실제로 일어나고 있다. 테네시주 녹스빌의 시장은 장애인이 '접근 가능한' 버스 도입에 수백만 달러를 써야 해서, 주로 가난하거나 나이 많은 계층에 공급되던 버스 노선이 축소될 수 있다고 발표했다. 한편 뉴욕시는 휠체어의 회전 반경을 확보해야 한다는 규정 때문에 2번 라인에 새로 투입되는 지하철 좌석이 180개나 줄어, 피곤에 지친 사람들이 서서 가야할 것이라고 했다.

장애인들은 보통 버스의 앞쪽에 자리를 얻는다. 대도시는 장애인들을 목적지까지 데려다주는 '보조 교통(주로 택시나 작은 버스로 운영되며 정해진 노선 이외에 추가적인 노선까지 서비스를 제공한다)수단'을 제공한다. 하지만 장애인들도 일반 사회에 동참하고 싶어 한다. 내 친구 사라 메디나는 맨해튼의 3번가에서 매일 아침 버스를 타는데, 다음 정류장에서 휠체어 사용자가 버스를 타려고 하면, 내려서 다른 버스를 기다린다고 한다. "휠체어가 오르고 내리는 데 도합 20분이 걸려서 항상 지각을 하거든요." 특정 장애인이 시에서 제공하는 보조 교통수단 대신 일반 대중교통을 이용할 권리를 요구하는 것과 버스 승객 30명이 허비하는 600분 사이에서 사회는 어떻게 균형을 맞추어야 하는가? 세라 메디나는 이렇게 말한다. "꼭 죄를 짓는 듯한 기분이 들어요. 하지만 화가 나는 건 어쩔 수 없어요."

편의 시설을 제공하는 일은 중요하다. 또 그것이 바로 정부가 해야 할 일이다. 아마도 뉴욕 같이 큰 도시는 버스 노선이 복잡해서 장애인에게 일반인과 같은 버스 서비스를 제공해야겠지만, 녹스빌처럼 그렇지 않은 곳은 안 그래도 될 것이다. 교통이 혼잡한 시간대에 같은 서비스를 제공하는 일은 적절치 않을 수도 있다. 여기에는 어떤 조치가 취해져야 하며 그 조치는 해마다 바뀔 수도 있을 것이다. 하지만 의회는 그렇게 하는 대신 일부 집단의 찬사를 받으며 권리를 나눠주고 있으며, 그것이 어떤 결과를 불러올지는 생각도 하지 않는다.

1993년의 어느 날, 남부 캘리포니아에 있는 주택 29채가 맹렬하게 타오르는 불길 안에 있었다. 그곳의 온도는 1,000도에 달했다. 트랙터로 재빨리 부지를 동그랗게 파서 집 주변에 방화대를 만들어 마른 풀들이 땅 밑을 향하도록 하지 않으면 집을 구할 가망은 없었다. 문제는 그 주택들이 멸종 위기종 보호법의 보호를 받는 스티븐스 캥거루쥐의 서식지 일부에 위치하고 있다는 것이었다.

결국 산불은 캥거루쥐의 권리를 존중하기는커녕, 쥐와 인간의 서식지 모두를 태워버렸다. 불길이 주택을 덮치려 했을 때, 이미 서식지를 구할 가망성은 없었다. 하지만 집 주변에 방화대를 만들 수 있도록 예외를 허락할 공무원도 없었다. 서식지는 그대로 있었고 그에 따른 권리도 그대로였던 것이다. 또 법은 화재 관련 조항을 명시해놓지 않았다. 28채의 주택이 재로 변했다. 그중 한 집의 주인인 마이클 로는 법이야 어찌되었건 집 주변에 고랑을 팠다. "자기 집을 구하려다 폴섬(캘리포니아주 최대 규모의 교도소)이나 싱싱 교도소(18세기 말 뉴욕에 세워진 교도소)에 간다면 그게 말이나 됩니까?" 결국 다음 주부터 그는 무조건적인 법 준수라는 어리석음 때문에 까맣게 타버린 땅에서, 미늘판(판을 겹쳐 붙인 외부 판벽)으로 된 판잣집에서 홀로 살아야 했다.

권리 혁명에 가장 큰 타격을 받은 곳은 공립학교였다. 공립 기관이란 이유로 적법한 절차에 새로운 해석이 따를 때마다 정면에서 공격을 받았다. 장애인의 대변인들은 공립학교의 건물은 공공 재산이므로 장애인 배려 차원에서 전기 스위치를 낮은 곳에 설치하라며, 편지와 소송을 통해 학교를 위협했다. 그보다 더 큰 문제는 의회가 학생들에게 '특수교육'을 제공한 것이었다. 이로 인해 권리를 추구하는 대변혁이 일어났고, 결국 충돌의 원인을 제공하게 되었다.

티머시는 중증장애아였다. 대뇌 피질이 거의 없는 상태로 태어났고 수막염과 출혈에 의한 뇌수종으로 심한 뇌 손상을 입었다. 다른 장애로는 뇌성마비와 피질맹(시력장애)이 있었고, 사지도 마비된 상태였다. 고통처럼 강한 자극과 특정 냄새에는 반응했지만, 음식을 먹을 때 입술 일부가 움직이는 것을 제외하면 그가 할 수 있는 일은 없었다. 뇌간만이 그의 생명을 지탱해주고 있었다.

그럼에도 불구하고 티머시의 엄마는 아들이 학교에 가야한다고 생각했다. 뉴햄프셔주 로체스터에 있는 학구學區에서 미국 북동부 지방의 전문가들과 힘을 모아봤지만, 티머시는 학교 교육을 받아들일 능력이 없다는 결론에 이르렀다. 하지만 티머시의 엄마는 장애아를 둔 부모에게서 흔히 볼 수 있는 과단성으로 상황을 밀어붙였다. 연방항소법원은 결국 장애인교육법을 근거로 들어 티머시가 교육의 혜택을 받을 수 있는지는 별개의 문제라고 판결했다. 그 결과 로체스터 학구는 그에게 교육을 제공해야 했다. 이 과정을 지켜본 사람들은 법원의 결정으로 인해 "당 학구가 혼수상태인 아동을 책임져야 할지도 모른다"고 말했다.

티머시 같은 사례는 흔하다. 조지아주의 한 시골에 사는 드루는 소아 자폐증과 심한 지적 장애를 앓고 있다. 조지아주는 자폐증 전문가를 영입해 폭넓은 교육을 제공하고 있지만 드루의 부모는 이에 만족하지 않았다. 그들은 타 지역에 있는 특수학교에 대해 들었는데, 공교롭게도 그 타 지역이란 도쿄였다. 법원에서는 지역 학구에서 모든 비용을 대라고 판결을 내렸다. 특수학교의 수업료는 한 해에 20만 달러가 들 때도 있다. 결국 법원에는 비슷한 사건들이 넘쳐났고 지역 학구는 필사적으로 비용이 새는 것을 막으려고 노력했다. 하지만 학구는 항상 재판에서 졌다. 어쨌건 권리는 권리이기 때문이다.

뉴욕시 교육위원회는 이제 총 예산의 25퍼센트를 특수교육에 사용하며, 이로서 10명의 학생들이 혜택을 본다. 교육의 수준은 높지만 대다수의 학부모들은 더 많은 것을 요구한다. 브루클린에 사는, 심한 지적 장애를 앓는 한 소녀의 할머니는 그곳에서 제공하는 교육에 만족하지 않았고, 뉴욕시 특수학교의 책임자가 이끄는 과정도 믿지 못했다. 그래서 이제 뉴욕시는 그 할머니의 손녀를 보스턴의 특수학교에 보내고 있다. 그 아이를 담당하고 있는 공공 기금의 변호사는 이렇게 말했다. "할머니는 아이가 최상의 교육을 받기 원했지요. 앞으로 7년 동안은 아주 좋을 겁니다. 하지만 18세가 되면 그 애가 살던 빈민가로 다시 쫓겨날 거예요. 도무지 이해할 수가 없습니다."

모든 아이들이 자신들의 능력을 극대화하는 데 한 해에 최대 20만 달러를 쓸 수 있으면 얼마나 좋을까? 미국의 공교육은 모두가 알듯 승승장구하고 있지 않다. 최근 20개 국가를 대상으로 한 교육 실태 조사를 보면, 미국 아이들은 수학 평가에서 꼴찌(포르투갈 덕분에)를 겨우 면했다. 그 원인으로 부모의 맞벌이, 과도한 텔레비전 시청, 불충분한 학습을 들었다. 하지만 최근의 새로운 조사는 만성적인 재원 부족이 요인이라고 한다. 미국은 주요한 산업국가들에 비해 국민총생산에서 교육이 차지하는 비율이 낮다. 하지만 지적 장애아 교육에는 그 어떤 나라보다 많이 투자한다.

물론 가능한 많은 것을 해주려는 장애아의 부모를 비난하기는 어렵다. "아동 각자의 특별한 요구에 부응하기 위해 특별히 설계된 지침"이라는 법적인 권리와 비교해보면, 그 어떤 수준의 지원도 충분하지 않다. 그들의 부모는 상상에나 가능한 금액을 백지수표에 써넣을 수 있는 자유재량권을 가진다.

하지만 이것이 단지 돈 문제만은 아니다. 의회는 교육자들이 전문가의 입장에서 판단할 권한도 빼앗았다. 얼마 전까지 스스로를 "외로이 장애 아동을 대변하는 사람"이라고 여겼던 특수교육 교사들은, 이제 공청회에서 자신들의 판단을 입증하는 데 엄청난 정력을 소비하고 있다. 어느 연방 판사는 "부모들의 접근법을 중시하고 권리와 권리를 받을 자격을 명확히 강조한 결과, 특수교육이 의혹과 불신의 분위기에 물들었음"을 간파했다. 부모들은 특수한 학교를 요구하거나 이로써 발생되는 문제점을 모두 폄하하는 식으로 전문가들의 의견을 끊임없이 무시했다.

시카고의 한 사례를 보자. 중증 정서 장애아 애덤의 부모는 학교가 아들에게 행동장애 아동을 위한 특수 과정이 있는 학교를 추천하자 이를 거절했다. 그들은 애덤이 정규 중학교의 일반 학급에서 교육을 받아야 한다고 고집을 피웠다. 그 결과 그는 모든 과목에서 낙제했고, 한 교사는 애덤이 '통제 불능' 상태였다고 말했다. 하지만 부모는 아이가 학습 장애를 겪고 있을 뿐, 정신장애는 아니라고 우기면서 전학 권유를 거절했다. 또 학교가 제공하는 특별한 사회복지 서비스도 거절했다. 결국이 사건은 법원으로 갔고, 미국 연방고등법원US Court of Appeals이 법적 권리에 손을 들어주면서 애덤의 부모가 승소했다.

전문가와 부모 간 싸움의 피해자는 보통 아이들이다. 장애아를 일반 학급에 입학시켜도 괜찮을 때가 있다. 하지만 그렇지 않을 때도 있으며, 그런 조치가 장애아에게 무능감을 심어줄 수도 있다. 미니애폴리스 주의 학교에서 관련 업무를 도왔던 미네소타대학 교수 제임스 아이셀 다이크는 이렇게 인정했다. "별로 효과가 없어요. 시행 의도는 좋았지만 아이들에게 가혹한 면이 있습니다." 뉴저지주의 장애아 특수학교 이사장인 팸 블룸은 자신의 학생들을 가리켜 "일반 사회에서 망가지고 상처받은 아이들"이라고 한다. 일반 고등학교에서 수업을 받는 장애 학생들의 61퍼센트가 낙제를 한다. 그에 비해 특수교육 수업을 받는 장애아들의 낙제율은 14퍼센트다.

지적 장애아가 일반 학급에서 수업을 받기 위해서는, 당연히 다른 학생들도 고려해야한다. 학생마다 차이는 있겠지만 커다란 혼란을 겪는 것은 같다. 교사의 고충 또한 이루 말할 수 없을 정도다. 웨스트버지니아주 찰스턴의 3학년 교사 마거릿 베이스는 학급에서 장애 학생이 소리를 내기 시작하면 무슨 일이 벌어지는지 알려주었다. "학급 전체가 하던 일을 멈춥니다. 마치 탁구 게임을 보는 듯한 기분이 들죠. 애들은 애런을 쳐다봅니다. 그리고 나를 쳐다봅니다. 내가 애런을 돌보느라 바빠지면, 애들은 난리를 피웁니다."

법안이 통과되고 얼마 지나지 않아, 미네소타 연방의회 의원들은 교육부에 보내는 서한에서 법안의 효과를 이렇게 말했다. "법의 선한 의도는 기꺼이 인정하나, 이 법은 불완전하게 입안되었음이 분명하다. 미네소타 아동들에게 대단히 큰 상처를 주는 유해한 법이다." 전문가의 판단력을 빼앗는 상황에서 법이 어떻게 분별 있게 작용할까? 우리는 교육 전문가와, 상냥하긴 하지만 매일 기적이 일어나길 바라며 잠드는 열정적인 부모 가운데 누구를 더 신뢰하고 있을까?

물론 의회는 이 문제에 대해 거의 생각하지 않는다. 권리가 만연하는 시대에 그저 장애아를 위한 지원이 부족하다는 사실을 알고 권리를 조금 나누어 준 것 뿐이니까 말이다.

권리라는 녹색 신호등

권리를 나누어준다고 갈등이 해소되지는 않는다. 오히려 상황을 악화시킨다. 어느 장애인 대변인은 "제소장 제출이 미국 장애인법ADA

의 핵심"이라고 말했다. 하지만 어떤 사람들에게는 장애인법의 통과가 강력히 항의해야 할 이유가 된다. 하지만 누구에 맞서 항의를 한단 말인가? 장애인 압력단체는 모든 국민에 맞서 싸우고 있다.

권리를 위한 투쟁은 종교적인 신념처럼 극단적이 되었다. 로드아일랜드주의 건설 노동자였던 그레고리 솔라스는 1986년, 사고로 휠체어 신세가 된 뒤로 장애인법에 따라 2,000건이 넘는 제소장을 제출했다. 그는 혼자 힘으로, 로드아일랜드주의 학교의 문손잡이를 지렛대 형식으로 바꾸고, 전기 스위치와 화재 경보기를 낮은 위치에 설치하도록 요구했고, 샤워 시설을 변경하는 데 수백만 달러를 지출하게 만들었다. 또 한 번은 아빠와 딸의 댄스 경연 대회가 열리는 건물에 휠체어용 경사로가 없다고 소송을 제기했다. 해당 학교는 다른 건물로 옮겨서 행사를 해야 했다. 그레고리 솔라스는 도움을 받아 계단을 올라가는 것이 마음에 들지 않았으며, 다른 사람들의 즐거움은 안중에도 없었다. 모든 사람들(공공의 이익)이 무방비 상태일 때 그레고리 솔라스는 그가 얻은 새로운 권리를 칼 휘두르듯 행사하면서 운동을 벌이고 있었다. 로드아일랜드주에서 선출된 지도자들도 그만한 힘은 없었다.

장애가 있는 아이들과 반대로 특수한 능력을 타고난 아이들은 미국 학교 시스템의 지원이나 주목을 거의 받지 못한다. 100달러당 2센트 정도가 그들을 위한 제도에 책정된다. 미국 교육부에서 최근 발표한 자료를 보면, 재능을 타고난 학생들은 학기가 시작되기도 전에 교육과정의 절반 이상을 깨우치고, 왼손으로 과제를 하면서 몹시 지루한 나머지 활기를 잃어가고 있다고 한다. 정부는 이 아이들의 능력을 잘 살려 교육과 기업, 혹은 정부 분야의 리더로 키울 생각은 전혀 하지 않고 있다.

특수교육 대 재능교육의 재원 비율은 11달러 대 1센트다. 입법자들과 관료들도 이게 형평성에 맞는다고 생각하지는 않을 것이다. 하지만 상충되는 요구 속에서 균형을 잡을 수 있는 모두의 능력을 의회가 빼앗아가지 않았는가. 칼럼니스트인 애나 퀸드랜은 "그저 황당할 뿐"이라고 말했다. 그녀는 우리가 잠재적 실패에 사로잡혀서 잠재적 성공에 해를 끼치는 교육 시스템을 이룩해왔다고 지적했다.

적어도 지지자들에게 권리의 미덕은 절대적이라는 것이다. 내가 보장을 확실히 받을 수 있는데 조금 비효율적이면 어떠리? 절대적이라는 말은 좋아 보인다. 하지만 거기에는 보통 모순과 상처 입은 피해자가 뒤따른다.

장애인을 위한 권리는 특히 모순적이다. 그 이유는 하나의 장애가 있는 사람에게 득이 되는 일은 다른 장애를 가진 사람에게 해가 될 수도 있기 때문이다. 노년층이나 요통이 있는 사람은 낮게 설치한 분수식 식수대나 공중전화를 사용하기 어렵다. 높게 설치한 변기는 휠체어 사용자가 자리를 옮길 때는 용이하지만, 일반인, 특히 노년층이 볼일을 볼 때 사용하기는 힘들다. 단을 낮춘 갓돌은 보도가 끝나는 지점을 알기가 어려워서 시각장애자에게 더 위험하다. 휠체어 사용자에게 경사로는 필수지만 힘이 없는 사람들은 미끄러질 수 있어 위험하다. 열차 승강장 가장자리에 표시한 돌출부는 시각장애인에게는 좋지만 휠체어 사용자에게는 나쁘다. 한 난쟁이가 뉴욕의 장애인사무국Office for the Disabled 국장에게 장애인을 위해 변경한 몇몇 편의 시설이 자신을 더욱 힘들게 한다고 불평하자, 국장은 이렇게 말했다고 한다. "모든 사람을 만족시킬 수는 없잖아요?" 그렇다. 그렇다면 이러한 문제를 권리로 다루는 일이 과연 적절한 것일까?

권리는 재산과 같아서, 다른 모든 형태의 재산처럼 개인적인 이익을 취하려는 사람을 끌어들인다. 무엇인가를 원하는 사람들은 그것이 권리의 범주에 들어맞는지 보려고 주위를 배회한다. 최근 수십 년간 장애 아동의 숫자는 점점 늘어났는데, 그 이유는 어떤 문제에 대해 '학습 장애'라고 말하면 특별한 대우를 받는다는 사실을 부모들이 알았기 때문이다. 머지않아 차별에서 보호받는 부류가 확산되면, 아마도 대부분의 아이들이 자신에게 어떤 장애가 있다면서 권리를 주장할 것이다. 재능을 타고난 아이들이 지루함을 그들만의 특별한 장애라고 주장할지도 모른다.

멸종 위기종 보호법은 개발 제한 세력을 끌어들였다. 약 1만 달러만 주면 지역 고유의 잉엇과 물고기나 쥐를 찾아줄 컨설턴트를 고용할 수 있고, 이 동물들은 앞으로 진행될 개발을 저지하는 데 이용될 것이다. 어찌되었건 추정컨대 미국에 서식하는 동물은 약 3,000만 종으로 이것들 중 다수는 알려지지도 않았다.

태평양 연안 북서부 삼림지대에 사는 점박이 올빼미가 캘리포니아 주와 멕시코에 사는 '점박이 올빼미'와 같은 종이라는 사실이 밝혀졌다. 다른 점이라면 서식지에 따라 기후가 달라서 날개의 빛깔이 조금 차이가 난다는 것이었다. 남쪽으로 불과 몇 마일 아래 같은 종이 사는 서식지가 있었지만, 몇몇 이들은 이들의 북쪽 서식지를 보존하는 데 유난히 힘썼다. 반면 많은 사람들은 벌목꾼들이 베어내려고 하는 아주 오래된 북서부 지방의 산림을 염려했다. 다만 산림은 권리가 없었고 점박이 올빼미에게는 그것이 있었다. 그리하여 산림 벌채에 대한 논의는 '북부 점박이 올빼미'의 권리를 따지는 싸움터가 되었다. 최종적으로 벌목할 나무가 없어 직업을 잃을 위기에 처한 벌목꾼을 재교육하는 데 13억 달러의 세금을 사용하기로 결론냈다. 이 사건은 권리 혁명의 목적과 권리의 힘을 동시에 보여주었다.

미국의 장애인법은 약 4,300만 명의 미국인을 보호한다. 하지만 감당하기 어려울 만큼 많은 ADA의 규정은, 사실상 휠체어 사용자와의 갈등 해결과 그에 따른 비용과 관련이 있다. 휠체어 사용자는 전체 인구의 10퍼센트도 채 되지 않는다. 그 숫자는 적극적으로 은폐되어 온 듯 보이는데(광대한 입법의 역사 어디서도 수치를 찾을 수 없었다), 휠체어 사용자는 장애인 인구의 2퍼센트도 되지 않으며, 그들 대부분은 요양 시설에 있다. 아이들이 영양실조로 죽어가고 있으며 수학 점수는 20개국 가운데 거의 꼴찌에 가까운 상황이지만, 전국 곳곳의 시설을 휠체어 접근 가능 지역으로 만들기 위해 수십 억 달러가 쓰이고 있다.

우리는 광신자들이 권리의 절대적 한계선을 넘어간다는 사실을 또다시 배운다. 그들은 가능한 발 빠르게 행동하는데, 나머지 사람들은 그저 어처구니가 없을 뿐이다. "법은 지키라고 있는 것이잖아요." 솔라스는 말했다. "할 수만 있다면, 사람들한테 칠판에다 '나는 차별하지 않을 것입니다'라고 쓰라고 하고 싶어요." 그들의 사명감은 집착으로 변했고, 그 욕망은 결코 가라앉지 않을 것이다. 더 빨리, 더 빨리. 이것이 그들의 권리다.

하지만 세상은 그들만의 것이 아니다. 사회에는 빨간 신호등도 녹색 신호등도 필요하다. 의회든 지역 학교 위원회든, 정부는 한 집단에 빨간 신호등, 다른 집단에는 녹색 신호등을 켜주는 역할을 계속 해야만 한다. 권리는 영원히 녹색 신호등만 제공한다. 그렇게 되면 권리를 가진 사람들이 원하는 곳으로 가는 동안, 다른 사람들은 차에 치일 수도 있다.

부상자는 속출하고, 사람들의 증오는 점점 쌓이고 있다. 라디오의 토론 방송만 들어봐도 이를 알 수 있다.

사회는 우리가 원하는 만큼 관대해질 수 있다. 하지만 그렇게 하려면 상식적 판단의 허용과 절충안의 강구라는, 민주주의가 제공하려고 했던 메커니즘이 필요하다. 가령 나는 휠체어 이용자의 편의성을 위해 상당한 예산을 투자하는 데 찬성한다. 하지만 예외를 용인하는 메커니즘 또한 만들어야 한다고 생각한다. 미니통커에 있는 하키 기록원 부스에까지 굳이 휠체어 공간을 만들지 않아도 괜찮을 거라는 말이다. 나는 또한 북서부 지방의 산림 보존에 예산을 사용하는 것을 찬성한다. 다만 13억 달러는 좀 많은 것 같다. 무엇보다 나는 장애 아동들에게 제대로 된 애정 어린 보살핌을 제공하고 싶다. 사회의 일원으로서 생산적일 가망이 없을 것 같은 사람들을 포함해서 말이다. 그렇지만 이 아이들을 도쿄로 보내는 것에는 반대한다.

복지 제도에 씌워진 굴레

1993년 11월 29일 저녁, 예타 애덤스는 워싱턴 DC의 주택도시개발부Department of Housing and Urban Development, HUD 앞 버스 정류장 벤치에 앉은 채 얼어 죽었다. 지인들은 그녀가 진통제 중독과 우울증으로 고통당했지만 온화한 사람이었다고 했다. 며칠 뒤 신원불명의 남성이 의회도서관 근처에서 동사했다. 이처럼 에타 애덤스의 죽음과 같은 비극은 흔히 있었지만 그녀가 죽은 장소 때문에(아마도 스스로 그곳을 선택한 듯하다) 이 이야기는 전국에 방송되었다. 장례식이 열린 캐런 침례교회에서 연설을 했던 HUD의 장관 헨리 시네로스는 "뭔가 잘못되었다"고 하면서 워싱턴에 추가로 임시 숙소를 마련하기 위해 25만 달러를 책정하기로 약속했다. 레스터 W. 앨런 목사는 추도사에서 이렇게 말했다. "나는 정부 당국이 성실하다고 진실로 믿습니다. 하지만 이제 내가 진실을 말해도 될까요? 그래도 괜찮겠지요? 여러분, 그들은 우리 문제를 단 한 번도 해결해준 적이 없습니다."

어려움에 처한 사람에게 혜택을 주며 보살피는 일과 그들의 권리를 존중하는 일은 사회 개혁가들에게 거의 같은 일이다. 사실 권리 혁명은 린든 존슨 대통령의 '위대한 사회'와 그 사상적 근원이 같다. 만일 혜택 제공이 복지 수당을 주는 것과 같다면, 복지 수당을 얻을 권리를 획득하는 일도 혜택 제공과 거의 같은 의미라고 할 수 있다. 하지만 에타 애덤스와 같은 사람을 돕는 일은 법적인 권리 부여의 문제가 아니고 복잡하고 힘든 인간 삶에 대한 문제다. 앨런 목사나 애팔래치아 지방의 가장 빈곤한 동네에서 목회 중인 내 아버지 같은 성직자들은 누구보다도 그 사실을 잘 알고 있다. 어려움에 처한 사람들을 돕기 위해서는 진심 어린 관심과 올바른 판단력이 필요하다. 울화통이 터질 수도 있고 말다툼도 흔할 것이다. 사람은 늘 변하기 마련이니까. 더 나은 세상은 수학 공식에 따라 오지 않으며 법체계에서 오는 것은 더더욱 아니다.

"상속권을 박탈당한 이들을 위한 새로운 권리장전"을 밀어붙였던 찰스 라이히는 사람들에게 필요한 것은 도움이 아니라 자활이라고 믿었다. 조력이라는 말 자체가 신경을 곤두서게 했다. 그는 온정주의의 남용, 특히 사회복지사가 복지 혜택을 조절할 재량이 조금이라도 있다는데 초점을 맞추었다. 자유와 존엄을 보장하는 법적 권리는 사람들을 의존의 구덩이에서 빠져나올 수 있도록 할 것이다. 찰스 라이히의 말은 일리가 있었고, 새로운 형태의 권리의 시대가 올 것이라 직감한 연방 대법원은 그의 이론을 법으로 만들었다. 정부는 적법한 절차를 준수하는 일 외에 아무것도 해서는 안 될 터였다.

합리적인 판단을 하는 것만으로는 이제 부족해졌다. 이제부터 판단은 바른 과정을 통해 내려져야 했다. '복지 혜택을 받은 사람이나 정학을 당한 학생은 자신의 처지를 확실하게 피력할 기회를 가졌는가?' 또한 적법한 절차에는 평등의 의무가 포함되는데, 이는 타인과 동등한 대우를 받지 못한다고 느끼는 사람은 누구든 제소할 수 있다는 뜻이다. 가장 중요한 부분은 이것이다. 적법한 절차는 정부의 결정에 대한 사유권을 포함하므로 정부는 서비스를 제공하면서도 수비적인 입장을 취하게 된다. 그렇기 때문에 복지 제도를 시행할 때 정부가 취할 수 있는 유일한 안전한 방법은 현명한 판단을 잊고 법을 따르는 것이다. 어찌됐건 적법한 절차의 요구를 조금이라도 어기면 제소를 당할 수 있다. 찰스 라이히는 헌법이 보장하는 '새로운 권리'로 정부의 역할을 재정의해서, 국가에서 개인을 독립시키고자 하는 그의 열망을 달성했다.

사회보장제도는 아주 훌륭히 시행되었다. 한때는 관여하는 게 사회복지사들의 업무였다. 그러나 이제는 관여하지 않는 게 그들의 업무가 되었다. 찰스 라이히가 그다지도 혐오했던 '(특정한 개인의 배경 등을 고려하는) 개별적 사회복지사'는 더 이상 존재하지 않는다. 그들은 개인이 처한 상황을 이해하려 하지도 않는 사무적 존재가 되었고, 오직 모든 업무가 법 절차에 맞게 진행되는지만 확인했다. 뉴욕시 복지부의 전직 법률자문위원에게 사회복지사업을 설명해달라고 부탁하자, 그는 질문의 의도조차 이해하지 못했다. "우리 기관에서는 사회복지를 제공하지 않습니다. 자격 여부를 관리하지요."

안타깝게도 적법한 절차는 물질적 혜택을 주지 않으며, 혜택의 수준은 정부 마음대로 정할 수 있다. 적법한 절차가 우리에게 주는 것은 일률성과 절차를 보장하는 두꺼운 규정집이다. 온정주의는 냉혹한 형식주의로 대체되었다. 곤경에 빠진 사람들은 이제 무수한 법적 장치를 갖게 되었다.

이보다 더 철저히 비인간적이고 비효율적인 체제를 생각해내기는 어려울 것이다. 복지 사무소를 방문해보면 인간이 이 체제를 만들지 않았다는 사실을 알 수 있다. 사무원들은 복지 수당 수령인들에게 거의 관심이 없다. 6개월마다 해야 하는 면담은 고문이며, 사회보장카드나 필요한 서류를 깜빡 잊고 오면 수당을 받지 못한다. 형광등 아래서 면담을 기다리는 일도 고문의 일부다. 한 다큐멘터리 영화에서 노인 3~4명이 대기실에 앉아 하루 종일 기다리는 모습을 보여주는데, 움직이는 것은 복지사들의 손밖에 없는 것 같았다. 하루 일과가 끝나자, 복지사들은 노인들에게 돌아가라고 말했다. 영화를 보면 당신은 이런 생각이 들 것이다. "저 사람들, 도대체 필요한 게 뭐지? 배가 고팠나?"

동정심은 존재하지 않는다. 법이 인정하지 않기 때문이다. 어째서 어떤 사람은 특별 대접을 받는가? 그것을 누가 결정하는가? 특혜의 망령은 사회 개혁가가 다시 법전에 눈을 돌리게 했다. 모든 조건은 같아야만 한다. 조엘 핸들러는 이렇게 지적했다. "권리는 협조적이며 지속적인 관계일 때만 찾을 수 있다. 지금은 지역사회의 도움이 필요한 시기다. 개인의 필요에 맞고 배려심 있는 조사가 이루어지는 대신, 낭비일 뿐 아니라 아무 생각 없이 적용되는 가혹한 규칙과 사람을 물건으로 취급하는, 판단 능력을 상실한 직원들이 있다. 권리 체계는 잔인한 속임수가 되었다. 이는 최악의 관료주의적 합리화이다."

임대료 체불이 불가피한 가정의 강제 퇴거를 막기 위해, 몇 해 전 뉴욕시는 어려움에 처한 이들의 임대료를 융통해줄 예산을 확보하기로 했다. 예산은 한정되어 있고 사람들이 몰려들 수도 있어서 대상자는 임의로 정하기로 했다. 대상자 선정은 사회복지사 개인의 자유재량에 어느 정도 달려 있었다. '이 신청자는 기본적으로 책임감이 있는 사람인가?', '습관적으로 임대료를 술이나 마약을 사는 데 써버리지는 않는가?', '이 사람의 설명은 이치에 맞는가?' 하지만 거절당한 이들을 대변한 법률 자문 변호사들은 모든 사람들이 공평한 대우를 받지 못했다는 사실을 들어 뉴욕시를 제소했다. 결국에는 예산 제한 때문에 법규가 적용되었고, 혜택을 받아야 할 다수의 가정이 혜택을 받지 못했다.

적법한 절차라는 미명하에 모든 결정에 법적 정당성이라는 잣대를 들이대는 모습은, 사안과 직접적 연관이 없는 명문 법학 대학원의 감독관이나 대법원의 판사들에게 안전한 느낌을 준다. 중국 여인의 전족처럼, 그들은 복지 제도가 안전하고 엄격한 법적 관례에 따라 발을 끌고 가는 모습을 보고 미적 쾌감에 젖는다. 그들은 법적인 존중과 공평을 보장하기 위해 법을 구체화하는 사람들이다. 누가 그들을 비판할 수 있을까.

하지만 적법한 절차를 강요하는 행위는 인간을 돕는 일과 배치된다. 형식주의에 따라 행동하고 일률성을 충족시키는 일은, 도움 주는 자와 도움받는 자를 단절시킨다. 그렇게 되면 불행하게도, 법적 이념과 사회의 목적이 서로 맞지 않게 되어서 사회보장제도는 원거리에서 빵부스러기나 던져주는 제도로 축소된다.

정부의 전통적 권한이 축소된 것 또한, 정부가 자원을 분배하거나 부정행위를 통제하는 등의 공공서비스를 행사하기 어렵게 만들었다. 수완 좋은 사람들이 금세 늘어나 사회 구성원 모두에게 해를 끼쳤다. 이 부분은 가장 단순하고 논란이 적은 사회복지사업인 공교육에서 잘 드러나고 있다.

연방 대법원이 교육을 권리로 취급해야 한다고 판결하기 전까지는, 적법한 절차를 초등학교 운영이나 고등학교 2학년의 정학 처리와 관련짓는 사람은 아무도 없었다. 그 일은 권한이 있는 교장과 교사들이 결정하던 일이었다. 학생과 부모는 자신들의 권리가 무엇인지 생각하지 않았다. 아무런 권리가 없었기 때문이다. 숙제를 안 해가면 당연히 낙제점을 받았다. 품행이 나쁘면 정학이나 근신 처분을 받았다. 대다수의 전문가들은 아동과 청소년을 다룰 때 권위가 중요하다고 여전히 믿는다.

적법한 절차는 정치적인 논증이라는 이례적 맥락에서 싹텄다. 연방 대법원이 학교의 규율을 뒤집어엎으려 의도한 것은 아니었다. 하지만 루이스 파월 판사는 일부 법 전문가들이 고안해낸 멋진 이론보다 소수 의견(의사 결정이 다수결에 의해 이루어지는 합의체議體에서 다수의 의견에 포함되지 않아 폐기된 의견)에 성패가 달려 있다고 경고했다.

기본적으로 국가의 관심은 모든 학생과 공공의 이익을 위해 공교육 시스템이 적절하게 기능하는 데 있다. 학교에서 일어나는 관례적인 징계를 적법한 절차라는 사법적 관리와 형식주의에 맡기는 것보다 학교의 일상적 기능에 지장을 주는 판결도 없을 것이다.

캐서린 콜린스와 더글러스 프랜츠가 교사를 대상으로 전국에서 실시한 조사를 보면, 최근 도시의 많은 학교가 '공포 분위기' 속에 있다는 사실을 알 수 있다. 하지만 미국 교사연맹American Federation of Teachers의 회장인 앨버트 솅커는 폭력보다 체계의 오류에서 발생하는 교육의 붕괴가 더 문제라고 말했다. "학습 방해는 폭력보다 더 흔히 일어나며 늘 학습 저해의 요인이 됩니다. 교실 뒤편에 앉아 다른 학생들을 깔아뭉개며 고함치는 애 하나만 있으면 됩니다. 그 상황에서 무엇을 배우기란 힘들다고 봐야지요."

적법한 절차는 이런 상황에 즉각적으로 대처할 교사와 교장의 권한을 빼앗았다. 시카고 외곽에 있는 샌드버그 중학교의 교장 조지 제이컵스는 다음과 같이 말했다. "20~30년 전만 해도 나쁜 행실을 일삼는 애들을 쉽사리 가려내고 즉시 조치를 취할 수 있었지요. 요즘은 따로 기록을 해두어야 할 정도입니다." 소름 끼치는 잘못을 하지 않은 이상, 이제 교사들은 대개 아무런 조치도 취하지 않는다. 조치하는 데 따르는 절차가 너무 부담이 되기 때문이다. 결국 질 나쁜 학생들은 이도저도 못하는 교사들의 상황을 알아채고 이를 최대한 이용하고 있다.

혹자는 보스턴에서 어느 교사와 면담한 이야기를 들려주었다. "그녀는 한 무리의 학생들이 복도에서 자신을 협박했고, 성적으로 비하하는 발언을 퍼부었다고 말하면서 떨었습니다. 하지만 그 일을 보고하지는 않았다고 했어요. 그래봤자 아무런 도움이 되지 않았을 거라면서요. 이유요? 그 사건을 목격한 사람이 없었기 때문이랍니다." 또 다른 이는 30년 전에 이 같은 협박을 교사에게 했다면 즉각 조치가 취해졌을 것이라고 지적했다.

브롱크스 월턴 고등학교에서 교장까지 지냈던 낸시 유델은 경비원을 협박했던 문제 학생에 대해 이야기했다. 그 사건은 다른 경비원과 교사, 교장이 목격했다. 하지만 학생의 정학 처분은 거부되었다. 이유인즉, 뉴욕과 다수의 도시에서는 강력한 징계를 내릴 때 제삼자인 학생 목격자를 요구하기 때문이다. 샌드버그 중학교의 조지 제이컵스는 마약을 판매한 학생에게 정학 조치를 내렸다가 학부모가 세 번에 걸쳐 상소를 진행하며 압박하자 철회했던 사건을 회상한다. "저는 학생 중인 소환을 계속 거부했습니다. 이처럼 적대적이고 냉소적인 절차에 학생의 참여를 요구하는 행위는, 학교의 공정한 징계 처분으로 얻을 수 있는 그 어떤 교훈보다 더 해로울 수 있다고 생각했습니다. 결국 그 학생은 결국 마약 거래를 하다가 학교에서 쫓겨났지요."

비극은 불량 청소년이 그리 많지 않다는 사실이라고 낸시 유델은 말한다. "도심 지역의 큰 고등학교에는 행실이 나쁜 애들이 많다고 생각하지만, 그렇지 않아요. 하지만 몇 안 되는 아이들이 전체 분위기를 망쳐놓지요." 그녀는 월턴 고등학교의 학생들 3,000명 가운데 50여 명이 진짜 문제아라고 추정했다. "그 애들 50명만 없었다면, 완전히 다른 학교가 될 수도 있을 거예요."

이 같은 상황은 교사들에게도 재앙이었다. 어느 정신과 의사는 교사 575명의 정신감정을 실시하고는, 교사들이 "심한 스트레스를 지속적으로 받고 있으며 이는 제2차 세계대전 피해자들의 전투신경증과 놀랍도록 닮아 있다"고 결론지었다. 또 콜린스와 프랜츠의 조사 결과는 다수의 교사가 자신들이 원래 역할을 할 수 없는 것에 강한 불만을 표시하고 있음을 보여준다. "아이들한테 권리가 너무 많아서 우리 사회는 질서가 무너졌어요", "정부가 아이들과 부모들한테 권리를 준다는 것은 여기서 손 떼겠다는 뜻입니다", "규율이 가장 큰 문제입니다", "공립학교에 지금 당장 필요한 것은 애들을 쫓아낼 수 있는 권한입니다."

하지만 사회보장제도를 운영하는 사람들에게 권리 혁명은 엄청난 혜택을 안겨주었다. 직무 태만에 대한 최고의 핑곗거리를 제공했기 때문이다.

상식을 가로막는 권리

노숙자 문제는 아마도 권리를 앞세운 사회보장제도가 실패했음을 극명히 보여주는 일례일 것이다. 사실 너무나 철저히 실패해서 사람들은 노숙자 문제를 당연시하게 되었다. 우리가 길거리에서 사는 사람들에게 주의를 돌린 건 1980년대 중반으로, 그리 오래전 일은 아니다. 노숙자는 빈민가의 알코올중독자와는 다른 경향을 보였다. 꼬질꼬질 때가 묻은 옷을 겹겹으로 입고 다니며 가끔은 노려보고, 가끔은 구걸하고, 또 가끔은 비명을 지르곤 했다. 하지만 정신적으로 무능하며 마약 때문에 쇠약해진 사람들을 뻔히 보고도 우리는 아무 조치도 취하지 않았다.

누구나 자신의 권리를 찾는 시대에, 우리는 그들과 거리를 두었다. 무슨 권리로 남의 인생에 참견을 한단 말인가? 노숙자를 위해 무엇을 할 것인지에 관한 논의는 그들이 처한 현실이 아니라, 권리에 집중되었다.

길거리에 사는 사람들의 복지 향상을 위해 노력하는 사람들은 그들에게 '노숙자'라는 이름을 붙이고, 이기적인 사회가 평범한 이들을 사회의 안전망에서 벗어나 길거리로 나앉게 했다며, 그들에게 집을 가질 법적 권리가 있다고 널리 알렸다. 그 노력의 첫 번째 결실은 조이스 브라운이라는 노숙자다(나중에 빌리 보그스로 이름을 바꾸었다). 그녀는 지역 뉴스 방송의 요청으로 하버드대학에서 연설을 했는데, 방송에 따르면 꽤 괜찮았다고 한다. "나는 정치범이었으며 범죄자는 아니었습니다. 내 문제는 살 곳이 없었다는 것이었지요." 전국적인 주목과 정부의 갖은 호의를 받으며 뉴욕으로 돌아온 그녀는 임시 거처를 마련할 수 있었다. 게다가 미국 시민자유연맹American Civil Liberties Union에서 타자수로 일도 하게 되었다.

14명의 아이와 워싱턴 DC에서 사는 재클린 윌리엄스는 토크쇼 〈도나휴Donahue〉에 출연해서 끔찍한 사회 복지 제도의 밑바닥 삶에 대해 이야기했다. 대가족을 이끌고 보호시설을 전전했다는 윌리엄스의 이야기는 도망 다니는 난민의 모습을 떠올리게 했고, 이에 난처해진 시 정부는 그녀에게 넓은 집을 제공하며 공적 지원이 기능하고 있음을 확실히 보여주었다. 조이스 브라운과 재클린 윌리엄스는 인도적인 정부가 어떻게 노숙자 문제를 처리하는지 보여주는 예다.

약을 끊은 지 3주가 채 되기도 전에 조이스 브라운은 다시 길거리로 돌아가서 욕설을 하고 소리를 질러댔다. 재클린 윌리엄스는 1년이 안 되어 집을 비워야만 했다. 집안은 엉망이었다. 배관 장치는 간데없고 집 안은 쓰레기와 잡동사니와 인분으로 넘쳐났다. 진짜 문제는 두 사람이 질병을 앓고 있었다는 점이다. 누군가의 적극적인 개입이 없으면 그들은 스스로를 보살피지도 못했고, 어떤 역할도 할 수 없었다.

타인의 자유에 개입할 때는 당연히 주의를 기울여야 한다. 그렇다고 해서 정신 질환이 저절로 없어지기를 바랄 수만은 없다. 미국에서 정신 질환자를 보호시설에 수용하려면 반드시 법적 승인을 받아야 한다. 반면, 그리고 나서 환자를 까맣게 잊어버리는 일은 다반사다. 1960년대에 정신 질환자 보호시설의 태만과 무관심이 폭로되었고, 이에 대한 주체할 수 없는 분노가 권리 혁명과 딱 맞아떨어졌다. 켄 키지의 소설이 원작인 영화 〈뻐꾸기 둥지 위로 날아간 새One Flew Over the Cuckoo's Nest〉는 정신 질환이란 사회가 사람들에게 붙이는 꼬리표일 뿐이라는 급진적 개혁가들의 시각을 지지했다. 그중 1명인 토머스 사즈의 표현을 빌려보면 이렇다. "만일 정신과가 없다면 정신 분열증도 없을 것이다. 그러므로 정신과를 없애면, 정신 분열증도 없어질 것이다."

지지자들의 이런 주장은 정신 질환자가 '본인과 타인에게 위험하지 않다'고 법정에서 인정되면 비자발적인 수용을 제한토록 하는 데 성공했다. 윌로우브룩과 여타 시설들은 빗장을 풀었고, 위험성이 없다고 생각되는 수천 명의 정신 질환자들이 사회로 나왔다. 외래 환자 치료를 수용 시설 밖에서 받을 수만 있다면 '탈시설화'가 좋다는 데 많은 전문가가 동의한다. 정신 질환자 보호시설 때문에 예산이 줄줄 새나갔던 주들은 시설 폐쇄가 아주 효율적임을 증명했다. 그리고 그들이 약속했던 사회보호시설(정신 질환자나 장애인이 병원이나 집에 머물면서 치료를 받을 수 있도록 지역사회가 제공하는 서비스)에 대해서는 곧 잊어버렸다.

탈시설화 다음으로 처리할 일은 '치료를 거부할 권리'였다. 상황을 지켜본 혹자는 그것은 의지와 관련한 문제라고 지적했다. "병을 앓고 있는 기관이 뇌라는 게 딜레마입니다. 정신 질환자 대부분은 자신에게 아무 문제가 없다고 생각하거든요."

여러 해 동안 새로운 권리에 따른 두드러지는 영향은 거의 없었다. 탈시설화된 환자들은 치료받는 데 익숙해졌고, 그들을 기꺼이 도우려는 가족과 지지자들에게 필요한 보살핌도 받았다. 하지만 오늘날 정신 질환이 있는 노숙자의 대부분은 보호시설을 이용할 수 없을 때 병을 앓기 시작했다. 그들은 정신 질환자 보호시설이 치료법을 제공한다는 걸 전혀 알지 못하며, 많은 수는 치료를 거부하는 실정이다.

그 결과는 참으로 비참하다. 망연자실한 한 정신 질환자의 어머니는 정신 질환자들이 행사한다는 그 권리에 대해 말했다. "정부는 길 잃은 가축처럼 사는 것이 우리 아들의 권리고 선택이랍니다. 어째서 순식간에 목숨을 버리는 것은 불법이고 천천히 목숨을 버리는 것은 권리입니까?" 미국 정신의학회American Psychiatric Association는 특별위원회 보고에서 노숙자의 권리는 "자유라는 깃발 아래 태만을 감추려는 수단"이라고 했다.

정부는 권한이 별로 없는 자원봉사자 같이 행동한다. 정신병 환자로 남기로 선택한 정신 질환자의 권리에 대해 질문할 자격이 없는 것처럼 말이다. 하지만 정부 외에 그 누가 이러한 결정을 할 수 있겠는가? 우리가 병든 사람들을 도울 수 없는 권위주의적 국가와 다름없는 상황에 처해 있는가? 아니면 의사가 아무한테나 전두엽 절제술을 시술하려 들고, 정치적인 견해가 다르다고 약물을 먹이려 들 것이라 생각하는가? 판단력 있는 사법 감시 제도를 고안하는 일이 그렇게 어려운가?

노숙자들을 관리하는 것은 자연히 경찰의 책임이 된다. 날이 추워지거나, 노숙자가 한 동네에서 소란을 피우고 그다음 주에 같은 사람이 문제를 다시 일으키면 경찰은 그를 구금한다. 감옥과 노숙자 쉼터가 정신질환자 보호시설을 대체했다. 1980년대 중반에 행한 조사를 보면 2만 6,000여 명의 정신 질환자들이 감옥에 구금되었다고 한다. 경찰은 정신병동의 직원처럼 행동할 것이 아니라 사회 범죄를 척결해야 하는 것 아닌가? 추위를 잠깐 피하는 데 경찰서 유치장이 병원보다 훨씬 인간적인가?

"30년 전이었다면 예타 애덤스는 절대로 얼어 죽지 않았을 겁니다"라고 미국 권리와 책임협회American Alliance of Rights and Responsibilities의 회장 로저 코너는 말했다. "그 당시 우리는 정부의 개입에서 사람들을 보호하는 법이 아니라, 정부의 개입이 필요한 사람들이 있다는 데 인식을 같이했지요."

예타 애덤스는 성년기의 대부분을 골드버그 대 켈리 소송의 판결로 얻어 낸 혜택을 받고 살았다. 하지만 그녀에게 절실한 것은 사회복지사에게 돌봄을 받는 게 아니라 복지사와 긴밀한 관계를 형성하는 것이었다. 수년간 예타 애덤스는 정신 질환자 보호시설과 노숙자 쉼터를 들락거리며 살았다. 마침내 다 자란 아들과 함께 노숙자 쉼터에 들어갔지만, 아들은 맥도날드를 털려다가 감옥에 갔다. 죽기 일주일 전 그녀는 아무 말도 없이 쉼터를 나왔다. HUD 건물 맞은 편 벤치에서 죽어 있는 예타 애덤스를 발견했을 때, 그녀의 수중에는 300달러가 있었다. 추운 날씨를 피하기에 충분한 돈이었다. 하지만 그녀는 그렇게 하지 않았다.

　1960년대의 개혁가들에게 권리란 복지 제도와의 관계를 정의하는 기본 틀로, 논리적인 선택으로 보였다. 권리장전은 개인과 정부 사이에 명확한 경계선을 그었다. 하지만 권리장전은 정부가 역할을 할 수 있게 두지 않았다. 오히려 역할을 할 수 없게 했다. 빈곤과 노숙자 문제, 혹은 일상적 교육 문제 같이 인간이 처한 난제를 해결하도록 복지 제도에 요구하려면, 인간이 직접 개입해서 상황에 맞게 일을 수행할 수 있도록 놓아두어야만 한다. 동정심을 포함해 그들이 과업을 밀고 나갈 수 있는 모든 수단이 필요하다. 마치 그들의 업무를 방해하려는 것처럼, 형식주의와 방어적 절차로 굴레를 씌울 것이 아니라, 그들에게 책임을 장려해야 한다.

　정부가 제공하는 서비스는 헌법상의 권리로 취급해야 한다는 구실을 우리는 받아들여왔다. 하지만 권리는 그런 것이 아니며 민주적 사회가 제공하는 혜택일 뿐이다. 그렇다고 우리가 헌법상의 권리나 권위주의 중에 한 가지만 선택해야 하는 것은 아니다. 교사는 제멋대로 행동하는 청소년에게 학업을 방해할 헌법상의 권리를 주지 않을 수 있고, 전제적이지 않으면서도 자신의 의무를 다할 수 있다. 사회복지사는 끝없는 절차를 준수하지 않고도 부적절한 처신에 대해 직무적인 책임을 질 수 있다. 그들이 자신들의 일을 할 수 있도록 내버려두는 것이 어떨까?

　래스터 W. 앨런 목사가 예타 애덤스의 장례식에서 말했듯 복지 제도는 우리가 안고 있는 그 어떤 어려운 문제도 해결해준 적이 없다. 더 솔직히 말하면 그런 노력조차 하지 않았다.

권력과 자유를 혼동하다

권리 나눠 주기는 분열된 사회에 정의를 제공하기로 되어 있었다. 하지만 사회 구조는 토지를 분배하듯 나눌 수 없으며, 우리는 모두 함께 살아가야 한다. 권리는 특별 이익집단 사이를 갈팡질팡 오가며 깊은 법적 균열을 일으켰고, 사회는 결국 분열되고 말았다.

이렇듯 붕괴를 초래하는 법적 장치는, 그게 어떤 것이든 깊은 결함이 반드시 있기 마련이다. 그리고 그것이 우리가 지난 몇십 년간 발명해 낸 오늘날의 권리이다. 기본 원칙이 무엇인지 되돌아보자. 이 나라의 건국자들이 우리에게 물려준 권리를 지키기 위해 얼마나 많은 미국인이 희생되었던가. 학교에서 되풀이해서 배운 것처럼 이러한 권리는 자유 사회의 토대다. 하지만 그것이 무슨 뜻일까? 자유 사회의 토대라는 상투적인 말을 너무나 많이 들어서, 우리는 이 말을 이해하지도 않고 한 귀로 흘려버린다.

그렇다면 이렇게 고쳐 말하는 편이 좋겠다. 이 나라의 토대가 되는 권리는 법에 대항할 권리이다. 제임스 매디슨의 표현을 빌리자면, 헌법은 "정부의 모든 침해, 특히 입법부의 침해에 맞서 개인의 권리를 보호한다". 권리는 (언론의 자유, 재산권, 집회·결사의 자유 같은) 자유를 침해하는 그 모든 법에 맞서는 방어 수단이다.

헌법의 어느 조항도 의회가 새 권리를 배분하지 못하도록 금하지 않는다. 기본적 자유를 침해하지 않는다면 말이다. 그렇다면 새 권리를 지지하는 명분이 이와 대치되지 않으니, 되도록 많이 특별 이익집단을 지지하면 안 되는 것일까?

하지만 공화국의 또 다른 중요한 목표는 특별 이익집단이 가진 힘을 억제하는 것이었다. 제임스 매디슨은 현대 미국인의 귀에 익숙한 『연방주의자 논고 제10호The Federalist 10』에서 특별 이익집단을 '파벌'로 규정하고 있다.

다른 국민의 권리나 영구적인 전체 이익에 반해, 어떤 공통의 이익을 공유하기 위해 일정 수의 국민이 연합해 활동하는 것을 파벌이라고 나는 이해한다.

매디슨은 파벌을 만들고자 하는 것은 인간의 본성이며 이는 가진 것과 각자의 처지가 다르기 때문에 불가피하게 발생한다는 사실을 알았다. 따라서 공화국의 목표는 특정 원인에서 시작되는 감정이나 힘에 따르는 대신, '숙고를 중시하는' 정부가 체계를 만들어 내는 것이었다.

제약 없는 권리를 이용해 법을 제정하는 일은 '심사숙고 중시'와는 반대된다. 특별 이익집단은 투표로 선출된 대변인 없이도 법정에서 자신들의 새 권리의 범위를 정할 수 있다. 권리 창출 역시, 각자 다른 집단에 권리를 부여함으로써 자기 이익만을 위해 다른 집단이나 나머지 국민 모두와 싸우는 혼란을 초래할 수 있다.

철학자 아이자이어 벌린이 '그 무엇이든'에 대한 권리라고 표현한 것처럼, 이러한 충돌은 필연적인 결과다. 예를 들어 보편적 의료 제도는 현재 가장 중요한 국가적 의제다. 하지만 권리라는 문제를 다루지 않고 (조산아 혹은 뇌 손상을 입은 갓난아이에게 수백만 달러를 사용할지와 같은) 의료 관련 결정을 내리기란 어렵다. 유방암에 걸리거나 심장마비로 쓰러진 사람에게 사용할 예산이 하나도 없다면 어떻게 할 것인가?

그 피해는 돈 문제로 싸우는 것보다 크다. 사람들은 직간접적으로 이래라저래라 지시를 받으면 저도 모르게 분개한다. 간이 화장실 설치를 반대하는 장애인의 대변인들에게 기분이 상한 뉴욕대학의 교수든, 타 부서의 직원과 다른 잣대로 대우받고 있다며 화를 억누르고 있는 직원이든, 혹은 올바른 일을 하지 못하게 저지당해 불만인 교사든, 권리 다툼의 영향으로 사회는 분열되고 있다.

꼭 이래야 할까? 권리는 정말 옳아 보인다. 하지만 새로운 권리는 권리가 아니며, 권리라는 이름의 가면을 쓴 뻔뻔스러운 권력이다. 그리고 권력은 권리와 아무 상관이 없다. 조상들이 목숨을 바쳐 지키려 했던 권리는 외부의 명령에서 우리의 자유를 보호하는 방어물이었다. 지금의 권리는 폭력과 같으며, 자유라는 깃발 아래 지지를 받고 있다. 하지만 여기에 경의를 표하는 사람이 없다는 사실은, 이러한 권리가 다른 사람들의 자유를 침해하고 있기 때문이라고 볼 수 있다. 새로운 권리 체계는 동전처럼 이면이 있으며 그것은 강압이라고 불린다.

드물겠지만, 공민권 운동처럼 권리가 변화에 적합한 수단이 될 수도 있을 것이다. 1960년대 미국 북부에서 분출된 불가피한 대립처럼 가치가 있을 수도 있다. 하지만 아직 상처가 아물지도 않은 영웅적 운동이 우리가 민주국가에서 일상적 결정을 내릴 때 본받아야 할 모델일까?

찰스 라이히의 희망과는 별개로, 권리는 개혁을 위한 즉각적인 해결책이 아니다. 사회를 분열시키기에 딱 좋을 뿐이다. 생명권은 논쟁의 여지가 없다. 선택의 자유에 관한 권리도 마찬가지다. 남북전쟁이 우리에게 시사하는 점은 무엇일까? 우리는 사용 설명서를 참고해야 한다는 사실을 잊고 있었다. 제임스 매디슨은 『연방주의자 논고 제51호』에 이렇게 썼다. "통치력 있는 정부를 꾸릴 때 가장 어려운 문제는 이것이다. 정부에 피통치자를 통제할 수 있는 권한을 줘야 한다. 그런 다음 피통치자 스스로 통제하도록 의무를 지워야 한다." 그런데 오늘날 정부는 국민에게 권리를 나누어주면서 이와는 정반대로 하고 있다. 정부는 특권을 포기했고 국민을 통제할 능력도 상실했다.

권리는 민주주의의 언어가 아니다. 타협이 민주주의의 언어다. 권리는 자유의 언어이며, 그것은 자유를 보호하는 역할을 할 때만 절대적이다. 민주주의의 개혁을 달성하려고 권리라는 절대적 권력을 휘두른 결과, 우리는 민주주의의 토대를 약화시키고 스스로의 자유를 손상시켰다.

제4장

스스로를
놓아주기

미국인은 거의 뭐든 할 수 있다. 우리는 방법을 찾아낼 것이다. 만일 그럴 수 없다 하더라도 열심히 노력할 것이니 문제될 것은 없다. 우리의 활력은 늘 다른 나라 사람들을 경탄하게 했다. 알렉시 드 토크빌은 이렇게 말했다.

미국 땅에 발을 내딛자마자 소동의 한가운데 있는 느낌이다. 혼란스러운 외침이 사방에서 들려오니 수천 명이 한꺼번에 말을 하는 듯하다. 주변의 모든 것이 분주히 움직인다.

그러나 분위기는 바뀌었다. 『티쿤Tikkun』의 편집자 마이클 러너는 이렇게 말한다. "미국인은 매일 사회가 와해되고 있다고 느낍니다." 또 정치학자 스탠리 렌숀의 말처럼 우리 사회에는 '집단적 무기력함'이 만연해 있다. 코넬 웨스트 교수는 자기결정권이라는 신선한 기운이 "자신을 마비시키는 비관주의"로 대체되어 왔다고 말한다.

하지만 미국인은 변하지 않았다. 법 절차가 완화될 때마다 우리의 저력과 판단력은 젖힌 블라인드 사이로 햇살이 들듯 쏟아진다. 1994년에 일어난 지진으로 로스엔젤레스의 고속도로가 무너져 내렸을 때, 캘리포니아주의 주지사 피트 윌슨은 신속한 복구를 위해 연방정부의 기금에서 재정적 원조를 받을 수 있도록 조치를 취했다. 그리하여 공식적 절차를 따르면 4년이 걸렸을 산타모니카 고속도로를, 66일 만에 이전보다 더 나은 수준으로 재건했다.

법적 견지에서 보면 로스엔젤레스의 고속도로 복구공사는 직권남용의 가능성이 있는 아주 꺼림칙한 상황이었다. 복구 과정은 100퍼센트 객관적이지 않았다. 일을 어떻게 진행할지에 대한 상세한 설명도 거의 없었다. 일단 규정집을 제쳐놓자 남은 것은 책임감뿐이었다. 주 공무원들은 입찰에 참가할 건설업자 선정을 책임지기로 했으며, 신뢰할 수 없는 계약자로 판명되면 본인들이 책임을 져야 한다는 사실도 알고 있었다. 주 검사관들은 모든 것을 상세히 지시하기보다는, 일반적 기준에 부합해서 공사를 진행하는지를 살폈다. 의견 차가 발생하면 업자와 주의 관료들은 머리를 맞대고 현실적인 해결책을 찾았다. 그 결과 그들은 기록적인 시일 내에 공사를 끝낼 수 있었다.

산타모니카 고속도로 재건 때 철공 공사를 했던 드웨인 로버트슨은 웃으면서 이렇게 말했다. "우리가 어떻게 공사를 끝냈는지 사람들이 안다면, 앞으로 모든 일을 이렇게 빨리 끝내달라고 할 겁니다." 항타기(무거운 쇠달구를 말뚝 머리에 떨어뜨려 그 힘으로 말뚝을 땅에 박는 토목 기계)를 조작했던 내시 미첼은 이렇게 말했다. "자랑스럽지요. 재건된 도시에 내가 박아넣은 말뚝이 있다고 생각하면 기분이 우쭐해집니다."

사람의 판단을 중시하다

각 정당의 정치인들은 정부의 목표에 대해 격렬하게 논쟁한다. 하지만 그들은 지친 토론자들처럼 매번 같은 의견을 되풀이한다. 그들에 따르면 우리가 꼭 독재국가와 자유방임국가 중에서 하나를 선택해야 할 것 같다. 합의에 도달하는 일은 좀처럼 없지만, 그들이 절대적으로 동의하는 것이 한 가지 있다. 법은 흑색이나 백색처럼 확실하며 그렇지 않다면 법이 아니라는 것이다. 논의 끝에 투표를 하고 나면, 정치인들은 세부 조항과 그 절차를 모두 법적인 장치에 넣고 숙련된 관료주의자들에게 맡긴다. 그러고 나면 정치인들도, 우리도 더 이상 그것에 대해 생각할 필요가 없다. 이제 법이 만들어졌으니까.

정치인들은 문제의 정곡을 짚지 못했다. 정부에 대한 우리의 혐오감은 정부의 목표 때문에 생긴 것이 아니다. 법이 무엇을 하려고 하는지가 아니라 법의 작동 과정이 우리를 짜증나게 하는 것이다.

자유는, 무엇을 할지 결정하는 것만큼이나 어떻게 그것을 할지를 결정하는 데 달려 있다. 직장인의 안전이라는 중요한 목적을 달성하기 위해 수천 가지의 엄격한 규정이 있을 필요는 없다. 사람들은 스스로 방책을 마련할 수 있으며 글렌게리 벽돌 공장에서 그랬듯 더 훌륭한 안을 생각해낼 수도 있다. 래리 프레스턴 교수는 "우리는 선택의 자유를 지지하는 방안을 어떻게 만들 것인지에 가장 관심을 가져야 한다"고 제안했다.

법은 자유에 이르는 도구로 여겨진다. 법이 없다면 무법천지가 될 것이고, 누구를 막론하고 우리는 권력을 잡는 사람의 손아귀에 놓이기 때문이다. 하지만 법이 너무 많아도 비슷한 결과를 낳는다는 걸 우리는 배운다. 작은 조항들로 이루어진 무수히 많은 법령은 사람에게 여유를 주지 않는다. 우리가 존경을 표해왔던 법체계와는 달리, 그것은 무엇을 정확하게 어떻게 해야 할지 우리에게 명령한다.

우리가 정부와 단절된 느낌을 갖는 것도 우연은 아니다. 엄격한 법 규정은 국민의 견해를 배제했고 아무런 선택권이 없는 국민은 무력함을 느낀다. 벤저민 카르도조는 "현대의 법은, 인간의 유연한 직관이 경직된 법령을 수정해서 그것을 온전하게 만들도록 내버려두지 않는다"고 말했다.

명령으로 이루어진 법체계에서는, 모든 결정을 할 때 두 가지 중 하나를 선택해야 한다. '예' 혹은 '아니오', 합법인가 불법인가, 적절한 절차인가 아니면 처음부터 절차를 다시 시작해야 하는가. 법령은 법이 정해놓은 범위에서 우리가 벗어나지 못하게 끊임없이 참견한다. 올리버 웬들 홈스 2세는 "즐거움의 법칙과 의무감의 법칙은 같은 것이다"라고 언급한 적이 있다. 오늘날 우리는 즐거움 말고도 많은 것을 잃었다. 우리의 의무는 성취가 아니라 오직 법을 따르는 것이라 법이 강요하기 때문이다. 사람의 판단력이 있던 자리를 법 절대론이 대체하고 말았다.

정부는 매해의 새로운 업무를 법 절대론자처럼 똑같이 처리한다. 문제는 해결될 것이며 재발하는 일은 없을 것이다. 세세한 절차만 지킨다면 관료들이 공금을 횡령하는 일은 절대 없을 것이다. 그러나 결과적으로 1994년에 국방부는 출장비(20억 달러)보다 출장비를 환급하는 절차(22억 달러)에 더 많은 비용을 썼다. 한편 휠체어에 의지하는 국민에게 더 이상 굴욕감을 주지 않도록 하기 위해서, 휠체어 사용이 조금이라도 불편한 장소를 개축하는 데 수십억 달러를 썼다. 너무 빤한 지적이기는 하지만, 사회가 발전하려면 모든 사안의 형평성을 고려해야 한다. 그렇다고 모든 사안을 강박적 수준으로 동일하게 다뤄서는 안 된다.

사람들이 결정을 내리지 못하게 되면 제대로 되는 일은 거의 없다. 1982년에 나온 규제 방안에 관한 비평서 『법대로 한다Going by the book』에서 유진 바다크와 로버트 케이건은 한 요양 시설 감독관의 답변을 인용했다. 그는 "요양 시설을 좋게 만드는 가장 중요한 요소는 책임 간호사"라고 주저 없이 말했다. "만일 그녀가 역량이 있고 자신의 일을 중히 여긴다면 그곳은 괜찮을 겁니다. 그렇지 않다면 희망을 버리는 게 나을 겁니다." 저축대부조합 위기 이후 엄격한 연방법이 제정되자, 뉴욕의 금융 감독관 데릭 케파도 비슷한 견해를 보였다. "규칙이나 규정을 만든다고 해서 금융 업무의 문제점을 다 해결할 수는 없습니다. 제대로 만든 금융 규제는 그저 훌륭한 은행 시스템과 같아서, 직원의 경험과 판단력이 필요하지요."

지난 몇십 년 동안 사람의 판단을 배제한 결과, 오늘날의 법은 유용한 수단에서 어리석은 독재자로 전락했다. 사람의 사고가 배제된 법체계는 구소련의 권력집중제처럼 결코 제대로 작동할 수 없다. 무결점의 논리를 펴는 법의 희극적 요소(평범한 모래에 커다랗게 '유독성 물질'이라고 표시하거나, 농약을 검사하는 데 22년을 쓰고도 판단을 못 내리거나, 50세가 된 백인 남성이 차별을 이유로 제소하도록 허용하는)는 우리가 종종 듣는 동구권 사람들에 대한 농담을 떠올리게 한다.

농사짓는 데 물이 따라야 하듯 법에는 정의가 따라야 한다. 법이 취약해진 것은 놀라운 일이 아니며, 사회도 마찬가지다. 법철학자 H. L.

A. 하트가 지적했듯 유능한 법체계는 "열린 대안 가운데 하나의 새로운 선택"을 국민에게 제안해야 한다.

생각을 허용하는 법

안전한 직장, 좋은 양로 시설, 혹은 깨끗한 도축장을 만들자는 목표를 이해하지 못하는 사람은 아무도 없다. 논쟁의 여지는 늘 있지만 사회가 받아들이는 기준에서 일정 범위 안쪽일 것이다. 옥스퍼드대학의 법리학 교수이자 올리버 웬들 홈스 2세의 친구이기도 한 프레더릭 폴록 경卿은 한때 "감동을 주는 일반론은 무미건조한 다수의 법보다 더욱 고결한 진실성이 있다"고 말했다.

미국 법이 세상에서 가장 두꺼운 지침서가 되기 전에, 법은 그 목적을 반영하는 기본 원칙을 바탕으로 작동했다. 관습법에도 규칙과 지침이 많지만 그것은 폭넓은 원칙에 부차적 역할을 한다. 만일 특정한 사건에 제시한 지침이 그 원칙과 모순되면 예외가 만들어진다. 법철학자 로널드 드워킨은 "무슨 일이 있어도 법은 결과를 강제한다"고 말했다. "하지만 원칙은 그런 식으로 작동하지 않는다. 판단은 한쪽으로 기울수 있지만 결정적이지는 않다. 원칙은 상황에 맞는 판단을 허락한다." 즉 원칙은 우리가 생각할 수 있도록 허락한다.

규제는 우리가 만들어온 것처럼 벅차지 않다. 모든 공장이 환경과 관련해 다른 입장을 갖고 있다는 걸 인정하고, 우리가 미리 정해진 규정에 집착하지 않는다면 말이다. 각 공장의 사정을 고려하지 않은 무수한 법령을 준수하는 일은, 모든 사람을 법이라는 수렁에 빠뜨리는 짓이다. 그러는 사이 아무도 노즐을 살피지 않아 벤젠이 공중에 자유로이 떠다닌다. 아모코 정유 공장의 환경 담당 관리자인 랜들 브라우닝은 이렇게 말했다. "진짜 문제가 있는 곳에는 어떤 조치도 취하지 않고, 전혀 문제가 없는 엉뚱한 곳에 3,100만 달러를 들이는 취지가 무얼까요? 우리한테는 새로운 해결 방안이 필요합니다. 그런 규제보다는 우리가 따를 수 있는 목표를 정해주세요." 환경 분야의 문제점은 법 지침이 엄격히 관리하기에는 너무 복잡하다. 그럼에도 그것을 하려 했고, 결국 감당할 수 없는 법적 혼란을 일으켰다.

아주 효율적이라는 평을 받는 영국의 환경오염조사단Inspectorate of Pollution은 우리와 정반대다. 영국에서는 '실현 가능한 최적의 방법으로' 오염을 줄이기 위해, 법적인 원칙에 맞서 오염 방지 정책을 시행하고 있다. 조사단과 공장주의 관계는, 경찰과 범죄자의 관계보다는 의사와 환자 관계에 더 가깝다. 영국에도 '추정에 입각한 기준'이 있지만, 좋은 수가 있거나 특수한 해법이 있는 사람에 대한 구속력은 없다. 즉 무조건적으로 적용되는 법은 없다.

일률적인 법 적용이라는 생각을 버리면, 공해 유발 기업들을 즉시 깨끗하게 만들 수 있다. 철학자 마이클 오크쇼트의 말을 빌리자면 우리는 "양도 많고 질도 좋은 식사"를 할 수 있다. 과거 뉴욕주의 환경국장이었던 톰 졸링은 뉴욕주의 만성적 공해의 95퍼센트(자동차와 트럭을 제외한 모든 것)는 400곳의 공장에서 발생한다는 사실을 알아냈다. 400곳의 공장은 매년 서류 양식을 정리하고 엉킨 규정을 푸느라 시간을 낭비하는 뉴욕의 환경 담당 직원 4,000명에 비하면 새 발의 피다. 나라 전체에서 4,000개도 채 안 되는 공장이 만성적 공해의 대부분을 발생시키고 있다고 졸링은 추정했다. 공장마다 각기 다른 이유로 오염을 발생시키기 때문에 졸링은 각각의 공장에 맞는 규정을 만들자고 제안했다. EPA와 아모코가 부두에 모이자 그 해결이 얼마나 쉬웠는지를 다시 기억해 보면 좋을 것이다.

원칙은 들판의 나무와 같다. 그것은 우리가 어디에 있고 어디로 가는지 알려준다. 하지만 어느 경로를 택할지는 우리에게 달려 있다. 오늘날의 법은 무슨 도움이 되고 있나? 방향감각을 잃어버리고 아무짝에도 쓸모없는 비논리적 법을 시행해서 불필요한 출혈을 하고 있다. 우리는 시시각각 얼굴을 때리는 나뭇가지와 싸우듯 규정과 싸우고 있다.

원칙이 지휘권을 가질 때, 우리 높은 곳에서 상식적 판단이라는 햇살이 빛난다. 법 용어를 어떻게 해석할지가 아니라, 무엇이 옳고 무엇이 이치에 맞는지가 토론을 이끈다. 상식적 판단이라는 햇살이 우리와 함께 있으면, 멀어져가는 법의 그림자와 함께 변호사의 필요성도 사라진다. 사람들은 스스로 무엇이 필요한지 알고 있다. 법은 공동의 목적을 위한 지표이자 어려운 시기에 필요한 지혜의 장으로 영속적 위상을 차지할 것이며, 더 이상 우리의 일상사에 참견하지 않을 것이다. 법은 다시 원래의 모습을 찾아야 한다.

법의 그림자에서 벗어나기

지하 감옥에 너무 오래 갇힌 죄수처럼, 우리는 나가고 싶어 하면서도 용기가 없어 겁을 먹는다. 우리 모두는 누구도 책임지지 않는 정적인 체계에 길들여졌다. 누군가가 책임을 졌던 기억이 너무나 희미해져서, 결정을 맡기는 것은 무질서와 같다고 생각한다. 정부는 불량률 제로인 기계처럼 작동해야 한다고 우리는 믿게 되었다. 우리가 멸시하는 관료주의자들처럼, 우리도 '어떤 일을 처리할 수 있을까' 보다는 '어떤 일이 잘못되면 어쩌나' 에 초점을 맞추고 있다.

감방의 문이 활짝 열리자 자유로운 선택이라는 푸릇푸릇한 들판이 보인다. 하지만 현대법이라는 이름의 교도소장이 통제력이 미치지 않는 삶에 대해 실질적 묘사를 시작하자 우리는 망설인다. 교도소장은 법은 더 이상 최종적인 해결을 제공하지 않으며, 결정은 관료주의자들이 내리며, 사람들은 언쟁을 하고 모든 일은 때와 형편에 따라 달라질 것이라 말한다. 그는 우리에게 부정확성은 사회를 순식간에 중세의 암흑시대로 바꾸어놓을 것이라고 경고한다. 결국 우리는 출구에서 돌아서 거대한 법 기념물이라는 안전장치가 있는 감방으로 발을 끌며 돌아간다.

법의 그림자 속에서 우리를 계속 떨게 하는 그 두려움은, 사실 사회의 강력한 기본 원리다. 부정확성과 의견 불일치에 끊임없이 노출되는 일은 책임감, 개인주의, 지역공동체처럼 우리가 가치 있다고 생각하는 모든 요소에 필수적이다.

교도소장의 법은 비웃음거리다. 사람들은 법이 정확성을 제공하지 않으면, 우리 사회와 같이 복잡한 곳은 다툼으로 분열될 것이라는 사실을 알고 있다. 하지만 그들의 지혜를 일반화하기는 어렵다. 오늘날 나라 전역이 평온하다고 볼 수도 없다. 추세의 향방은 날카롭게 그 반대를 가리키고 있다. '정확한' 법을 둘러싼 다툼은 대개 극단적인 분노로 나타난다. 자식들의 권리를 요구하는 부모들을 보라.

정확한 법으로 사회의 침묵을 달성하려는 노력은 이론은 그럴듯하지만, 사회 구성원들이 법을 목적 달성 수단으로 생각하고 이에 집착하게 만들었다. 만일 법이 정확하다면 우리는 법을 따를 수 있다. 그리고 원하는 바에 정확히 도달할 수 있을 것이다. 하지만 민주 사회가 제공하고자 하는 편의들은(가령 모든 아동에게 양질의 교육을 제공하거나, 실용적이고 효과적인 환경법을 만드는 일은) 이기고 지는 문제가 아니다. 유의미한 성과는 논의와 협상에서 나오지, 승리를 쟁취하기 위해 세부에 집착하고 법 용어를 분석해서 얻어지는 것은 아니다. 위스콘신과 제인스빌에서 실시한 지역 규제에 대한 연구가 다음과 같은 결론을 내렸듯 말이다.

제인스빌 주민들은 규제하는 사람과 규제받는 사람이 일반적 문제를 해결할 때, 쌍방이 수용할 수 있는 타협의 분위기를 조성하고 싶다고 말한다. 지역 주민들은, 규제하는 이들이 마냥 법 규정을 강조하면서 종종 일을 무리하게 강행하기 때문에 서로가 적대적 관계에 있다고 말한다.

만일 법만 정확하다면 사람들은 서로 사이좋게 지낼 것이라고 생각했다. 하지만 인간은 그렇게 단순하지 않다. 현대법이 해악으로 여겨 뿌리 뽑으려고 하는 '부정확성'은 대개 협력을 촉진시키지 그 반대로 작용하지 않는다. 산타모니카 고속도로를 재건한 건설업자들과 주 공무원들이 비이성적으로 행동했다면 잃는 것이 많았을 것이다. 인간은 서로를 이성적으로 대하게 되어 있다. 그렇지 않다면 부정확성 때문에 모두가 위험에 처할 수 있기 때문이다. 현대법이 방지하려는 갈등을 이전에는 타협거리로 생각했다. 조엘 핸들러의 설명처럼 타협은 지역 공동체와 인간을 서로 엮어주는 상호간의 작용이다.

우리가 다시 지하 감옥을 빠져나오려 하면, 법의 교도소장은 관료들을 정확한 지침 없이 느슨하게 놓아둘 것인지 거듭 묻는다. 법은 늘 그렇게 명백하지 않기 때문에 누군가가 해석을 해야 한다. 그들은 법 규정과 권력에 취한 관료주의자 중에서 누구의 지배를 받을지 선택하라고 한다.

우리는 가던 길에 멈춰 선다. 아마 그 무엇보다도 정부 권력에 대한 두려움이 우리를 법의 그늘로 모이게 했을 것이다. 그리고 그것이 1960년대에 우리가 혼란에 휩싸이게 된 이유다. 우리는 정부에게 일을 요청해놓고는 정부를 믿지 않았고, 모든 것을 사전에 대비하는 현대의 법체계를 만들기로 결정했다. 현대판 조지 3세의 행정조직에게 지휘권을 맡기는 위험을 무릅쓰기보다는(조지 3세는 왕권 강화를 꾀하다가 미국을 영국에서 독립시키는 결과를 낳았다), OSHA의 4,000개의 규정처럼, 법이라는 무거운 짐에 우리 자신을 묶었다.

어쩌면 극단적인 생각이 병일지도 모른다. 규제 담당자는 법으로 사람들을 얽어매거나, 칼을 빼들고 그들을 업신여기며 돌아다녀야 한다고 믿는 것 같다. 하지만 그것은 우리가 원한 게 아니다. 관료의 권한은 우리가 그것을 어떻게 정의하느냐에 따른다. 가령 재량이 있다는 건 추천을 할 수 있다는 뜻일 뿐, 그리 큰 권한은 아니다. 하지만 관료의 의견에 타당성이 있을 때는 꽤 효율적이다. 재량권이라는 개념은 그 자체에 구속력을 내포하고 있다. "공무원의 재량이라는 게 기본 상식이나 공평성이라는 기준 없이 멋대로 결정하라는 뜻은 아니"라는 법철학자

리처드 드워킨의 말은 이 사실을 상기시켜준다.

규제 담당자들의 조금 느슨한 판단만이 사람들의 판단을 해방시킨다. 아주 중요한 사실은 재량은 어느 쪽에나 유용하다는 것이다. 만일 규제 담당자가 일반적인 기준을 해석하는 데 융통성을 발휘해주면, 우리도 그렇게 할 수 있다는 말이다. 우리에게는 스스로 발전하려는 자주성이 있다. 최근에 한 대기업의 대표가 말했듯 말이다. "목표를 정해주고 업무에 전념하게 내버려두면 대다수의 사람은 올바르게 수행할 것입니다. 단계를 얼마나 거쳐야 하는지 지시하는 규정은 도움이 되지 않습니다."

변호사와 관료들이 거듭 외치는 '사람이 아닌 법에 의한 정부'라는 문구가 고조되어 들리는 듯하다. 우리는 관료주의자를 신뢰하지 않는다. 하지만 누가 그들을 선출했는가? 달리 대안이 없다. 규제 담당자에게 융통성이 없으면, 우리도 없을 수밖에 없는 것이다. 융통성 없는 법을 만드는 것은 권력집중제나 다름없다.

정부 관료들에게 재량권을 부여한다는 생각은 끔찍할 수도 있다. 하지만 그들이 업무를 수행하려면 그 방법밖에 없으며, 우리가 누구에게 책임을 물어야 할지 알 수 있는 유일한 방법이다. 책임감 부여가 높은 자신감을 뜻하지는 않는다. 뉴딜에 참여했던 짐 랜디스는 이렇게 말했다. "평균적인 재능과 평균적인 능력을 가진 사람들이 정부를 운영한다는 사실을 생각해야 한다." 올리버 웬들 홈스 2세의 제안처럼, 핵심은 그들에게 책임을 지우는 것이다.

동굴에 있는 용을 한낮에 평원으로 끌어낼 수 있다면, 이빨과 발톱의 개수를 세고 그의 능력을 가늠해볼 수 있을 것이다. 그다음 할 일은 용을 죽이거나 쓸모 있게 길들이는 것이다.

책임을 진다는 건 공화국의 기본 전제다. 우리에게는 책무가 있다. 허위 자료와 관련된 두 사건을 조사하면서 크리스토퍼 스톤은 다음과 같은 사실을 알아냈다. "주요 관련자들은 거짓 문서를 준비하려 했어요. 하지만 본인의 이름을 문서에 남기는 것은 피했죠." 좋든 싫든 누군가에게 책임을 부여하는 게 가장 덜 위험하다.

반면 관료들은 책임을 절대 원하지 않는다. 뉴욕 어느 정부 기관의 조달 책임자에게 이 간단한 계약을 주려고 온갖 고생을 했냐고 묻자, 그는 화를 냈다. 만일 당신이 제대로 대처만 할 수 있다면 이러한 절차는 아무런 장애가 되지 않는다고 그는 말했다. 어떤 계약에는 18개월이 소요되기도 한다. 그는 단호한 어조로 부정행위가 횡행하기 때문에 다른 방식은 있을 수 없다고 말했다. 기관에서 부정행위가 어째서 문제가 되냐고 묻자 그는 인터뷰를 거부했다.

이전에 우리는 노력, 용기, 지도력과 함께 책임을 가장 가치 있게 여겼다. 이를 벤저민 카르도조는 이렇게 표현했다.

마음을 차분히 가라앉히고 용기를 내 어느 방향으로든 전진해야 한다. 늪이나 어둠 같은 복병이 도사리는 곳이 아니라, 밝고 탁 트인 안전한 공간으로 걸어가고 있다고 믿어야 한다.

수많은 관료들이 그 반대 방향으로 우르르 몰려가는 소리가 들리는 것 같다. 그들은 절차에는 오직 한 가지 목적이 있는데, 그건 바로 자신들을 보호하는 것이라고 믿고 있다.

우리의 눈 속에서 번득이는 미국의 정신을 본 법의 교도소장은 논쟁을 거두지만, 우리가 대낮의 햇빛 속으로 걸어갈 때 얼마나 많은 대가를 치러야 하는지 깨닫게 되면 다시 돌아올 것이라고 나직이 말한다. 그의 말이 맞다. 판단을 내리는 일은 어렵고, 얼마간의 실패는 불가피하다. 어떤 잘못이나 명백한 불의가 있을 때마다 지하에 들어앉아 텔레비전을 보며 야유를 하기는 쉽다. 특별 이익집단에 성원을 보내는 것은 매우 재미나지만, 대의에 따라 평형을 맞추는 일은 그보다는 재미없는 성숙함을 요한다. 매체는 우리를 폄하하려고 최선을 다할 것이다. 평가는 양극을 오가고 머리기사는 훨씬 자극적일 것이다. 우리가 거기에 속아서 문제가 생길 때마다 법적 해결책을 즉각 요구하기 시작하면 우리는 다시 법의 그림자 아래로 돌아가 있을 것이다.

밝은 세상에서 민주주의 되찾기

미국 에너지국Department of Energy의 차관을 지낸 존 틱은 내게 이렇게 말했다. "정부에서 일한다고 설레어 하는 사람은 30년 만에 보는군요." 대부분의 미국인이 누군가를 뽑느라 설레어 하는 데도 거의 같은 시간이 걸렸다.

그 이유는 같다. 그 누구에게도 일을 해낼 능력이 없기 때문이다. 법이 민주주의의 필수 요인인 결정권을 빼앗았기 때문에 민주주의는 우리처럼 무력하다.

귀찮게 투표를 할 필요가 있을까? 선출된 지도자들은 관료를 통제할 권리를 행사할 수 없다. 왜냐하면 법이 나서서 관료들을 통제하기 때문이다. 그 결과 정치인들은 이 모든 축적된 규칙과 과정의 그늘에서 한 사람의 견해는 무기력하다는 사실을 금세 깨닫는다. 그들은 결국 사회를 이끄는 것은 책임감이 아니라 법 조항을 더 많이 쌓는 일이라는 사실을 알게 된다.

우리는 완벽에 가까운 무력증이라는 업적을 달성한 변종 정부를 창조해냈다. 아무도 결단을 내리지 않는다. 축적되어 육중해진 법이 모든 사람들을 통제하고 있다. 윌리엄 브래넌은 1988년에 이렇게 말했다. "식민지 개척자들은 왕에게 항의했다. 오늘날, 국민들은 누구에게 책임을 물어야 할지 도무지 알 수 없다." 이에 따르는 부작용은 오늘날의 체계가 우리의 목표를 깨부수고 투지까지 약화시킨다는 것이다. 새뮤얼 프랜시스는 『아름다운 패자들Beautiful Losers』에서 우리가 공유하는 넋두리를 이렇게 묘사했다.

오늘날, 미국 사회 전체가 의존성과 소극성을 조장하고 있다. 그 결과는 제대로 돌아가지 않는 경제, 투표 없는 민주주의, 더 많은 법을 제정하는 정부, 증가하는 무법자들, 생각과 느낌을 속이려고 들 때나, 거짓을 말할 때 말고는 생각하지도 느끼지도 않으려는 문화다.

민주주의는 거대한 법 기념물의 소극적인 관리인이 되었다. 이 지루한 임무를 맡은 지 몇십 년이 지나자, 민주주의는 오래전에 활기를 포기한 이처럼 음습해졌다. 옥스퍼드대학에서는 지금 '후기後期 미국 민주주의'를 논하고 있다.

만일 우리가 위험을 무릅쓰고 빛을 향해 나아가 자유로운 선택의 대지를 바라본다면, 민주주의의 깃발은 우리 옆에 나란히 서서 산뜻한 바람을 일으킬 것이다. 정적인 기념물이 아니라 시행과 착오가 민주주의를 번성하게 한다. 민주주의는 다양성이 존재하는 사회에서 형평성을 맞추려는 시도를 하는 역동적 체계다. 끊임없는 조정 시도는 위험이 아니라 민주주의의 보호물이다. 그 덕분에 우리가 부여한 권한을 남용할 수 없고, 오래된 불균형이 우리 사회에 재창궐하지 않는다.

산들바람이 기분 나쁘고 눅눅한 기운을 몰아내는 것처럼, 사람들이 자주 결단을 내리면 사회가 활기차진다. 보수적인 판사 앤터닌 스캘리아는 한때 이렇게 밝힌 적이 있다. "현대법의 행정부 약화 조치가 규제를 특별히 막지는 않았다. 그들이 막는 것은 변화다. 지난 수십 년간 켜켜이 쌓인 규제를 없애려는 변화를 포함해서 말이다." 앤터닌 스캘리아의 의견은 유명한 진보 역사학자 아서 M. 슐레진저 2세의 견해와 비슷하다.

사실 문제는 복잡하다. 누군가가 쓴 책 말미에 해결책이 있는 것도 아니다. 프랭클린 D. 루스벨트는 이렇게 말했다. "한 가지 방법을 골라 시도해보는 것은 상식이다." 만일 그 방법이 실패하면 솔직히 시인하고 다른 방법을 고르면 된다. 하지만 무엇보다 중요한 것은 시도를 하는 것이다.

늘 무엇인가를 시도하는 일, 혹은 알렉시 드 토크빌의 표현대로 실수를 만회할 기회를 갖는 것은 미국인의 '대단한 특권'이다. 알렉시 드 토크빌은 다른 무엇보다도 그것이 미국의 정신이라고 생각했다. 이 같은 끊임없는 노력이 역량 있는 정부를 만들지는 않지만 그보다 더 나은 것을 제공한다. "쉼 없는 활기는 몸 전체로 퍼진다. 넘쳐나는 힘, 이러한 활력은 일찍이 그 어느 곳에서도 볼 수 없었다."

20세기 중반까지, 역사상 어떤 지도자도 논리적 일률성의 정적 기념물이 민주주의가 갈망하는 무엇이 될 것이라 생각하지 못했다. 에이브러햄 링컨은 정부는 실용적이어야 하며 비현실적 목표를 추구하느라 목적을 희생해서는 안 된다고 강조했다. 링컨은 "법에는 종종 어느 정도의 불공평함은 존재하며, 만일 이를 용인할 수 없다면 모든 정부를 폐기해야 한다"고 말했다. 상황에 맞는 적절한 판단을 하는 데 따르는 불평등은 삶의 일부이며, 그 결과로 초래되는 변동성은 연방제에서 일어나고 있는 지방 분권화와 전혀 다르지 않다. 우리는 "보편적인 진실과 지혜를 얻기 위해 노력한다"고 벤저민 카르도조는 말했다. "종국에 법은 검증을 통해 진실을 밝힐 것이다." 그것이 뭐든 제대로 기능만 한다면 좋겠다.

우리 자신에게 의지하기

"법은 터무니없이 과대 포장되어 왔습니다." 1977년, 예일대학의 법학 교수 그랜트 길모어는 이렇게 우려했다. 우리를 질식시키는 법 규정과 절차와 권리는 인간의 결점에 영속적 해결을 약속하는 법률 기법의 다른 측면들이다. 법령은 너무 정밀해서 우리에게 스스로에 대해 생각해볼 기회를 별로 주지 않는다. 겹겹의 절차는 개인의 책임감을 폐기시킨다. 권리는 절대적이어서 대립 중인 집단의 선택은 언급할 필요가 없으며, 형평성을 맞추는 일은 더 말할 것도 없다. 법은 인간의 조언을 밀어낼 것이다. 결국 모든 어려운 선택은 미리 결정될 것이다. 입법 과정에서 국민과 관료들이 의견을 피력할 수는 있지만, 일상에서 부딪히는 문제에서 그 이치를 따져보기란 불가능하다.

매 상황에 직면할 때마다 시도한 우리의 법적 실험은 성공적이지 않았다. 현대법은 우리를 어리석음과 변덕에서 보호해주지 않았고, 어리석음과 변덕을 우리 사회를 지배하는 특징으로 만들었다. 법 명령의 철칙은 우리를 아무것도 할 수 없게 막았다. 우리 선조들은 당혹감을 느낄 것이다. 1972년 전직 대법원장 얼 워런이 우리에게 환기시켜주었듯 "자유의 가장 큰 위협은 무기력한 사람들"이라는 사실을 그들은 알고 있었다.

변화에 반드시 영웅적 비전이 요구되는 것은 아니다. 잠깐 거울을 들여다보는 것만으로 어떤 요소가 빠져 있는지 알 수 있다. 우리는 인생에서 어떻게 일을 처리해나갈 것인지 결정해야 한다. 의사 결정은 법전을 떠나 현장에서 일하는 사람에게 옮겨가야 한다. 그러기 위해서는 정확한 체계가 아니라 개방적인 법체계가 필요하다.

근본적으로 법이 최종 결정을 내려줄 것이라는 생각을 버려야 한다. 법은 목표를 확실히 하고, 보조금 지급 판정을 내리고, 사실에 입각한 추정에 법적 효력을 부여하고, 분쟁을 해결하는 수단을 제공해야 하지만, 법이 최종 결정을 내려서는 안 된다. 인간의 삶은 너무 복잡하다. 공공의 목표도 너무 복잡하다. 엄격한 법은 실무적 해결보다 규약(경쟁 규칙이나 교통 속도 제한)이 더 중요할 때만 쓸모가 있다. 성취나 이해가 중요해져버리면 우리는 아무것도 선택할 수 없다. 법은 생각할 수 없다. 그러므로 법은 인간에게 권력을 위임해야 하며, 인간은 법 해석에 책임을 져야 한다.

아마 현대에 교육을 받은 사람들에게 인간이 가진 결점과 불균형을 받아들이는 일은 쓰라린 고통일 것이다. 눈금 매기는 기계로 의무감과 권리를 완벽하게 잴 수 있는 사회를 만들고 있다고 우리가 착각하고 있을 때, 누군가는 목적 달성을 하려면 사람들이 자립해야 하며 판단을 내려야 한다고 말한다. 벤저민 카르도조는 이미 1920년대에 "어떤 상황에서도 선택의 고통에서 우리를 해방시키는 원칙은 없다는 '원칙'을 퍼뜨려야 한다"고 말했다. 어느 세대에나, 이번을 마지막으로 모든 일을 해결할 수 있다고 떵떵거리는 사람들이 있다. 우리 세대는 마침 그 꾐에 넘어가고 있는 중이다.

이방인의 침략으로 급격히 스러져간 로마와 달리, 민주주의의 실패는 천천히 진행될 것이라 알렉시 드 토크빌은 말했다. "만약 우리를 안내하는 그 빛이 언제고 꺼진다면 마치 스스로 그러하듯, 차츰차츰 사그라질 것이다." 그는 예측하기를, 이와 같은 현상은 우리가 "기본 원칙을 잃고, 이해 불가능한 절차를 서투르고 어리석게 따를 때 일어날 것"이라고 했다.

인간의 본성을 정복한다는 생각은, 우리의 건국자 한 사람 한 사람이 자유에 입각해 새 국가를 건설할 때는 해본 적 없는 생각이다. 세세한 지침으로 가득한 법을 만들어 강압을 피하려고 하는 행위는, 오직 다른 형태의 강압을 보장할 뿐이다. 거대한 법 기념물을 세워 민주주의를 현대화하려는 시도는, 어쩌면 민주주의의 가장 중요한 특성인 계속적 시도와 실패를 깔아뭉개는 것이다. 제약 없는 권리를 부여해서 상황과 역사의 불공평을 치료하는 일은, 법적 특혜라는 망령을 되살린다. 이는 자유 사회의 위상에 역행하는 시도로 즉각적이고도 지속적인 불협화음을 일으킨다.

우리는 더 나은 사회를 원했을 뿐이다. 법은 우리를 위해 모든 것을 결정한다. 하지만 법은 우리를 구원할 수 없다. 우리는 매일 잠에서 깨어 스스로 옳다고 생각하는 일을 하며, 목표를 달성하고 의견 불일치를 해결하고자 노력한다. 수백만 개의 법적인 조항이 아니라, 그러한 활력과 문제 해결 능력이 미국을 위대하게 만든다. 판단과 개인적인 확신이 다시 중요해져야 한다. 새로운 것도 놀랄 것도 전혀 없다. 결국 우리 자신에게 의지해야 한다는 주장은 새로운 이념이 아니다. 그저 상식일 뿐이다.

자유롭고 새로운 체계를 위하여

미국인들은 4년마다 대통령 후보들이 벌이는 민주주의의 스포츠를 관람할 기회를 갖는다. 『노스페이스의 지퍼는 왜 길어졌을까?』가 처음 출간된 이래 비범한 사람들이 그 경쟁에 참여했다. 패배한 사람 중에는 3명의 전쟁 영웅(로버트 밥 돌, 존 케리, 존 매케인)과 노벨평화상 수상자(앨 고어)가 있었다. 승리한 사람들로는 미국 역사상 가장 지적 재능이 뛰어난 정치 지도자(빌 클린턴, 버락 오바마)가 있고, 그 둘 사이에는 미국의 핵심적 가치에 충실해 존경을 받은 대통령(조지 W. 부시)이 있다.

이 기간을 지내오는 동안, 미국의 전성기가 지났다는 두려움이 점점 커지고 있었다. 대통령 후보들은 이 원인으로 하나같이 제 역할을 못하는 정부를 지목하며 개혁을 다짐했다. "변화, 우리는 그것을 믿습니다!"

하지만 대통령을 바꾼다고 해서 달라지는 점은 없었다. 2008년 금융 위기로 일시적인 불황의 늪에 빠지지 전에도 국가가 쇠퇴하고 있다는 막연한 느낌은 여전했다. 국가적 자부심은 냉소주의의 만연으로 바뀌었다. 우리는 가진 것을 잃지 않으려 힘쓰는 동시에, 늙고 경직된 유럽 대륙처럼 그것이 손아귀를 벗어나는 것을 보고만 있었다. 나이가 들면 그렇듯, 별 수 없다고 생각하며 무기력함을 느꼈다.

캠페인 구호가 적힌 현수막이 걸린 무대 위에서 대통령 후보들은 테디 루스벨트(시어도어 루스벨트의 애칭)의 발자취를 따르려고 최선을 다한다. 그들은 유능해 보인다. 그들은 사실 비범한 사람들이 맞다. 하지만 새로운 지도자의 약속은 빛 좋은 개살구다. 전임자와 마찬가지로 그들 또한 미국의 문제를 바로잡을 수 없다. 그 이유는 우리처럼 그들에게도 잘못된 것을 바로잡을 힘이 없기 때문이다.

이 같은 상황을 바로잡을 방법은 거의 없다. 사회가 더 낫게 기능하도록 노력하는 과정에서, 모든 성취에 없어서는 안 될 개인의 책임을 우리가 무심코 제거해버렸기 때문이다.

만일 책임자들이 자유롭게 유의미한 선택을 할 수 있다면 미국 사회에서 고치지 못할 일은 없을 것이다. 존 F. 케네디는 이렇게 말했다. "우리가 안고 있는 문제는 인간이 만든 것이다. 그러므로 인간이 해결할 수 있을 것이다." 정부는 예산의 균형을 맞출 수 있다. 이는 선출된 지도자에게 국민의 허리띠를 조일 수 있는 권한이 있을 때만 가능하다. 정부 기관들은 역할 수행을 더 잘할 수 있다. 이를 위해서는 책임자가 유연해야 한다. 교사들은 교실의 질서를 유지할 수 있다. 이것은 교사에게 학업에 지장을 초래하는 학생을 쫓아낼 권한이 있을 때만 가능하다.

이 책이 처음 출간되고 15년 동안 나는 2명의 대통령과 수십 명의 주지사, 시장, 법제가, 기관의 책임자들에게 정부 개혁에 관해 조언했다. 그 가운데 다수의 프로젝트는 야심 찼으며 일부는 의미 있는 변화를 불러왔다. 가장 야심적이었던 앨 고어 부통령의 '정부 혁신Reinventing Government' 계획은, 정부 기관과 정부 사업에 만연한 관료주의와 씨름했다. 조지아주의 주지사 젤 밀러는 관리자들이 관리를 할 수 있게 내버려두고, 공무원들이 각자의 몫을 다하도록 그들의 자신감을 고취시키면서 공무원 조직을 단계적으로 축소해갔다. 플로리다주의 주지사 젭 부시는 공무원 취업 규정과 학교의 관료주의를 간소화했다. 내가 설립한 비영리단체 커먼 굿Common Good은 특별 건강 법정과 같이 새롭고 신뢰할 수 있는 법 관련 기관들을 지지해서 폭넓은 연합을 꾸렸다.

이러한 노력은 관료주의라는 정글의 혼란을 어느 정도 정리했다. 정부와 사회 전체를 점점 질식시키는 것은 관료주의 그 자체로, 그저 꼬일 대로 꼬인 법적 혼란 때문만은 아니다. 연방정부와 주정부의 지급불능 조짐은, 관료들이 다양한 요구에 형평을 맞추지 못하고 명령과 권리 보장이라는 법적 수렁에 빠져서 옴짝달싹 못할 때 어떤 일이 일어나는지 보여주는 명확한 일례일 뿐이다.

이 책을 출간할 당시 나는 지나친 법률 만능주의가 미국인들의 일상생활에 얼마나 깊은 영향을 끼치고 있는지 충분히 인식하지 못했다. 그것은 우리의 문화를 변화시켰다. 지난 몇십 년간 법은 보통 사람의 활동 반경 전반에 침투했다. 이제 그 어떤 사회적 상호작용도(울고 있는 아이를 안아주거나 동료와 터놓고 대화한다거나) 법적 파장에서 자유로울 수 없다. 우리의 목표는 법적인 위험을 피하는 게 되었다. 우리는 머뭇거리고, 걱정하고, 말을 얼버무리면서 우리 자신을 보호하는 데 정력을 쏟고 있다. 책임의 자리를 법이 차지한 것이다.

정부의 기능장애와 자기 신뢰 약화는 모두 현대 사회철학의 같은 결함에서 기인한다. 법은 사전에 올바른 선택을 가늠할 수 있다는 믿음 말이다. 법은 목표를 정하고, 통치 원칙을 제공하고, 책임을 배정할 수 있다. 하지만 일상적 선택에 법을 강요한다면 사람들은 제 역할을 하기 힘들 것이다.

예를 들어 교사들은 자기 앞에 있는 학생에게 관심을 쏟고 모범을 보이기보다는, 관료주의라는 거대한 기계 속 부속품처럼 행동한다. 낙제학생방지No Child Left Behind 정책으로 인한 시험 성적 향상의 압박은 교사들을 훈련 교관으로 바꾸어놓았다. 호기심, 해학, 교육적 대체 수단, 또 학생들이 흥미를 유발할 수도 있는 그 밖의 활동은 배제하고 학업 성취도를 높이려고 달성하기 힘든 노력을 하고 있다. 그사이에 혼란은 계속되고 있다. 유치원에서 고등학교 교사 가운데 43퍼센트는 수업보다는 학급 내 질서를 유지하는 데 시간을 더 할애한다고 말한다. 뉴욕대학 교수 리처드 애럼은 자신의 획기적 연구 「학교의 훈육 평가Judging School Discipline」에서, 교사들이 법원으로부터 훈육 결정에 대해 적법한 절차를 강요받고 수업에 지장을 주는 학생을 교실에서 쫓아냈을 때 법정 심리에 출석할 수 있다고 압박을 받으면서, 질서 유지 권한을 잃었다고 지적했다.

가치를(자유를 위한 논리 정연한 법체계를 유지하는 것을 포함해서) 성취하는 일은 늘 누군가의 책임으로 귀결된다. 상식 있는 정부는 관료들이 아무 생각 없이 엄격한 명령을 따르도록 하기보다는, 균형과 절충을 위한 판단을 장려한다. 판단력 있는 사법제도는, 사람들이 황당한 소송을 제기할 때 판사가 그저 수동적 자세를 취하지 않고 법률상 사리에 맞는 사회규범을 주장하라고 요구한다.

우리는 통치 방법에 대해 다시 생각해야 한다. 현재의 체계는 작동하지 않는다. 법은 자유로운 선택의 대체물이 아니라, 인간의 선택을 받쳐주는 골격이 되어야 한다.

역사적으로 볼 때 미국은 이제 방식을 바꾸어야 하는 시점에 와 있다. 이런 상황은 보통 30~40년마다 주기적으로 생겼다. 가장 최근에 일어난 일은 1960년대의 권리 혁명이었다. 그전은 대공황 때 프랭클린 루스벨트 대통령이 사회 안전망을 구축한 일이었다. 그보다 더 이전은 혁신주의 시대Progressive Era로 개혁가들이 자유방임에 종지부를 찍고 산업계를 규제하기 시작했던 때다. 지금의 새로운 변화는 근대 산업사회가 시작된 이후 사회계약에서 네 번째로 중대한 조정 기간이 될 것이다.

사회계약의 변화는 보통 옳고 그름에 대한 충돌로 일어난다. 혁신 운동은 미성년 노동 착취와 도축 공장의 비위생적 환경에 끔찍한 충격을 받고 촉발되었다. 공민권 운동은 인종차별의 부당함 때문에 일어났다.

이번에 우리가 바꾸어야 할 것은 옳고 그름에 대한 가치가 아니라 통치하는 방식이다. 사람들이 일을 완수할 수 있도록 법이 바뀌어야 한다.

미국은 이제 다른 운영 방식이 필요하다. 법적 수렁에서 모든 결정을 질질 끌지 말아야 하며, 자유롭고 열린 환경에서 안전장치 역할을 하도록 법을 복원시켜야 한다. 철학자 아이자이어 벌린의 말을 빌리면, 법은 "인간이 침범할 수 없는, 인위적이지 않은 영역"을 제공해야 한다. 이를 위해서는 아주 오래된 사고의 새로운 버전이 필요하다. 그건 바로 '책임을 지는 자유'의 복권이다.

예를 들어 어떤 사업 분야든 책임자는 다른 이들에 대한 결정을 내려야 한다. 열심히 노력하는 사람은 누구고 그렇지 않은 사람은 누구인지, 어떤 사람이 협조적이고 그렇지 않은 사람은 누구인지 말이다. 자유로운 사회는 책임자가 이러한 판단을 자유롭게 하도록 둘 것이다. 하지만 타인에 대한 평가는 그게 무엇이든 법적 위험에서 거의 자유로울 수 없다. 이런 이유로 사람들은 의견이나 평가를 남에게 밝히지 않는데, 이는 가끔 비극적인 결과를 부른다. 2007년 버지니아 공대에서 32명을 살해한 조승희는 오랫동안 병적인 행동을 보여왔다. 하지만 그 위험성을 알고 있던 심리학자들과 주변 사람들은 '개인 사생활의 권리'를 이유로 그의 가족이나 학교 관계자들에게 주의를 주지 않았다.

목적 달성을 위해서는 항상 즉각적인 판단력이 필요하다. 사회의 모든 계층에 책임을 감수할 자유가 있어야 한다. 업무 수행에 필요한 선택을 하려면 자유로워야 한다. 이것이 그들의 성공을 보장하지는 않지만 일상적 선택의 자유가 없으면 반드시 실패한다.

사람이 선택을 할 수 있게 법은 일상에서 물러나야 한다. 현실을 알아보는 방법은 간단하다. 사람들에게 분별 있게 판단을 내릴 자유가 있는지 물어보면 된다. 만약 그렇지 않다면 그들에게 자유를 주는 쪽으로 법을 바꾸어야 한다.

사람들은 누군가에게 책임을 주면, 그가 그 권한을 남용하지 않을까 두려워한다. 모두를 믿을 필요는 없다. 이기적이고 부패하고 어리석은 사람들에게서 우리 자신을 보호하려면 그들에게 책임이 있는지, 자격 요건이 있는지를 보면 된다. 사람은 위험한 상황에 놓이면 신중히 행동하게 되어 있다. 이것은 또한 개인적 책임의 문제이기도 하다. 즉 지휘 계통의 상부에 있는 사람은 누구에게 일을 시키고 누구를 배제할지 결정하는 책임을 져야 한다.

책임이 중심 가치가 되는 새로운 운영 체계는 사람들의 활력과 선한 의지를 해방하는 것이 그 목적이다. 사람들이 소매를 걷어붙이고 일을 하도록 내버려두면, 이는 다음과 같은 변화를 불러올 것이다.

- 정부 관료들은 모든 분야에 걸친 삭감으로 예산의 균형을 맞출 수 있을 것이다.
- 기업은 잠재된 법적 지뢰밭에 대한 두려움 없이, 미래를 예측한 뒤 거침없이 나갈 수 있을 것이다.
- 교사는 교실의 질서를 지킬 수 있고, 교장은 학교를 운영하는 데 필요한 결정을 내릴 수 있을 것이다.
- 의료 제도는 감당할 수 있는 수준이 될 것이다. 관료적이고 법적인 절차는 분별 있는 결정을 내리기 위한 유인책으로 대체될 것이다.
- 사법제도는 정당한 위험과 타협을 약화시키지 않고 지지할 것이다. 판사들은 온당한 사회규범에 따라 소송의 한계를 조정할 것이다.
- 선출된 관료의 판단력이 살아나 민주주의는 활기를 되찾을 것이다. 역량이 없거나 공평하지 않은 공무원을 해고할 수 있게 되며, 책임은 특별한 의미를 지니게 될 것이다.
- 자유로운 사회의 구성원들은 법의 지뢰밭을 조심조심 걸어다니기보다 그들의 직관에 따라 행동하며 다시 자유로워졌다고 느낄 것이다.

이처럼 인간의 자발성을 모두 해방시키려면 먼저 현 체계를 정밀하게 조사해야한다. 시사 평론가 데이비드 브룩스는 이것을 '위대한 간소화'라고 부른다. 수십 년간 얽힌 법의 덤불을 깨끗이 정리하고 사람들에게 책임을 돌려야 한다.

그렇다면 이건 정치적으로 실행 가능한 일인가? 오늘날 실행 가능한 일이란 거의 없다. 의회는 자신들의 규칙도 결정할 수 없는 상황이며, 축적된 명령과 권리 보장의 무게 때문에 뒤집힐 것 같은 사회를 살리는 데 필요한 어려운 결정은 더욱 하지 않고 있다. 미국인들은 변화를 강행해야 한다. 정치인들은 꾸물거림의 대명사이며 유권자가 요구해야만 움직인다.

변화는 어렵다. 어쩌면 변화의 가장 큰 장애물은 상황이 어때야만 한다는 지각없는 억측일 것이다. 개인의 책임이라는 약속된 땅으로 가려면 법적 통설 중 우리가 신봉하는 네 가지 요소를 버려야 한다. 그것은 다음과 같다. 첫째, '법은 영원하다', 둘째, '규정은 가능한 상세해야 한다', 셋째, '공무원은 책임을 질 필요가 없다', 넷째, '대부분의 분쟁은 개인의 권리문제 차원에서 해결할 수 있다.'

첫 번째 오류: 법은 영원하다.
**새로운 원칙: 입법부는 현재의 문제를 해결하기 위해 낡은 법을 조정해야
한다.**

우리 모두는 법규를 믿는다. 법규 그 자체에 힘이 있다. 법규를 상기시키면 열띤 논쟁을 진정시킬 수도 있다. 그런데 법규란 대체 무엇일까? 규정은 사전에 정해져 있는 것이기 때문에, 법은 사리에 맞다고 우리는 배웠다. 우리는 특정 관료의 변덕에 속박당하지 않는다. 법은 그 보편적인 특성으로 인해 공명정대하다고 우리는 믿는다.

하지만 시대를 초월하는 법의 원칙(가령 범죄를 금하고, 계약상의 약속을 이행하고, 언론의 자유를 보호하는 것)과 정부의 제도를 시행하기 위해 법을 제정하는 데는 차이점이 있다. 애석하게도 우리는 그 차이를 구별하지 않았다.

수십 년간 항구의 퇴적물처럼 쌓인 법은 빽빽한 규정과 감당할 수 없는 의료 제도, 높은 세금과 공공 부채라는 늪에 나라를 빠뜨려 꼼짝할 수 없게 만들었다. 미국은 스스로 만든 법 때문에 질식하고 있다. 모든 요구에 시간과 정력이 든다. 긴말할 필요도 없이, 사람들은 하루를 시작하면서 일을 어떻게 할지를 생각하기보다 법을 어떻게 지킬 것인지부터 생각한다. 비교적 무난한 예를 들어보자. 1996년에 건강보험 양도 및 책임에 관한 법률Health Insurance Portability and Accountability Act, HIPAA은 환자의 정보와 관련해 비밀을 보장했다. 이 법의 문제 가운데 하나는 서류 양식을 많이 작성하는 것인데, 여기에 해마다 10억 달러가 넘는 비용이 든다. 그뿐 아니라 규정 준수는 아주 중요한 활동을 방해하기도 한다. 예를 들어 미시간대학에서 수행한 심장마비 환자들의 회복 과정에 대한 연구는, 연구자의 3분의 1이 HIPAA에서 요구하는 서류 작업에 신경 쓰느라 연구의 진척에 애를 먹었다.

규제 제도와 사회복지사업은 현대 사회의 아주 중요한 요소이기는 하지만, 제한된 공공 기금에 의지하며 종종 의도하지 않은 결과를 낳기도 한다. 이러한 법은 사회조직의 수단일 뿐 핵심이 되는 법적 규약은 아니다. 이러한 법은 다른 모든 사회적 요구를 고려하고 나서, 그것이 공적 우선순위에 있을 때 지키면 된다. 하지만 이 일을 하는 사람은 아무도 없다.

경기 부양 계획을 승인한 지 1년이 지난 2010년, 비바람을 맞아도 까딱없도록 59만 가구에 내후성 처리를 하는 데 할당된 50억 달러가 쓰이지 않은 것으로 드러났다. 그 이유는 연방정부가 1931년에 제정된 법에 호소해서 3,000곳의 지역에서 내후耐候 공사업자의 급여를 동결하려고 했기 때문이었다. 연방정부의 관료들이 뉴저지의 먼마우스 카운티, 네바다의 와슈 카운티를 비롯한 나머지 2,998개의 지역에서 공사 업자에게 정확히 얼마의 급여를 책정할지 머리를 긁적이는 동안은 아무것도 할 수 없었다. 수천 명의 사람들이 쓸데없이 실직 상태에 놓였다. 워싱턴에 있는 사람들 가운데 쓸모없는 법을 없애겠다고 악을 쓰는 사람은 아무도 없었다.

의회는 자신들이 오래된 법을 책임져야 한다는 생각조차 하지 않는다. 민주주의의 호된 시련을 거쳐 한 번 법이 만들어지면, 우리는 그것을 십계명처럼 받든다(다른 점이라면 우리에게는 수백만 개의 계명이 있다는 점이다). 대부분의 법은 여러 세대에 걸쳐 무시되며 의미 있는 평가도 없이 방치된다.

누적된 법이 민주주의의 운영을 결정하게 되었다. 놀랍게도 정부의 선택은 과거 정치 지도자가 만들어놓은 법에 달려 있다. 의료보험제도와 사회보장제도(매년 연방 세입의 약 70퍼센트를 쓰고 있다)는 연례 허가에 고려되지도 예산에 제한받지도 않는다. 이미 수십 년 전에 효율이 떨어진 많은 정책들이 여전히 존재한다. 뉴딜 당시 굶주리는 농부들을 위해 지급한 보조금은 이제 대기업 농장(매년 약 150억 달러)에 지급되고 있다.

민주주의는 죽은 사람들이 운영해서는 안 된다. 건전한 민주주의를 하기 위해서는 사회적 목표에 대한 부단한 균형 감각이 있어야 하며,

서로 경합하는 공익을 절충하면서 참신한 선택을 해야 한다. 공공 예산의 균형을 맞추는 데는 늘 어려운 결정이 따른다. 하지만 이 일은 우리가 공공사업 전반에 걸쳐 고통을 나눈다면 할 수 있는 일이다. 하지만우리의 법은 대통령과 주지사와 시장이 이렇게 할 수 없도록 금지했다.

정치 토론은 막대한 법의 퇴적 위에서 스치듯 진행된다. 대부분의문제는 그 퇴적 아래에 깊이 박혀 있는데도 말이다. 홍수가 났는데 수도를 콸콸 틀어놓는 것과 같은, 어처구니없는 낭비에 관한 이야기가 매주흘러나온다. 뉴욕주는 수감자가 하나도 없는 소년원에 상근자를 배치하고 있다. 1년에 5,000만 달러의 비용이 든다고 추정되는데 말이다.노조가 운영하는 기관을 폐쇄할 때는 적어도 1년 전에 통지하도록 법이정했기 때문이다. 나사NASA는 아레스 로켓Ares rocket(2009년 10월 시험 발사에 성공한 미 항공우주국의 차세대 달 탐사 로켓)에 약 5억 달러를 의무적으로 써야 한다. 계획이 2010년에 취소되었는데도 말이다.

오래된 법의 폭정은 부분적으로 우리의 헌법 체계 때문에 발생한다. 헌법 제정자들은 정부의 다른 기관에 권력을 분배해서 법을 통과시키기 어렵게 만들었다. 하지만 그들은 최종 결과를 에워싸는 힘에 대해전혀 생각하지 못했다. 제임스 매디슨은『연방주의자 논고』에서 각 도당이 입법에 있어 서로 균형을 잡아주기를 바랐다. 하지만 한 번 법안이통과되면, 이해관계에 있는 단체에서 즉각 그 주위에 요새를 두른다. 의회의 과반수가 특별 이익집단의 공격을 뚫지 않고는 법안 하나 고치지못한다. 의회가 오래된 법을 수정하려고 생각조차 하지 않는 이유는 그것이 상상할 수 없이 어렵기 때문이다.

계속 이런 식으로 사회를 운영할 수 없다. 정부의 제도는 끊임없이 점검해야 한다. 사람들이 미래를 의탁하는 복지 후생 제도조차도 만일 궁극적으로 지급불능이라면, 혹은 후세에 주체할 수 없는 채무로 짐을 지운다면 신성시해서는 안 된다.

법이 영속적이라는 추정은 바뀌어야 한다. 모든 제도는 10년 혹은 15년이 지나면 자동적으로 기한이 만료되어야 한다. 이것은 행정개혁 촉진법sunset law(정부 기관 [혹은 사업]의 존속 여부를 정기적으로 검토하도록 의무화한 법)을 통해 이룰 수 있다. 이 같은 규정은 긍정적 제도의 재제정을 통해 현 상황을 옹호하도록 의회와 대통령을 강제할 것이다. 신중한 선택을 하려는 욕구는, 공공의 우선 사항과 절충 사항을 재검토해 비용이 들지만 가치 있는 제도를 조정할 기회를 정치 개혁가에게 줄 것이다.

행정 개혁 촉진법은 이따금 발의되었고, 지미 카터 대통령은 국내 문제에 우선적으로 이 법을 시행했다. 그는 이렇게 썼다. "너무 많은 연방정부의 제도가 제대로 실시되고 있는지 점검도 하지 않은 채, 무기한으로 실시되고 있다." 행정 개혁 촉진법의 일괄 시행은 타성에 젖은 현 상태를 타파할 것이다. 오늘날 의회 구성원들에게는, 낭비적 보조금 지원을 검토해 표결에 부치는 일이 그 법을 그냥 놓아두는 일보다 훨씬 힘들 것이다.

행정 개혁 촉진법이 만병통치약은 아니다. 입법자들이 현명하게 자신들의 책임을 다해야만 이 제도는 빛을 발할 것이다. 정부 관료들은 불변하는 계층이 되었으며, 국민들과 단절되고 자유 사회의 안녕과 행복을 위해 책임도 다하지 않고 있다. 타성에서 벗어날 다른 방법도 생각해야 한다. 가령 입법부가 필요한 결정을 내리지 않으면, 다른 기관에서 책임을 이행하지 않는 방법이다. 예일대학의 법대 교수였고 지금은 판사가 된 귀도 캘러브레이지는 판사들에게 시대에 뒤떨어진 법을 없앨 권한을 주자고 제안한 적이 있다. 예산의 균형을 맞추기 위해 예산을 삭감할 권한을 행정부에 주는 것도 한 방법이 될 것이다.

의회가 법을 만들기만 하고 거의 없애지는 않듯, 우리의 헌법 제정자들도 민주주의를 일방향 톱니처럼 만들 의도는 전혀 없었다. 토머스 제퍼슨은 가끔 작은 혁명을 지지하는 것으로 유명했다. "물리적인 세상에 폭풍이 오는 것처럼 정치적인 세상에도 그런 것이 필요하다. 그것은 건강하고 튼튼한 정부를 만드는 데 필요한 약 같은 것이다."

의회는 규정이라는 마구간을 깨끗이 청소해야 한다. 지난 세대에 쌓아올린 명령의 퇴적물에 갇힌 사회는 기능할 수 없다.

두 번째 오류: 법은 가능한 한 세세해야 한다.
새로운 원칙: 철저하게 간소화한 법이 사람들에게 책임의 여지를 남긴다.

우리의 두 번째 맹신은 법은 정확해야 한다는 것이다. 이렇게 믿는 사람들은 상상할 수 있는 모든 해악을 어떻게 막을 수 있을지 법이 정확히 기술해야 한다고 말한다.

일상적 선택을 정밀한 법적 성찬에 맡기는 것은, 내가 이 책에서 가장 주요하게 다루었듯, 제 기능을 하지 못한다. 법은 상황을 파악하지 못하며 사람들에게 그들이 처한 상황에 적응할 여력을 주지 않는다. 법은 사람들이 지침으로 삼고 이해하기에는 너무나 복잡하다. 법을 이해할 수 있는 사람이 없는데, 어떻게 법이 인간의 행위에 지침이 될 수 있을 것인가? 결국 법은 권력집중제처럼 되고 만다.

이 문제의 해결책은 기본적인 목표와 원칙에 따라 법을 간소화하는 반대의 접근법을 채택하는 것이다. 헌법, 혹은 계약법의 기본 원칙을 생각해보라. 세부적 규제의 효율성을 검증하기 위해서는, 법을 따라야 하는 사람들이 그것을 내면화할 수 있을지를 생각해보면 된다.

법을 간소화하면 많은 장점이 뒤따른다. 입법자들이 보편타당한 법을 만들면, 규제 상황을 걱정하지 않고 목표와 운영 원칙을 정할 수 있게 된다. 의회의 구성원들은 실제 그들이 어떤 주제에 대해 투표를 하는지 이해하게 되고, 국민들은 그들에게 무엇을 기대해도 좋을지 알게 된다.

또한 법의 간소화는 의회 또는 의회가 지명하는 특별 점검 위원회에 법률의 마구간을 청소할 수 있는 실용적 방법을 제공한다. 수천 쪽에 달하는 세세한 법규를 이해하는 일은, 정글에서 가지치기를 하는 것만큼이나 희망이 없다. 수천 쪽의 법문을 50쪽 혹은 그보다 적은 분량으로 다시 써야 한다.

고대 로마제국의 유스티니아누스의 재집대성에서부터, 근대 유럽의 시민법의 근간이 된 나폴레옹 법전과 미국이 채용한 1950년대의 통일상법전까지, 법의 간소화는 성공적으로 법을 체계화하고 정비하는 데 이용된 가장 흔한 방법이었다.

법 간소화의 기본적인 전제는 이것이다. 세세한 법적 규제가 개인의 책임감으로 대체되어야 한다는 것이다. 수천 쪽에 달하는 규정은 법적 목표나 원칙이라는 간결한 표현으로 바꿀 수 있다. 1890년에 만들어진 독점 금지법은 여덟 줄이다. 법 집행은 법무부와 연방 법원에서 관할한다. 시장의 변화에 따라 논쟁이 발생할 여지가 많지만, 늘 경쟁 시장 유지에 타당한지에 논쟁의 초점을 맞추면 될 것이다.

미국 연방법전(약 4만 7,000쪽의 법령)이나 미국 연방규정집(16만 쪽 이상)의 어디를 펴보더라도, 터무니없을 정도로 규정이 세세하다는 걸 알 수 있을 것이다. 웬만한 제도는 제도의 기본 목적과 원칙, 타당한 예산안을 몇 쪽 안에 적시하여, 관련 기관들이 정기적으로 의회에 보고하면 승인이 내려지도록 해야 할 것이다.

이 책이 나온 후, OSHA는 내 비평에 답할 기회를 마련하고자 자리를 만들었고 나는 그 자리에 불려갔다. 노동부 장관과 OSHA의 최고 책임자를 비롯해 열댓 명의 고위 관료들이 참석한 자리였다. 오직 정부 기관에나 있을 법한 거대한 회의실은 창문이 없어서 현실 세계와 단절된 느낌이었고, 지나치게 넓어서 지구의 만곡彎曲이 느껴질 정도였다.

그들은 일하는 방식을 어떻게 바꾸어야 할지 내게 물었다. 나는 규정을 간소화하고, 그들의 정력을 규정 준수에 허비하지 말고 실제 안전을 보장하는 데 사용하라고 제안했다. 그들은 좀더 구체적이었으면 좋겠다고 물었다. 그래서 나는 '도구 사용에 관한 규정' 4,000개를 하나의 규정으로 통합할 수 있을 것이라고 답했다. "각종 도구와 기계 장비는 산업 표준에 부합해야 하며, 사용 목적에 맞게 써야 한다."

논의가 어느 정도 진행되자, 그들은 내 대답이 만족스럽지 못하다고 말했다. 어떤 장비를 쓰는 게 적합한지 논란의 여지가 너무 많기 때문이라고 했다. 어쩌면 그럴 수 있을 것이라고 나는 일정 부분 인정했다. 하지만 현장에서 쓰는 대부분의 장비는 산업 표준으로 받아들여진 것들이다. 만일 합리적인 견해차가 생기면, 기관에 해석의 권한을 주라고 제안했다. 규정을 간소화해 몇 개의 기본 원칙으로 만들면, 상식적 판단을 따를 수 있어서 모든 사람(안전 검사관뿐 아니라 현장 감독들까지)들을 자유롭게 할 것이라고 나는 말했다. 그렇게 한다면 아무 생각 없이 관료주의를 따르기보다는 실질적 안전에 집중하게 될 것이다.

그들은 절대로 그렇지 않을 것이라고 결론 내렸다. "사람들에게 정확히 무엇이 필요한지 알려주어야 합니다." 나는 마지막으로 질문했다. "여러분 가운데 이 모든 규정을 다 읽어본 사람이 있나요?" 단 1명도 손을 들지 않았다. "그러면서 어떻게 현장 감독이 규정을 다 읽고 이해하기를 바랄 수 있을까요? 이 많은 규정을 사람들이 다 아는 건 불가능합니다."

모임은 성과 없이 끝났다. 그래도 OSHA의 총 책임자 조 디어는 나중에 내게 연락을 해왔다. 그는 관료주의적 규정 준수에서 벗어나 안전 훈련 제도에 역점을 두는 쪽으로 방향 전환을 꾀하고 있었다. 그 결과 새로운 제도를 시행한 여러 주에서 인상적인 효과를 거두었다. 하지만 OSHA는 결코 규정을 바꾸지 않았으며, 15년이 지나자 다시 관료적 습성으로 돌아갔다.

습관은 바꾸기 힘들다. 똑똑한 수천 명의 관료들은, 여전히 수천 쪽이 넘는 법령과 모든 가능성을 포괄하는 규정을 만드는 걸 자신의 임무라고 생각한다. 그들은 절대로 다른 방법을 선택하지 않을 수 있다.

바로 이 지점이 어렵다. 규정의 간소화는 평생 동안 사회를 세세하게 관리해온 관료주의자들이 자진해서 협조해야만 이루어질 것이다. 아마 그들은 협조하지 않으면 해고될 수도 있는 상황에서만 협조할 것이다. 그러니 결국 우리가 신봉하는 또 다른 문제, 공무원의 종신 재직권을 혁파하는 것이 해법이다.

세 번째 오류: 좋은 정부는 공무원을 책임에서 면제시킨다.

새로운 원칙: 개인의 책임은, 책임 있는 정부에 중요한 요소다.

공무원을 책임에서 배제시켜야 한다는 생각만큼이나 신봉되는 견해도 없을 것이다. 만일 공무원들이 선출된 지도자들에 대한 책임을 져야한다고 상상해보라. 그렇게 되면, 우리가 미처 깨닫기도 전에 우리는 양복쟁이 정치인들의 정치적 선호에 따라 관직을 나누어주는 엽관주의의 시궁창으로 다시 돌아갈 것이다.

그렇다면 우리가 어떤 상황인지 알아보자. 공무원은 법의 철통같은 보호를 받고 있다. 정치 지도자들에게는 일정 인원을 임명할 수 있는 권한이 있다. 하지만 그들에게도 공무원을 해고할 권리는 없다. 조사에 따르면 로스앤젤레스의 학교들은 2000년에서 2010년 사이에 3만 3,000명의 교사 가운데 겨우 7명을 해고하려고 350만 달러를 썼다고 한다. 그 과정은 건당 평균 5년이 걸렸으며 학교 관할 구에서는 최종적으로 겨우 4명을 해고했다. 행실이 안 좋은 직원 때문에 일어나는 피해가 그다지 직접적이지 않다면, 직원을 해고하기보다는 무시하는 게 쉽다. "나는 뉴욕시에서 무능해서 해고된 직원이 1명이라도 있다는 말을 들어본 적이 없습니다." 직원 청문회를 직접적으로 책임지고 있는 한 고위 공무원이 언급했다.

공무원 노조는 이 같은 보호 장치를 열정적으로 방어한다. 그들은 효율적으로 일부 주 정부를 통제하고 있으며 정치인들과 연금 문제를 협상하기도 하는데, 이 때문에 몇몇 주를 파산 상태에 처하게 했다. 공적 연금 구조는 종종 40~50대 공무원들을 퇴직의 길로 유혹하며, 어떤 직급에서는 직장 생활 말년에 과도한 규정 외 근무로 연금이 급등하는 일이 빈번하다. 연금을 전부 받는 공무원이 은퇴 뒤 정부 기관에서 다른 일을 하기도 한다. 2008년에는 두 가지 현업을 가진, 뉴욕에 사는 한 60세 공무원이 주에서 연금으로 64만 1,000달러를 받은 것으로 알려졌다.

공무원 종신 재직권은 부도덕한 엽관제에 대한 진보주의자들의 위대한 승리를 상징한다고 우리는 배웠다. 하지만 이것은 근거 없는 통념이다. 현행 공무원제는 해고와는 아무 관련이 없다. 현행 제도의 핵심 전제는 중립적인 고용 제도를 만드는 것이었고, 이로써 정치적 이권으로 관직을 나누어주는 관행을 끝내려 했다.

공무원 제도에 공무원을 책임에서 배제시킬 의도는 결코 없었다. 다른 모든 조직과 마찬가지로, 공무원들도 직급이 위로 올라가면서, 결국은 우리가 선출한 사람들에 대한 책임을 진다. 이 제도의 기본 사상은 '만일 첫 번째 단추를 잘 끼우면 마지막 단추도 잘 끼워질 것'이라는 것이었다. 공무원 제도 개혁에 앞장섰던 조지 윌리엄 커티스는 책임의 중요성을 강조했다. "부적합과 무능력을 봉합하려 애쓰는 것보다 이따금 생기는 부당함의 위협을 받아들이는 게 낫고, 법 재판에 따른 제도적 해악이 생기기 전에 부적합하고 무능력한 직원을 자르는 게 낫다."

특별 이익 쟁탈의 이야기는 어디서 왔을까? 공무원들은 정치적 힘을 키우면서 스스로 특별 이익집단이 되었다. 그들은 정치 지도자들에 독특한 영향력을 행사했는데, 이는 공무원 없이 정부가 기능할 수 없기 때문이다. 공무원 종신 재직권 쟁취와 노동조합 결성으로 시작해서 만족스러운 조기 퇴직과 연금 관련 협상을 했고, 그러고 나서는 합리적 정부 운영을 방해하는 법이 뒤따랐다.

미국은 공무원에 대한 새로운 혁신 정책을 세워야 한다. 중립적인 고용정책은 나무랄 데가 없다. 책임자는 해고 대상자를 결정할 권한을 가져야 한다. 종신 재직권이나 노조의 세세한 규칙이 그 어떤 공공의 목적에 부합하는지는 알기 어렵다. 정부에 행사하는 노조의 압박은 엽관제도 만큼이나 부패했다. 2010년 대통령 선거 기간 동안, 규모가 가장 큰 공무원 노조 세 곳은 1억 7,000만 달러 이상을 선거 자금으로 기부했다. 그 돈으로 무엇을 했을까? 치료책이 질병이 되고 말았다.

책임을 되살렸을 때의 장점이 많다. 그것이 법의 간소화의 전제조건이다. 공무원이 일을 제대로 하지 못할 때 그들을 해고할 수 있다면, 어떤 식으로 일을 하라고 말할 필요도 없다. 책임을 지는 게 공무원들이 억압적 관료주의에서 해방될 수 있는 유일한 방법이다. 공무원에게 개인적인 책임이 없다면 그들이 옳다고 생각하는 일을 수행할 권한을 그 누구도 주지 않을 것이다. 선택을 해야 한다. 책임을 질지 아니면 끝없는 관료주의를 따를지 말이다.

민주주의는 책임이라는 사슬의 연결 고리가 끊어져 있을 때 효과적으로 제 역할을 할 수 없다.

네 번째 오류: 소송은 개인적 권리의 차원에서 해결해야 한다.
새로운 원칙: 소송은 정당한 사회의 규범으로 제한해야 한다.

『노스페이스의 지퍼는 왜 길어졌을까?』를 썼을 때, 나는 관료주의와 마찬가지로, 소송에 대한 두려움이 어떻게 일상의 자유를 침해하는지 충분히 알지 못했다. 이 둘 모두 법과 관련한 자각을 유발시켜 사람들의 생각을 바꿨다. 그것은 우리를 뇌의 명석한 부분(경험과 본능을 통해 올바른 판단을 내리는 잠재의식이라는 깊고 어두운 샘)을 쓰는 종에서, 자신의 행위에 대한 정당성을 계산하는 표면적 논리와 속이 들여다보이는 얄팍한 허식이 가득찬 종으로 몰고 갔다. 의사는 이렇게 말한다. "내 생각에 두통은 암과는 아무 관련이 없는 것 같습니다. 하지만 암일 가능성이 조금이라도 있으면 그때는 이미 늦지 않을까요?" 곧 우리는 필요도 없는 MRI 검사를 하느라 수십억 달러를 쏟아부었다.

과거 몇 십년간 소송은 미국의 문화를 본질적으로 바꾸어놓았다. 그 어떤 사회적 상호작용도 법적인 염려에서 자유롭지 않다. 사람들은 이제 본능대로 행동하지 않는다. 교사들은 일반적인 징계를 내리고도 법과 얽힐까봐 걱정한다. 내가 일하는 법률 회사에도 '고향이 어디인가요?'를 포함해, 인터뷰 대상자에게 질문해서는 안 될 목록이 있다. 삶의 소소한 즐거움에 한계선이 그어졌고, 사람들이 위험을 피하려고 버둥거리면서 그 범위는 점점 좁아지고 있다. 다이빙대, 정글짐, 현장학습, 케이크 판매, 술래잡기, 사무실에서 하는 사교적인 농담 등은 모두 위험한 행위가 되어버렸다. 해마다 이 목록은 점점 늘어나고 있다. 사람들은 마치, 삶에서 마주하는 모든 일을 조심하라고 속삭이는 미니 변호사라도 어깨 위에 걸치고 다니는 것 같다. 소아과 의사인 친구는 내게 이렇게 말했다. "나는 이제 환자를 옛날처럼 대하지 않아. 아무 생각 없이 말했다가 나중에 문제가 될 수도 있거든."

소송, 혹은 소송에 대한 두려움은 국가의 운영에도 깊은 영향을 미쳤다. 화가 난 사람은 그 누구든 정부의 결정을 망쳐놓을 수 있다. 소송을 제기하기만 하면 된다. 그러면 법원은 돋보기를 들고 와서, 정부가 화난 사람이 생기지 않도록 다르게 할 수도 있지 않았나 하며 정밀 검사를 한다. 정부는 보통 승소하지만 그 결과, 일의 시기를 놓치게 된다. 정부는 소송에 대비해 일의 진행 사항을 감추며 기어가다시피 하고, 결정을 하고 난 뒤에는 소송을 변호하느라 자신들의 일을 하지 못한다. 2010년에는, 서로 다른 열일곱 곳의 기관이 10년 동안의 연구 조사를 한 끝에 한 풍력발전 단지가 매사추세츠주 연안에 승인되었다. 지금 그 프로젝트는 10여 개의 소송에 휘말려 꼼짝도 못하고 있다. 연구 조사가 부실하다는 게 그 이유다.

사회적 비용은 소송에 드는 비용보다 훨씬 큰데, 이는 의료 제도 정책에 영향을 준다. 의료 과실 소송에 드는 직접 비용은 매년 350억 달러다. 상해를 입은 사람을 보상하는 데 이보다 좋은 제도를 만들기도 어려울 것이다. 1달러당 60센트는 변호사의 수수료와 행정 비용으로 들어가며, 문제 해결에는 평균 5년이 걸리고 판결에 오류가 있을 가능성은 약 25퍼센트다. 하지만 두 번째 단계에서 훨씬 큰 비용이 든다. 의료 과실 재판에 대한 전반적인 불신은 보건 의료 체계를 잠식하고 있다. 소송이 많이 일어나고 있다는 증거로, 필요하지 않은 검사와 진단을 실시하는 '자기방어적 의료 조치defensive medicine'에 드는 비용은 매년 450억 달러에서 2,000억 달러 사이로 추정한다. 자기방어의 풍조는 전문가들 간의 상호작용을 막고, 양심의 가책을 느끼더라도 의사와 간호사가 이를 밝히고 법적 책임을 지기보다는, 셀 수 없는 비극적 과실을 빚는 원인이 되고 있다.

제대로 돌아가지 않는 법체계는, 틀림없이 그 규칙을 심각하게 잘못 이해하고 만들었기 때문에 그럴 것이다. 그래서 미국의 소송 제도는 통제 불능 상태에 있는 것이다.

우리에게는 헌법이 인정한 '소송의 권리'가 있으며, 거의 모든 사안에 이를 적용할 수 있다고 배웠다. 하지만 소송은 자유 행위가 아니고 국가가 자유 시민에게 강압적 권력을 행사하려고 할 때 사용하는 것이다. 검사가 경범죄에 사형을 선고하도록 유도한다면 우리는 이를 묵인하지 않을 것이다. 그렇다면 왜 악평이 자자한 한 사건에서, 어떤 멍청이가 세탁소를 상대로 5,400만 달러의 손해배상을 청구할 때 묵인해야 하는가?

소송에 대한 자유방임의 태도야말로, 미국의 사법제도가 전 세계의 조롱과 두려움을 받고 있는 이유이다. 우리는 소송 액수가 얼마든, 그게 누구든, 거의 무엇이나 제소하게 내버려둔다. 그러고 나서 법적인 현미경을 뚫어져라 쳐다보며 다른 식으로 일이 진행될 수 있었을지 판단해보라고 배심원단에 지시한다. 물론 사후설명편향Hindsight bias(우연적인 사건일지라도 필연적으로 그렇게 벌어질 수밖에 없었던 것처럼 여기는 것)은 완벽하므로, 어떤 결정이든 타인이 동의하지 않을 때는 소송 가능성이 있다. 법적 위험을 한층 악화시키는 것은 배심원단의 판결이 선례를 남기지 않는다는 것이다. 유사한 사실을 놓고 다른 배심원단이 다른 결정을 할 수도 있다.

이 모든 손실은 사회 전체가 짊어진다. 소송을 하는 특정인에게만 영향을 끼치는 것이 아니다. 특정인의 소송 범위는 나머지 사람들의 자유에 한계를 설정한다. 이것이 바로 미국인들이 일상의 문제를 처리하면서 더 이상 자유롭지 않다고 느끼는 이유이며, 해야 할 일은 하지 않고 불안해하면서 하루를 보내는 이유다.

독단적인 사법제도의 해결책은 독단적 제한이 아니다. 소송 개혁은 부도덕한 소송을 제한하지만 사법제도를 신뢰하게 만들지는 못한다 (거의 30개 주에서 이와 관련해 다양한 법을 제정했지만, 그곳의 의사들은 여전히 자기방어적 의료 조치를 하고 있다). 우리에게 필요한 것은 긍정적인 정의와 이치에 맞는 사회규범을 지지하는 법의 판결이다. 미국의 소송에는 법적 요소가 빠져 있다. 법철학자 H. L. A. 하트는 그걸 이렇게 표현했다. "정의 개념의 필수 요소는 유사한 사건은 동등하게 다룬다는 원칙이다."

법은 옳고 그름에 대한 사람들의 합리적 직관에 맞춰 경계를 명확히 그어야 한다. 그렇지 않으면, 사람들이 일상에서 타인과 관계를 맺을 때 자유롭지 않다고 느낄 것이다. 올리버 웬들 홈즈 판사는 이렇게 썼다. "건전한 법의 첫째 요건은 사회의 실질적 정서와 요구에 부합하는 것이다."

수정 헌법 제7조는 배심원에 의해 재판받을 권리를 보장하고 있지 않은가? 그렇다. 하지만 오직 관습법이 정하는 규칙에 따라야 한다. 관습법에서 (사회적 표현의 자유를 보호하는 사회규범을 모아서) 법의 결정을 내리는 것은 판사의 권한이다. 오직 판사만이 특정 소송이 사회규범에 맞는다고 결정을 내릴 수 있고, 배심원은 분쟁 중인 사건을 살펴보고 누가 진실을 말하고 있는지 등을 말할 수 있다. 소송을 할 때는 소송 당사자의 주장이 법law에 부합suit하는 것인지에 대한 법적 판단이 필요하다. 그래서 우리는 이를 소송lawsuits이라고 부른다.

어디부터 잘못되었는지는 명백하다. 법의 강압적인 힘은 불만이 있는 사람이라면 누구나 무기처럼 쓸 수 있는 공짜 물건이 아니다. 예일 대학의 법학 교수인 돈 엘리엇은 미국의 현행 민사재판 제도는 위헌이라고 주장하는 논문을 배포했다. 시민들이 부당한 수색영장을 비롯해 국가의 강압적 권력에서 보호받을 권리를 명시한 미국 수정헌법 제4조와 제5조의 법적 보호에 따르면 누구도 다른 사람을 억압할 수 없다는 것이 이유였다.

개인이 책임을 지는 문화를 회복하려면, 사람들이 사법제도의 합리성에 확신을 가지고 이를 믿어야 한다. 그러기 위해서 판사들은 부도덕하고 강탈적인 청구를 막는, 소송의 범위를 정하는 문지기 같은 역할을 해야 한다.

현대 사회는 바르지 못한 선택에 대한 두려움을 안은 채 형성되어 왔다. 정부의 결함이 커질수록 우리는 본능적으로 법의 족쇄를 더 죄인다. 기업이 커질수록 우리는 더욱 세세한 규정을 만들자고 한다. 어떤 일이 잘못되었을 때 사람에게 책임을 지우기보다는 재발 방지를 위한 법적 장치를 만들라고 요구한다.

불신은 미국 정치의 모든 면에 존재한다. 누가 다른 사람의 결정을 신뢰할 것인가? 불신은 모든 사람을 끝없이 세세한 규정을 만드는 복잡한 법률의 세계로 몰아가며, 결정을 내릴 때 끝이 없는 법 절차를 따르게 한다.

그러고 나면 보수주의자들은 정부가 자신들에게 힘을 행사하지 않을 것이라 생각한다. 진보주의자들은 이익을 추구하는 거대 기업들이 교묘한 수단을 사용할 수 없을 것이라 믿는다. 정부 관료들은 일이 잘못되어도 비난받지 않을 테니 자신들이 곤란한 입장에 놓이지 않을 것이라 생각한다.

사람들이 스스로 옳다고 생각하는 일을 하도록, 그들에게 임무를 맡겨야 한다고 생각하는 사람은 아무도 없다. 권력에 대한 두려움은 우리 뇌리에 이렇게 각인되어 있다. '권력은 부패한다는 사실을 절대로 잊지 말라.'

하지만 그 반대도 진실이다. 무력감도 부패한다. 우리는 나쁜 가치를 피하는 데만 너무 몰두하고 있어서, 올바른 가치를 주장할 자유를 잃어버렸다. 방향을 돌릴 권한이 있는 사람이 없기 때문에, 민주주의는 재정절벽(정부의 재정지출이 갑작스럽게 감소하고 세금은 인상되어 경제 전반에 큰 충격을 미치는 현상)을 향해 돌진하고 있고, 워싱턴은 특별 이익집단으로 들끓고 있다. 이는 그들을 용납하지 않으며, 단호히 옳고 그름을 말할 권한을 가진 사람이 없기 때문이다.

극에 달한 무력함은 모든 사람들의 의욕을 박탈했고, 잔물결이 일 듯 사회로 퍼져나간다. 만일 대통령이 중요한 환경문제를 승인할 권한이 없다면, 국민의 한 사람인 당신의 의견 또한 무시된다. 만일 학교장이 한 학생의 요구와 다른 학생들의 요구 사이에서 형평을 맞출 권한이 없다면, 부모나 교사로서 당신의 의견은 아무런 가치를 갖지 못한다.

자유 사회의 존속은 공익을 위한 결정을 내릴 수 있는 책임감 있는 관료들의 능력에 달려 있다. 규제의 빨간 신호등과 녹색 신호등이 없다면, 사람들은 곧 교통 정체로 움직이지도 못할 것이다.

무기력은 우리 현대의 문화이기도 하다. 모든 사람은 사회의 모든 결정에 부과되는 법의 무게라는 돌연변이적 개념 때문에 무력함을 느낀다. 부적절한 결정을 피하려다가 우리는 엄격한 법으로 부적절한 결정을 내리는 제도를 확립했다. 우리는 책임감 있는 사람들이 다양한 요구 사이에서 균형을 맞추도록 허용하는 대신에, 그들을 빠져나올 수 없는 곤경에 빠뜨렸다. 점점 더 깊이 빠져들어가지만 우리를 가라앉게 만든 축적된 절차의 혜택을 포기하기란 불가능하다.

이 같은 법이, 사회가 정상적으로 작동하려면 어쩔 수 없이 치러야 하는 대가라고 우리는 들었다. 하지만 사회는 정상적으로 작동하지 않고 있다. 모든 단계의 사회 활동에서 오직 하나의 문제에 매달리는 바람에, 우리 스스로 문제를 해결할 수 있다는 생각을 잊어버렸다. 법을 추종하는 것은 문화 현상이 되었으며, 모든 문제의 해결책을 현행법 혹은 잠재적 법적 위험성의 프레임에서 보는 데 익숙해졌다. "네, 우리는 할 수 있습니다"라는 현대 사회의 믿음은 "아니오, 당신은 할 수 없습니다"로 바뀌었다.

이것은 이념의 문제가 아니다. 일상적 선택의 자유는 실용적인 이유에서 불가결한 것으로 교사, 의사, 기업가뿐만 아니라 정부 관료와 판사에게도 꼭 필요하다. 현재의 법질서는 개인이 이룬 인간적 성취를 존중하지 않는다. 목표에 집중하는 사람은 자신의 직감, 주로 잠재의식에 의존해 그곳에 이르고자 노력하며, 결국 일을 성취한다. 관리의 귀재 피터 드러커는 이렇게 말했다. "놀라우리만큼 소수의 사람들만 일을 해내는 법을 알고 있다." 철학자 칼 폴라니는 이렇게 썼다. "대부분의 일은 일상의 시행착오를 통해 일어나며 우리는 이게 성공의 길이란 것을 안다." 토머스 에디슨은 이런 식으로 표현했다. "저절로 훌륭하게 작동하는 것은 없다. 당신이 그 빌어먹을 것을 제대로 작동하게 만들어야 한다."

법이 아니라 오직 사람만이 일을 되게 만들 수 있다. 사람을 해방시키려면 과도한 법을 줄이는 것 이상의 조치가 필요하다. 이전에도 단편적 개혁을 시도해보았지만 실패하지 않았는가. 객관식에서 바른 정답을 고르듯, 일상적 선택을 할 때마다 법의 미로를 헤매는 것이 자유라는 착각에서 벗어나야 한다. 법은 새로운 목표를 세워야 한다. 사회 전반에서 사람들이 책임감을 발휘할 수 있는 여지를 줘서, 자유로운 선택을 지지하는 구조로 바뀌어야한다.

자유롭고 새로운 체계를 상상하기란 어렵지 않다. 사람들이 제기하는 소송이 자유로운 상호작용의 범위를 벗어나지 말아야 한다는 사실을 이해한 판사들은, 소송을 이치에 맞게 제한하려 할 것이다. 학교는 관료적으로 운영되지 않고 책임자의 직관과 가치에 따라 운영될 것이다. 정부 관료들은 공공의 목표를 달성하기 위해 융통성을 발휘하고, 책임을 지게 될 것이다. 공공의 선택이 일부의 권리만 만족시키는 게 아니라, 모든 사람들에게 이익이 돌아가도록 형평을 맞추는 데 만전을 다할 것이다.

'할 수 있다'는 미국의 정신을 되살리기 위해서는 법을 획기적으로 정비해야 한다. 이것은 역사적 과업이 될 것이다. 신바람을 나는 일이 될 수도 있다. 우리는 수십 년간 축적된 법의 퇴적물을 긁어내고, 개인의 책임을 기반으로 삼는 간결한 운영 체계로 그 자리를 채워야 한다.

세세한 법령과 권리 보장을 공공의 이익을 도모하기 위한 책임감으로 전환시키려면 고통 또한 따를 것이다. 다수의 특별 이익집단과 타성에 젖은 관료들은 질색할 것이다. 그 때문에 이 일은 정부의 밖에 있는 국민이 앞장서야 한다. 바로 당신이 중요한 이유다.

노스페이스의
지퍼는 왜
길어졌을까?

초판 1쇄 2014년 12월 15일 찍음
초판 1쇄 2014년 12월 19일 펴냄

지은이 | 필립 K. 하워드
옮긴이 | 김영지
기획 · 편집 | 박상문, 안재영, 박지석, 김환표
디자인 | 이은혜, 최진영
마케팅 | 이태준, 박상철
인쇄 · 제본 | 대정인쇄공사

펴낸곳 | 인물과사상사
출판등록 | 제17-204호 1998년 3월 11일

주소 | (121-839) 서울시 마포구 서교동 392-4 삼양E&R빌딩 2층
전화 | 02-325-6364
팩스 | 02-474-1413
www.inmul.co.kr | insa@inmul.co.kr

ISBN 978-89-5906-312-3 03300
값 13,500원

이 도서의 국립중앙도서관 출판시도서목록(CIP)은 서지정보유통지원시스템 홈페이지(http://seoji.nl.go.kr)와
국가자료공동목록시스템(http://www.nl.go.kr/kolisnet)에서 이용하실 수 있습니다.
(CIP제어번호: CIP2014034896)